Healing Station

치유의 정거장 II

| 고훈 지음 |

쿰란출판사

머리말

"1년만 미국에 다녀올게요." 그렇게 떠나는 아들에게 마음으로 흔쾌히 허락하지 않으셨지만 먼 길 떠나는 아들에게 하나님이 함께 하실 거라며 건강 조심하고 하나님의 음성에 민감하라는 부모님의 축복을 받고 이민자가 된 지 20년이 훌쩍 넘었습니다. 캘리포니아, 뉴욕, 알래스카 그리고 다시 뉴욕으로 돌아와 교회를 섬기고 있습니다.

"하은교회", 하나님의 은혜를 사모하고 은혜로 살아가는 뉴욕으로 흩어진 디아스포라 예배자들입니다. 목회는 성도들의 마음을 만지는 것이라지요? 그리고 교회는 사람들의 마음을 만지는 작업실이라지요? 하나님이 내 마음을 만지실 수 있도록 내어드림이 있는 곳, 그렇게 내가 치유받고, 그렇게 회복된 우리가 이웃의 마음을 만지는 것이 사명임을 아는 하나님의 자녀들이 함께 모여 섬기는 공동체.

바른 삶을 위한 힘을 얻기 위하여 예배에 집중하고, 우리 자녀들에게 믿음의 유산을 남기기 위해 언어와 행동을 조심하고, 내 삶을 통해 세상에 하나님이 보여지는 것이 기쁨이 되는 교회이고 싶습니다.

　주차장도 없고, 조용한 동네 한가운데 있는 80년이 넘은 초라하고 낡은 교회당이지만 이곳에서 이제는 한인 디아스포라가 미국의 회복을 위해 부르짖으며, 우리의 고국을 위해 울고, 세계를 품는 그런 교회입니다.

　교회에 부임하면서부터 성도들과 소통하였던 주보 칼럼을 이렇게 책으로 출간하게 되었습니다. 우리 교회의 이야기가 위로가 되고 힘이 되고자 결심하였습니다. 이 일 또한 결코 쉽지 않았습니다. 우리의 이야기가 책으로 나오기까지 헌신하였던 모든 분들을 일일이 열거할 수 없지만 모두에게 진심으로 감사를 드립니다. 그리고 하은교회 모든 가족들께 인사를 드립니다. 한가족이 되어 주심을 감사드립니다. 이런 교회에서 목회하고 있는 것이 얼마나 행복한지 모릅니다.

　끝으로 늘 같은 편이 되어준 사랑하는 아내와 이레, 하은이에게 사랑한다고 고맙다고 꼭 말하고 싶습니다.

2015년 12월 10일
뉴욕에서 고훈 목사

차례

머리말 ··· 2

1부 2011 축복하고 축복하라 (왕상 8:66)

축복하고 축복하라 ··· 12
바라는 것 이상의 축복 ··· 14
환상을 품으라 ··· 16
약점으로 승리하기 ··· 18
사냥꾼의 올무에서 벗어난 새같이 ··· 20
봄을 노래하며 ··· 22
꿈 ··· 24
걸음마 ··· 26
검은 바다 ··· 28
식객 ··· 30
볼리비아 선교 ··· 32
불쑥불쑥 찾아오는 슬럼프 ··· 34
촌사람 ··· 36
선교의 계절 ··· 38
심장으로 말하라 ··· 40
아버지 ··· 42
존재감 ··· 46
알래스카에서 셋째 날에 ··· 48
인격적 변화를 일으키는 방법 ··· 50
무더위는 새벽기도로 ··· 53
1박 2일 ··· 55

유유상종 … 57
공부합시다 … 59
새 술은 새 부대에 … 61
다시 시작하는 마음 … 63
강아지 성도 고양이 신자 … 65
호도 동산을 위한 비상기도 … 67
5년 후의 우리 교회 모습 … 69
Hand Soap … 71
한 걸음 … 73
별을 보려면 어둠이 꼭 필요하다 … 75
Holywin … 77
End Times … 79
평안 … 81
단비 예배 … 83
힘을 빼자 … 85
텍스트와 콘텍스트 … 87
부에노스 디아스 … 89

2부 2012 변화와 성숙 (갈 5:22~23)

변화와 성숙 … 92
3R 5W … 94
간증은 이렇게 … 96
위로하십시오 … 98
골고다 언덕에서 … 100
명불허전 … 102

사순절 특별새벽기도회 잘 지키기 ⋯ 104

교도소와 수도원의 차이 ⋯ 106

교회학교 ⋯ 108

Happy Easter ⋯ 111

부모 일일교사 프로그램 ⋯ 113

축복하러 집에 가라 ⋯ 115

Organic Worship ⋯ 117

잡초의 힘 ⋯ 119

교회, 하나님의 꿈 ⋯ 121

동역, 그 놀라운 힘 ⋯ 124

준비된 기적 ⋯ 126

신앙의 3대 영양소 ⋯ 128

믿는 자의 신앙을 선포하라 ⋯ 130

엘리트와 리더 ⋯ 132

믿음의 표징 1 ⋯ 134

믿음의 표징 2 ⋯ 136

믿음의 표징 3 ⋯ 139

벼락치기 ⋯ 141

한글 성경 번역 이야기 ⋯ 143

한마음으로 여는 찬양축제 ⋯ 146

면류관을 갈망하는 인생(설교 번외편) ⋯ 149

뷰티풀 마인드 ⋯ 152

모기지 재융자에 관해서 ⋯ 154

사역지원서 ⋯ 156

회의는 짧게 기도는 길게 ⋯ 158

감사, 할수록 깊어지는 마음 ⋯ 160

새해 친교식사는 이렇게 ⋯ 162

공천 ⋯ 164

Healing Breakfast ⋯ 166

담임목사 목회 평가서 … 168
Goodbye 2012 … 170

3부 2013 보시기에 참 좋았더라 (창 1:31)

참 좋은 제자 … 174

시편 23편 읽고 묵상하기 … 176

42일간의 기도순례 … 178

새해 복 많이 받으세요 … 180

기쁨의 영성 … 182

늦은비에서 단비로 … 184

모죽 … 186

가족, 작은 말로 쌓은 탑 … 188

봄, 예수를 봄 … 190

Focus … 192

천진과 청도로 … 195

질서, 나를 크게 하는 힘 … 197

내 교회는…… … 200

예루살렘을 사랑하면 … 202

The Singer Not the Song … 205

TMP … 207

기다림 … 209

주기도를 나누면서 … 211

중국 천진에서 … 213

돌아갈 곳 … 215

수요예배 가기 싫은 이유 … 217

청년의 때 ··· 219
미안해 ··· 222
공천위원 활동 ··· 224
예배가 죽으면 우리의 영도 죽습니다 ··· 227
나그네와 손님을 잘 대접하는 교회 ··· 229
생명의 삶 성경공부 등록하세요 ··· 231
시편 읽기 ··· 234
걸레에서 얻는 교훈 ··· 236
아름다운 매듭 ··· 238
복이여, 머무르라 ··· 241
하나님 보시기에 참 좋은 나로의 변화 ··· 244
새해 맞을 준비 ··· 247
기적이 왔다. 문을 열라 ··· 250

4부 2014 5G [Grace/Growth/Group/Gift/Giving] (히 4:16)

선교에 순복하는 새해 ··· 254
유익한 사람 ··· 257
힘든 세상 그러나 기쁜 세상 ··· 260
기도의 전쟁터를 회피하는 영적 비겁자가 되지 말라 ··· 263
특새를 선포합니다 ··· 265
살기 위해 기도하고 기도하기 위해 삽니다 ··· 268
2014년의 십일조는 여기에 드립시다 ··· 270
방향이 맞다면 가라. 하나님이 여신다 ··· 272
고백의 능력을 활용하라 ··· 275
정말 감사합니다 ··· 277

하나님이 쓰신 사람들 ⋯ 279

식객(食客) 대회 ⋯ 281

모로코를 다녀왔습니다 ⋯ 283

예레미야를 묵상했습니다 ⋯ 286

Why Me ⋯ 288

안식년을 갖습니다 ⋯ 291

잘 돌아왔습니다 ⋯ 293

지혜롭게 하는 헌금 ⋯ 295

다윗의 장막 ⋯ 297

Love Story ⋯ 300

하나님, 우리 애들 학교로 돌아갑니다 ⋯ 302

다음 세대를 위한 작은 음악회 ⋯ 305

Happy 7th Anniversary ⋯ 307

그리스도인이라면 누구나 할 수 있는 영적 전쟁 ⋯ 310

순종, 기적을 불러오는 열쇠 ⋯ 312

하나님을 제한하지 말라 ⋯ 314

사후대책 ⋯ 316

거북이 교인 ⋯ 318

세 가지 함정 ⋯ 320

홍해를 건너야 바뀌지 않는 것이 바뀐다 ⋯ 323

감사는 기적을 일으킨다 ⋯ 325

토요만나와 친교식사 ⋯ 327

2015 선교작정은 이런 마음으로 ⋯ 330

하루하루가 하나님이 주신 선물 ⋯ 332

1부

2011

축복하고 축복하라 (왕상 8:66)

축복하고 축복하라

'위로'는 하나님께서 당신의 백성들에게 주신 사명이었습니다. 특히 이민자인 우리들에게는 무엇보다도 위로가 필요한 한 해였습니다. 최선을 다해 위로의 사명을 감당하신 동역자요, 한 가족이신 여러분들께 깊은 감사를 드립니다.

새해, 그 위로의 사명을 이어가고자 축복하고 축복하는 예배자가 되기를 원합니다. 하나님은 아브라함과 그 후손들에게 "너를 축복하는 자에게는 내가 복을 내리고 너를 저주하는 자에게는 내가 저주하리니 땅의 모든 족속이 너로 말미암아 복을 얻을 것이라" 창 12:3고 하셨습니다.

우리가 축복하는 자가 복을 받는다? 가슴 뛰는 말 아닙니까? 우리에게는 그런 특권이 있습니다. 그런 능력이 있습니다. 그런 권세가 있습니다. 늘 꿈꾸는 '좋은 교회, 행복한 성도'는 마음껏 복을 빌어 주는 것에서부터 시작된다고 생각합니다. 위로의 업그레이드 버전, 그것은 축복입니다. 축복하면 위로받고, 축복하면 치유를 얻고, 축복하면 성공된 삶을 살게 되리라 믿습니다.

　철학의 한 분야인 논리학 중에 언어분석학 Logical Analysis이라고 있습니다. 참 좋아했고 열심히(?) 공부했던 것 같습니다. 언어분석학에 의하면 "어느 한 사람의 말이 곧 그 사람 자체이다", "그 사람의 말을 분석하면 그 사람의 사고방식, 됨됨이 등을 파악할 수 있다"고 정의합니다. 심리학자들이 성공하는 사람의 말을 분석 연구한 자료가 있습니다.

　"I won't" 나는 하지 않을 것이다라고 말하는 사람은 성공할 확률이 0%. "I can't" 나는 할 수 없다라고 말하는 사람의 성공할 확률은 10%. "I don't know how" 나는 어떻게 해야 할지 모르겠다라고 말하는 사람은 20%. 그런데 "I think I might" 내가 혹시 할 수 있을지도 모르겠다라고 말하는 사람은 50%이고, "I think I can" 나는 할 수 있다고 생각한다라고 말하는 사람은 70%. 그러나 "I can" 나는 할 수 있다라고 말하는 사람은 90%나 된답니다.

　그리고 "I can do by God" 나는 하나님의 도우심으로 할 수 있다라고 말하는 사람은 성공할 확률이 거의 100%라는 것입니다.

　내가 하는 말에 성공이 있습니다. 내가 가진 것을 남에게 주는 일은 복된 일입니다. 내가 가진 것, 그것은 복된 언어입니다. "하나님의 사랑으로 당신을 사랑합니다. 그리고 축복합니다." 이 말이 올해 우리들의 입에 붙어 있기를 소망합니다. 새해에 하늘 복 많이 받으세요.

바라는 것 이상의 축복

기도하기를 소망하는 모든 사람은 하나님을 만날 수 있습니다. 최고의 기쁨과 완전함에 이르는 열쇠는 바로 기도입니다. 기도는 매우 쉽습니다. 그리고 우리가 상상하는 것 이상을 하게 해줍니다.

지난해 우리가 시작한 것 중에 아름다운 일 하나가 성경을 써보는 것이라고 자부합니다. 그리고 저는 그것을 자랑하고 다닙니다. 올해도 뭔가 작은 일을 시작해 보고 싶습니다. 그래서 제안합니다. 매일 기도 노트를 써보는 것이 어떨까요? 우리가 매일 기도 노트에 기도의 내용들을 채워 간다면 우리는 얼마 지나지 않아 기도의 제목보다 더 많은 축복이 우리 삶에 임했음을 깨닫게 될 것입니다.

하나님께서는 늘 우리가 기도하는 것 이상의 은혜로 우리의 삶을 축복하시기 때문입니다. 이제 미뤄 둔 기도의 제목을 꺼내어 주 앞에 나아가십시오. 우리가 바라는 것, 그 이상의 축복으로 삶을 채우시는 주의 은혜의 행보에 동참하십시오. 기도함으로 주의 사랑을 깨닫고, 또한 그 사랑을 세상에 전할 때 우리는 체험하는 믿음 가운데 더 크게 성장할 것입니다.

사랑하는 하은교회 가족 여러분, 올 한 해 신앙의 신비를 경험하는 해가 되었으면 좋겠습니다. 먼저 기도에 빠져 보십시오. 새벽기도의 맛을 한 번 느껴보시기 바랍니다. 하루 첫 시간에 기도할 때 놀랍도록 풍성한 하루가 될 것입니다. 피곤하고 졸린 것 때문에 포기하지 마십시오. 조금만, 아주 조금만 더 노력하시어 새벽에 무장하는 그리스도인이 되십시오. 북한 공산당도 새벽에 침투했습니다. 새벽은 우리의 영과 육이 약해지기 쉬운 시간입니다. 적에게 약함을 보이지 마십시오. 하나님의 나라를 잃지 않으려면 새벽에 무장해야 합니다.

기도 노트를 제안하는 이유는 축복의 증거가 되기 때문입니다. 기도의 내용을 적어 보십시오. 그리고 확인해 보십시오. 하나님이 부어 주시는 축복은 우리가 바라는 것 이상일 것입니다.

환상을 품으라

　사탄의 지략은 참으로 교묘합니다. 진짜를 가짜로 만들어 버리니까요. 사실 가짜가 많은 것은 그것이 진짜이기 때문입니다. 기독교에 이단이 많은 것도 기독교가 진짜니까 그것을 흉내 내고 싶은데, 그래서 능력을 갖고 싶은데 한계가 있는 것입니다. 그것이 가짜의 아픔입니다. 사탄은 진짜를 가짜로 만드는 무서운 힘이 있습니다. 종말, 심판은 진짜입니다. 그런데 사탄은 여러 가짜들을 사용하여 사람들로 하여금 종말을 믿지 못하게 만들고 광신자로 만들었습니다. 환상도 그렇습니다. 하나님께서는 당신의 자녀들에게 환상을 주십니다. 그리고 주신 환상을 통해 기적을 이루십니다.

　환상이 없는 민족, 환상이 없는 교회, 환상이 없는 개인은 다 망했습니다. 반대로 거룩한 환상을 가지고 있으면 하나님이 그 사람, 그 교회, 그리고 그 민족을 반드시 들어 사용하셨습니다.

　환상을 가질 때 꼭 필요한 것이 바로 땀과 노력입니다. 땀과 노력이 뒷받침되지 않는 환상은 환상이 아니라 망상이고 강아지 꿈입니다. Vision환상을 가지되 Illusion망상은 가지지 말아야 합니다. 망상이란 내일에 대한 아무 준비도 계획도 없이 우두커니 있는 것을 말합니다.

환상이 있고 땀이 있어도 한 가지가 더 있어야 합니다. 바로 기다림입니다. 기다려야 할 때 기다리지 않으면 이제까지 지녔던 꿈은 산산조각이 납니다. 때로 실패할 수 있습니다. 그러나 실패는 성공으로 나아가는 지름길이 됩니다. 작은 실패를 만났다고 환상을 포기하지 마십시오.

환상은 반드시 도전을 받습니다. 그러나 그 도전은 환상의 불길을 꺾는 것이 아니라 더욱 크게 타오르게 합니다. 현재보다 미래에 그 열매가 나타나기에 반드시 인내가 필요합니다. 예수님을 보십시오. 예수님에게는 거룩한 비전이 있었습니다. 그런데 어느 날 주님께서 십자가를 지셨습니다. 비전이 망가진 것 같았지만 그 십자가는 주님의 비전을 더욱 확실하고 구체적으로 만들었습니다. 주님께서 품으신 십자가의 환상으로 모든 인류가 구원을 받게 되었습니다. 환상을 품으십시오. 축복의 폭포수를 경험하실 것입니다.

SEAM 중고등부 전도집회 (Soup House)

약점으로 승리하기

사람은 누구나 아킬레스건과 같은 약점이 있습니다. 약점은 목에 걸린 작은 가시처럼 우리를 불편하게 만듭니다. 그러나 약점이 꼭 나쁜 것만은 아닙니다. 약점 때문에 잘된 사람도 있기 때문입니다.

105회 보스턴 마라톤 대회에서 승리의 월계관을 쓴 이봉주 선수가 그런 인물입니다. 짝발에 짝눈인 신체적 핸디캡을 가졌습니다. 그 때문에 무수한 부상과 슬럼프가 있었지만 그 약점을 정복하고 이긴 진정한 승자가 되었습니다.

삭개오, 그는 약점 때문에 예수님을 만났고 구원을 받았습니다. 그리고 성경에 그 이름이 기록되었습니다. 약점 때문에 잘된 사람입니다.

약점 때문에 잘된 사람들에게는 한 가지 공통점이 있습니다. 그들은 모두 약점을 인정한 사람들이라는 것입니다. 약점을 인정한 사람은 겸손한 사람입니다. 겸손이란 자신의 연약함을 인정하는 것이고, 나의 연약함을 인정한 사람은 강한 사람이고 용기 있는 사람이고 지혜로운 사람입니다.

　약점 때문에 괴로워하지 마십시오. 오히려 약점으로 행복을 창조하실 수 있기를 바랍니다. 그리고 그 약점 때문에 예수님을 만났다면 더 큰 행복을 구하지 마십시오. 이 세상에서 예수님을 만난 것보다 더 큰 행복은 없기 때문입니다. 예수님 만난 것이 가장 큰 축복임을 믿으실 수 있기를 오늘 진심으로 기도합니다.

성찬식 포도주 담그기 (청년부)

사냥꾼의 올무에서 벗어난 새같이

우리의 삶에 날씨마저도 도움이 안 되는 한 주간이었습니다. 올해도 우리 앞에는 많은 시련과 장애가 예상됩니다. 적지 않은 복병도 우릴 노릴 것이고, 예상밖의 일들이 우리의 마음을 흔들 것이고, 또 사냥꾼들의 올무도 놓여 있을 것입니다. 그런데요, "우리의 영혼이 사냥꾼의 올무에서 벗어난 새같이 되었나니 올무가 끊어지므로 우리가 벗어났도다" 시 124:7라고 한 시편의 노래처럼 비록 피할 수는 없지만 아니, 꼭 피할 필요 없습니다 우리가 그 올무에 빠졌을 때 주께서 끊어 주심으로 반드시 그 함정에서 벗어나게 해주신다는 겁니다.

그리고 1절에 이렇게 위로해 주십니다. "내가 너희 편이야." 저는 이번 주에 주님이 내 편이 되어 주신다는 시편 124편의 말씀이 얼마나 위로가 되고 힘이 되었는지 모릅니다. 저의 첫사랑 되신 하은교회 사랑하는 교우 여러분, 많이 힘드시죠? 두려워 마십시오. 안심하십시오. 주님이 우리 편이십니다. 절대 그 어떤 대적도, 맹렬한 노여움도, 혹 넘치는 물도 우리의 영혼을 삼키지 못하도록 지켜 주신다고 했습니다.

정말 베드로전서 5장 8절 말씀처럼 "대적 마귀가 우는 사자같이 두루 다니며 삼킬 자를 찾는" 위험천만한 시대에 우리는 살고 있습니다. 폭설이 내리고, 비로 얼어 버리고, 동파되고, 맨홀이 터지고, 사고가 나고……. 그러나 우리 하나님이 결코 이에 씹히지 않게 하시고 너희는 찬양만 하라고 말씀하십니다 시 124:6. 그렇습니다. 우리의 도움은 천지를 지으신 여호와의 이름에 있습니다. 주의 이름으로 우리가 하지 못할 일은 아무것도 없습니다. 다만 우리의 믿음이 미약할 뿐입니다.

부디 주의 이름만으로 충분히 복된 한 주간이 되시기를 축복합니다. 날씨, 장사, 관계, 시험, 이런 사냥꾼의 올무에서 자유로운 한 주간이 되시기를 축복합니다. 사랑합니다.

봄을 노래하며

　살아가다 보면 기뻐할 일보다는 근심하고 걱정할 일들이 더 많은 것이 우리의 삶인 것 같습니다. 인생길에 눈물의 자리가 더 많으니 목회 현장에서도 춤추고 감격할 일보다는 걱정하고 답답한 일이 더 많은 것이 사실입니다. 그러나 우리 그리스도인들은 삶의 환경이나 조건을 넘어서 하나님을 찾는 사람들 아닙니까? 누가복음 1장에 보면, 처녀가 아기를 가진다는 일은 아무리 생각해도 기뻐할 수 없는 상황인데도 주님의 탄생을 "큰 기쁨의 좋은 소식"눅 2:10이라고 했던 것처럼, 우리의 기쁨도 외적 조건에 의해 결정되는 것이 아니라 하나님께서 우리에게 뿌리시는 기쁨을 얻게 되기를 기원합니다.
　온몸을 얼어붙게 하는 혹한의 겨울을 보내고 있습니다. 아직 봄을 노래할 수는 없지만 그렇다고 봄이 오지 않는 것은 아닙니다. 그래서 우리 인생길이 하나님의 다스리심 가운데 있음을 알고 기대하며 찬양할 수 있는 것입니다. 하나님은 당신이 인생을 다스리신다는 사실을 알려 주시면서 "즐거워하며 기뻐할지어다"^{시 97:1}라고 말씀하셨습니다.

윤동주 시인은 일본 감옥에서 봄을 맞으면서 이렇게 노래했습니다.

봄이 혈관 속에 / 시내처럼 흘러 / 돌, 돌, 시내 가차운 언덕에

개나리, 진달래, 노오란 배추꽃 / 삼동을 참어온 나는 /

풀포기처럼 피어난다.

즐거운 종달새야 / 어느 이랑에서나 / 즐거웁게 솟쳐라

푸르른 하늘은 / 아른아른 높기도 한데

오늘 하늘의 은혜 앞에서 노래하시는 복된 성도가 되십시오. 하나님의 사랑 앞에서 노래하십시오. 내 인생을 다스리시는 하나님으로 인해 기뻐하며 노래하십시오. 하나님의 감격과 감동을 가슴에 안고 오늘을 사십시오. 우리의 인생길에서 이것을 경험할 수 있다면 우리는 승리할 수 있을 것입니다. 하나님의 다스리심을 전심으로 신뢰한 사람들은 어두운 밤에도 노래했고, 환난의 날에도 믿음으로 우뚝 섰으며, 마지막 호흡을 내뿜는 자리에서도 믿음으로 신뢰했습니다.

겨울이 지나고 이제 봄이 다가옵니다. 그러나 봄길은 그냥 만들어지지 않습니다. 믿음으로 겨울을 이겨 온 사람만 누리는 것입니다. 믿음으로 봄길을 걷는 성도가 되시기를 축복합니다.

꿈

"난 꿈이 있었죠……." 가수 인순이가 불렀던 '거위의 꿈'이라는 노래의 시작입니다. 저는 이번 겨울을 지나면서 꿈을 꾸게 되었습니다.

먼저 꿈에 대한 핵심적 원리가 있습니다. 꿈은 클수록 좋습니다. 다만 반드시 좋은 꿈이어야 합니다. 큰 꿈, 좋은 꿈을 가지고 이를 이루기 위해 최선을 다한다면 결과에 상관없이 이미 그 꿈의 절반 이상은 이룬 것입니다.

누구나 자신의 꿈을 이룰 수 있습니다. 그런데 그 꿈을 이루려면 몇 가지 조건이 필요합니다. 먼저 사람들을 향해 자신의 꿈이 무엇인지 말해야 합니다. 그리고 기록해야 합니다. 마지막으로 좋은 사람을 만나야 합니다. 이것이 제가 가지고 있는 꿈의 원리이고 핵심입니다. 제가 가진 꿈의 원리 중 이미 여러분과 같은 좋은 분들을 많이 만났습니다. 이제 말하려고 합니다. 그리고 이 지면에 기록하였습니다.

1세기에는 무서운 핍박이 있어도 죽기까지 예배했는데, 21세기에는 겨우 눈 때문에 예배를 못 드렸습니다. 주차 문제로 교회 문 앞에서 이웃과 다투면서 예배하기 전에 이미 마음이 상합니다. 그래서 꿈이 있습니다. 적어도 환경이 예배에 방해가 되어서는 안 되겠다는 것입니다.

한번 꿈을 이루어본 사람은 꿈꾸는 일을 포기하지 않습니다. 사순절 특별새벽기도회를 기억해 보십시오. 이 성전을 주신 것이 2007년 사순절이 지나고 난 뒤였습니다. 잠언에서 '부지런함'이 있을 때 풍요로울 것이라고 하였는데, 부지런함이란 서원을 이루는 것이라고 말씀드렸습니다. 우리 서원합시다. 이번 사순절에 특별새벽기도회 하면서 서원하는 것입니다. "하나님, 조금 더 큰 성전을 주십시오. 자녀에게 믿음의 유산을 남기고 서로 사랑하고 선교하겠습니다"라고요. 이것이 예언입니다. 이렇게 하는 것이 믿음의 서원입니다.

누구에게나 시련은 있습니다. 시련은 성장의 디딤돌입니다. 사실 자체 성전까지 있는 우리가 어찌 불평할 수 있습니까? 지금 우리는 땅을 파야 합니다. 그래야 씨앗을 뿌릴 수 있고 싹을 틔울 수 있습니다. 봄을 놓치면 여름이 와서 비가 내려도 꽃을 피우지 못합니다. 이 시기는 한 번 놓치면 두 번 다시 오지 않습니다. 서원의 시기가 있습니다. 우리 함께 뜻을 모아 또 한 번의 발돋움을 위해 기도합시다. 우리가 생각만 해도 주시는 하나님을 찬양합니다.

걸음마

　누군가에게 이런 질문을 받은 적이 있습니다. "지금까지 가장 안타까 웠을 때가 언제입니까?" 그 질문에 이렇게 대답했습니다. "제 아이가 걸음마 하다가 꽈당 넘어지는 것입니다". 그때 한참 제 아이가 걸음마를 배울 때였습니다. 그렇게 넘어지고 넘어지고 하더니 어느 순간에 걷기 시작했습니다.

　아이가 걸음마를 하기 위해서 평균 2천 번을 넘어져야 한다는 사실을 아십니까? 사실 우리에게도 이렇게 걷기 위해 2천 번을 넘어졌던 어린 시절이 있었기 때문에 당당하게 걸을 수 있는 오늘이 있는 것입니다. 혹시 여러분 중에 아직도 걷기를 두려워하시는 분 계십니까?

　세상의 벽 앞에 무너지고 돌부리에 걸려 넘어질 때면 모든 것이 끝난 것 같고, 다시는 못 일어설 것 같지만 우리는 다시 일어서서 걸을 수 있고, 언젠가는 힘차게 뛰기도 할 것입니다. 하나님은 당신의 자녀에게 일어나는 법을 가르치기 위해 넘어뜨리십니다. 기억하세요. 우리는 이미 2

천 번이나 다시 일어섰던 사람들입니다. 누구에게나 넘어지는 순간이 있습니다. 그리고 누구에게나 두려움은 있습니다. "나는 무서울 게 없다"는 사람은 스스로를 속이는 것입니다. 지혜는 '두려워할 줄 아는 것'과 '두려움에 떠는 것'을 구별하는 것입니다. 두려워할 줄 알아야 하지만 두려움에 떨 필요는 없습니다. 그 때문에 하나님을 하나님으로 여기지 못하는 중죄를 짓기 때문입니다. 두려움을 넘어서는 진정 용기 있는 성도가 되시기를 축복합니다.

삶에는 늘 평탄대로와 비탈길, 꽃밭과 가시밭길이 함께 공존하는 듯합니다. 숲길에 들어서면 개울을 건너야 하고, 개울을 건너다 보면 들쭉날쭉한 돌멩이들도 있고, 그 때문에 넘어지고 상처도 생기지만 또 그것들이 아름다운 시냇물 소리를 내는 재료라고 하지 않습니까?

지금 비가 내리고 바람이 몰아치고 있습니다. 비가 내리지 않는 하늘이 없고, 계속 비만 내리는 하늘도 없습니다. 곧 맑은 하늘이 보일 것이고 무지개가 뜰 것입니다. 싸움은 남하고 하는 것 같은데 사실은 자신과의 싸움일 때가 대부분입니다. 남과의 싸움에서는 지시고 자기와의 싸움에서는 승리하시기를 응원합니다. 사람은 흘린 눈물의 양만큼 성장한다고 합니다. 화내지 마시고, 한숨짓지 마시고 차라리 골방에서 통곡하시면 하나님은 그 눈물로 내 영을 씻어 치유하시고 승리를 주시리라 믿습니다. 저 한 주간 영국 다녀옵니다. 다시 만나 승리담을 나누었으면 좋겠습니다. 저도 여러분도 파이팅!

검은 바다

바다의 색깔이 변했습니다. 푸른색에서 검은색으로. 색깔만 변한 것이 아니었습니다. 평온한 바다가 칼보다, 총보다 더 무서운 흉기가 되어 수많은 사람의 생명을 빼앗아 갔습니다. 그래서 사람들은 재앙이라고 말을 합니다. 바다만 바뀐 것이 아닙니다. 일본에서 발생한 지진과 쓰나미가 전 세계를 바꾸고 있습니다. 일본보다 가난한 나라들도, 일본을 미워하고 시기하던 나라들도, 멀리 떨어져 무관하게 바라보던 나라들도 일본을 돕고 위로하기 위해 가슴을 열었습니다.

이번 재앙을 통해 한 가지 알게 된 것이 있습니다. 개인도 그렇지만 나라도 친구가 있어야 되겠구나 하는 것입니다. 일본은 경제대국이었지만 친구가 없는 나라였습니다. 그런데 이번 아픔을 통해 친구를 만든 것 같습니다. 함께 울어 주고, 함께 상처를 씻어 줄 착한 친구 나라들을 많이 얻은 것입니다.

그러고 보니 우리가 살고 있는 미국은 친구가 있을까요? 힘이 있어,

돈이 있어 붙어 있는 나라들은 있지만 위급할 때 돌아서 버리는 그런 나라들이 아닐까요? 착한 사마리아인의 비유 기억나시죠? 위기에서 구해 주는 이는 내 민족이 아니었습니다. 그렇게 미워하고 싫어하고 증오했던 사마리아인이었습니다. 그렇다면 누가 나의 이웃일까요? 나와 함께 울어 주고, 웃어 주는 사람이겠지요. 누군가를 우리에게 보내주시고 붙여 주신 이유는 이웃이 되라는 하나님의 뜻입니다. 이웃은 사랑해야 합니다. 시기하고 비방하고 트집잡아야 할 대상이 아닙니다.

인간은 이해관계로 얽혀 살고 손을 잡아 끼리끼리 살다가도 생명이 위협받을 때는 하나로 뭉치는 힘이 있음을 자연의 재난을 통해 배웁니다. 교회공동체도 어쩌면 저마다 이해관계로 얽혀 있는 것 같습니다. 이번 재앙을 보며 다시금 느끼는 바는 재앙을 이기는 것도, 한 걸음 더 재앙을 미리 막는 일도 하나 됨입니다.

이제 검은색 바다를 다시 푸른색으로 돌려놔야 하겠습니다. 사람을 죽이는 바다가 아니라 살리는 바다, 블루오션이 되어야 하겠습니다. 쓰나미는 꼭 바다에만 있는 것이 아닙니다. 사람이 모여 있는 공동체에도 늘 쓰나미의 위험이 있습니다. 미움이 쌓이고, 오해가 쌓이고, 불신이 쌓이면 결국 그것이 무서운 쓰나미가 되어 공동체를 무너뜨리고 휩쓸어 갈 것입니다. 우리 교회도 무릎으로 엎드리어 더욱 조심하고, 겸손하고, 깨어 있는 교회가 되기를 기도합니다.

식객

조선시대의 마지막 황제는 순종입니다. 1910년 일제는 한일합병을 단행하면서 조선의 군대를 강제 해산하고, 사법권을 강탈하였습니다. 그로 인해 순종은 황제에서 강등되어 창덕궁으로 옮겨 16년을 살다가 1926년 4월, 53세의 일기로 생을 마칩니다.

마지막 황제 순종은, 나라는 친일파에 매국노가 판을 치고 사방이 사분오열되는 것을 보고 식음을 전폐하고 슬픔에 탄식하며 하루하루를 보내고 있었습니다. 그때, 황실의 음식을 담당했던 대령숙수^{궁중 전문요리사}가 순종을 위해 마지막 식탁으로 육개장을 끓여 올립니다. 육개장을 받아 든 순종은 대령숙수가 올려온 육개장에 숨어 있는 깊은 뜻을 알고 눈물을 흘리며 국물 하나 남김없이 깨끗이 비우고 승하합니다.

육개장에는 조선의 혼과 한이 담겨 있었던 것입니다. 육개장의 '소고기'는 살아서 묵묵히 일하는 조선의 성실한 삶을, '고추기름'은 매운 맛 즉 조선의 기개와 강인함을, '토란'은 어떤 해충에도 끄떡없는 외세에 쓰러지지 않는 민족의 투쟁의지를, 그리고 '고사리'는 들풀처럼 자생력이 강한 생명력을 가리키는 것이었습니다.

이제 특별새벽기도회가 절반이 지나갔습니다. 그것은 아직도 절반이 남았다는 뜻입니다. 40일을 투자해서 40년을 얻습니다. 육개장을 만들어 마지막 황제에게 드리는 마음으로, 특별새벽기도회의 남은 절반을 그렇게 하나님께 드리기를 원합니다. 시작만큼 끝도 좋아야 하며, 끝으로 가는 과정도 좋아야 합니다. 우리의 간절함, 거룩함을 위한 열망, 진실한 회개는 하나님께서 좋아하시는 육개장입니다.

조금만 힘을 내십시오. 기도할 수 없는 수만 가지 정당한 이유가 있습니다. 그러나 기도할 수밖에 없는 이유 한 가지가 있다면 그것만 붙들고 기도합시다. 그것이 우리가 살 길입니다. 좋은 교회는 기도가 살아 있는 교회입니다. 우리 함께 좋은 교회 만들어 신앙생활 하는 것이 말할 수 없는 기쁨이 되고, 선교하는 것이 행복하고, 자녀들에게 축복의 유산을 물려주는 성도가 되는 것이 우리의 욕심이고 비전이 되기를 원합니다.

볼리비아 선교

이제 본격적으로 선교의 계절이 다가왔습니다. 우리 교회는 볼리비아 선교를 시작으로 알래스카와 멕시코 유카탄으로 선교를 다녀올 것입니다. 정말 한 치의 오차도 없으신 하나님께서 우리 교회로 하여금 PGM을 통해 교육 받고 훈련받게 하심을 감탄하지 않을 수 없습니다.

5월 29일부터 6월 11일까지 2주일 동안 볼리비아 코차밤바에서 고광문 선교사님의 사역을 도우러 갑니다. 13명의 선교사가 헌신하여 준비하고 있습니다. 선교사님께서 가장 중점을 두신 영어교육사역에 신유미, 탐메이, 장하나, 장우성, 송영훈, 장좌형, 건축사역에 하영수, 유준걸, 박승순, 송현욱, 그리고 2주간 우리 선교 팀의 건강을 책임질 심석순, 장순자 여러 교우 여러분들이 한 팀을 이루어 떠나게 됩니다. 선교사들은 이미 각각의 비행기 값을 헌신하셔서 티케팅을 완료하였습니다.

볼리비아에서 할 사역은 이렇습니다. 먼저 교육사역팀은 2주간 기초 영어를 가르치면서 복음의 씨앗을 심을 것입니다. 그런데 이곳에 참여하는 현지 어린이들을 위해서 사탕이나 초콜릿 약 150명분이 필요합니다. 또 선교사님이 운영하시는 유치원이 있는데 유아용 놀이기구가 필요하다고 하십니다. 장난감이나 레고 등 이미 우리 아이들이 사용한 것 중 필요 없는 것이 있다면 교회에 주시면 감사하겠습니다. 또한 작아서 못 입히는 아이들 옷이 있으면 같이 주셔도 좋겠습니다.

이제 건축사역입니다. 이번에 완벽한 팀이 구성되어 건축사역을 하시게 됩니다. 선교사님께서 보내주신 편지에 페인트는 500달러, 교회입구 공사는 3,000달러, 운동장 공사는 3,500달러가 소요될 것이라고 하십니다. 이를 위해서 여러분께 도전을 드립니다.

혹 여러분 중 이곳 사역에 힘을 주시기 위해 헌금으로 헌신하여 주시면 가는 저희들뿐 아니라 선교사님과 현지인들에게도 큰 힘이 되겠습니다. 볼리비아로 가서 참여하시는 분들과 이곳에서 후원하는 우리가 함께 한 팀이 되어 사역을 한다면 아름다운 사역을 이룰 수 있지 않을까 하는 생각이 듭니다.

이번 선교를 통해서 우리 하나님께서 우리 교회를 어떻게 사용하실지, 부어 주실 은혜가 무엇일지 기대하며 기도합니다. 우리가 꼭 잊지 말아야 할 것은 선교의 전방은 바로 기도하는 교회라는 사실입니다.

불쑥불쑥 찾아오는 슬럼프

예고도 없이 불쑥불쑥 찾아와 마음의 브레이크가 되어 의욕을 멈추게 하고 앞으로 나아가지 못하게 하는 것이 슬럼프입니다. 슬럼프에 빠지면 감정의 기복이 심하게 됩니다. 금방 손 들고 찬양하면서 감격하고 기뻐했다가, 금방 찬양하고 싶은 마음마저 사라지고 우울해지고 화가 나기도 합니다. 이런 증세를 경험해 보신 적이 있으십니까? 늘 그렇다고요? 그러면 병원에 가셔야 합니다. 그것은 치료 받아야 할 문제입니다. 평소에는 그렇지 않다가 이런 증세가 찾아올 때가 있는데 이런 상태를 가리켜서 슬럼프에 빠졌다고 합니다.

슬럼프는 나와의 싸움인 듯합니다. 적 중에 가장 무서운 적이 바로 '나'입니다. 누구보다 나를 잘 알기 때문에 이기기가 쉽지 않습니다. 슬럼프를 극복하는 것은 나를 이기는 일입니다. 그런데 나는 나를 이길 수 없습니다. 나를 이기는 길은 하나님께 나를 맡기는 것입니다. 우리가 위기를 만나거나 슬럼프에 빠지게 되면 하나님의 어루만지심을 사모해야 합니다.

슬럼프를 모르는 엘리야 선지자에게 뜻밖의 슬럼프가 찾아왔습니다. 모든 의욕을 상실한 채 로뎀 나무 아래서 낙심되어 있는데 하나님께서 그에게 천사를 보내셨습니다. "일어나 먹어라. 아직도 갈 길이 멀다"라고 하셨습니다 왕상 19:7.

우리 하나님이 이런 분이십니다. 외롭다고 하니까, 괴롭다고 하니까 즉각 달려오시는 분입니다. 내 작은 신음에 응답하시는 분, 내 기도에 귀를 기울여 주시는 분입니다. 그분이 우리 하나님입니다.

제가 노래가 아닌 글로 찬양을 불러 드릴게요. "주님과 같이 내 마음 만지는 분은 없네. 오랜 세월 찾아 난 알았네. 내겐 주밖에 없네. 주 자비 강같이 흐르고 주 손길 치료하네. 고통받는 자녀 품으시니 주밖에 없네. 주님과 같이 내 마음 만지는 분은 없네. 오랜 세월 찾아 난 알았네. 내겐 주밖에 없네." 어떠세요? 조금 위로가 되세요?

만약에 홍해가 우리 앞을 가로막고 있고 왼쪽에는 광야, 오른쪽에는 산, 뒤에서는 애굽 군대가 쫓아온다면 그 상황은 '이제 난 죽었구나'가 아니라 하나님의 기적이 일어나기에 안성맞춤인 상황인 것입니다. 슬럼프에서 일어나십시오. 하나님의 위로의 음성을 들으십시오.

"내 영혼아 네가 어찌하여 낙심하며 어찌하여 내 속에서 불안해하는 가 너는 하나님께 소망을 두라 그가 나타나 도우심으로 말미암아 내가 여전히 찬송하리로다"(시 42:5).

촌사람

가족 수련회

'촌사람!'이란 말을 들은 적이 있습니다. 도시의 환경을 모른다는 말입니다. 도시사람도 시골에 가면 똑같이 촌사람이 됩니다. 뉴욕에서 촌사람 말 듣는 것, 우스운 이야기입니다. 그런데요, 우리가 나중에 천국에 가서 촌사람 소리를 들으면 참 부끄러울 것 같습니다. 그래서 하나님은 우리가 천국에서 촌사람 소리를 듣지 않게 하시려고 이 땅에서 천국의 삶을 살아보라고 교회를 주신 것이 아닌가 생각합니다. 교회는 천국의 모형입니다. 다시 말씀드리면 교회는 반드시 천국의 모습을 회복해야 합니다. 그런 교회를 주시려고 주님이 십자가에 못 박히신 것입니다.

저에게도 꿈이 있습니다. 우리 하은교회가 천국이 되는 것입니다. 천국에는 사랑과 희락이 있고, 화평과 오래 참음이 있고, 온유함이 있고, 자비와 양선, 충성, 그리고 절제함이 있습니다. 우리가 거룩한 농사꾼이 되어 땀을 흘리며 땅을 갈아 이런 씨앗들을 뿌려 열매를 맺고 그 기쁨으로 교회생활을 한다면 더 이상 천국에서 촌사람은 되지 않을 것 같습니다.

한번에 바다를 만들 수 없습니다. 우선 작은 강부터 만들어야 합니다. 갑자기 바다를 만드는 것은 하나님만이 가능한 일입니다. 작은 물방울 하나가 바다를 이루고, 만리장성도 돌 벽돌 하나로 시작되었습니다. 처음의 '너무 작은 것'에 실망할 것 없습니다. 시작이 아무리 작고 미약해도 그 나중은 심히 창대하게 될 것입니다. 먼저 사랑합시다. 사랑하면 화평해지고, 사랑하면 오래 참을 수 있고, 오래 참다 보면 온유해질 것입니다. 그러다 보면 우리 하은교회는 천국이 되어 있을 것입니다. 오늘부터 한 걸음씩 걸어갑시다. Little by Little, Step by Step, Inch By Inch!

오늘도 하나님께서는 갈보리 언덕에 나를 위하여 십자가를 세우셨습니다. 그 보혈로 잃어버린 영혼들의 굳어진 마음을 두드리고, 사람들의 깨어진 관계를 회복시키며 어둔 세상에 빛을 밝히십니다.

종려주일이 있는 것은 우리에게 용서할 기회이며, 회복할 기회이고 사랑할 기회입니다. 때론 그 사람이 나를 짓밟고 아프게 할지라도 차라리 내가 고통을 받는 것이 천국을 사는 사람입니다. 이번 한 주간 함께 금식함으로 주님의 십자가를 나도 지는 것이 어떠세요?

선교의 계절

꽃이 피고, 바람이 불고, 눈이 가렵고, 재채기가 나는 알러지의 계절이 아니라 내 안에 사명의 불꽃이 이글거리고, 잃어버린 영혼에 대한 설렘이 있고, 무언가 가만히 있으면 안 될 것 같은 선교의 계절이 왔습니다. 지난 수요일 문용식 집사님의 NK국의 파송을 시작으로 볼리비아, 알래스카, 그리고 우리 학생들이 멕시코 유카탄으로 떠나게 됩니다.

"눈을 들어 밭을 보라 희어져 추수하게 되었도다"라고 하셨으니 이제 일상에서 거룩으로 시선을 옮기고, 땅에서 하늘로 우선순위를 바꾸고, 야망에서 비전으로 우리들의 삶의 목표를 수정해야 하는 때입니다. 기도를 부탁드립니다. 기도는 관심입니다. 비록 각 선교지에서 2주 정도밖에 머물지 않지만 머무는 동안, 그리고 떠나온 다음에도 하나님의 놀라운 역사가 나타날 수 있도록 기도해 주십시오.

선교의 계절입니다. 겨우내 몸을 움츠리고 있던 꽃들이 한꺼번에 고개를 내밉니다. 너 나 할 것 없이, 잔디 속에 묻혀 있던 이름없는 꽃들,

들풀도 저마다 자기 색깔들을 한껏 뽐내고 있습니다. 봄이기 때문입니다. 선교의 계절입니다. 바자회, 찬양제, 골프대회 등 각 선교회에서, 주일학교에서 여러 행사들이 계속 준비되고 있습니다. 모두 우리 주머니 터는 일이지만 기쁨으로 즐거이 참여해 주시기를 부탁드립니다.

꼭 티켓 값 20달러가 아니어도 시간을 내어 찬양제 자리에 앉아 주시면 좋겠습니다. 밀알선교합창단, 부부합창단 등 모두가 기꺼이 좋은 행사에 그분들의 시간을 내어 헌신하여 주시는 겁니다. 우리가 도와달라고 초청해 놓고 우리가 참여하지 않는다면 그 또한 성숙하지 못한 일이라는 생각이 듭니다. 선교바자회도, 각 교육기관에서 준비하는 것도, 골프대회도 인정해 주시고 격려해 주신다면 계획하고 준비하는 분들은 물론 선교지에 가기 위해 준비하는 팀원들도 모두가 기쁠 것입니다.

이 선교의 계절에 우리가 뿌린 씨앗이 옥토에 떨어져 30배, 60배, 100배로 열매 맺기를 기대하며 이 거룩한 농사에 거룩한 농사꾼으로 여러분을 초대합니다. 함께하지 않으시렵니까?

제3회 선교기금 마련 골프대회

심장으로 말하라

　누구나 살다 보면 사람들 앞에 나서야 할 때가 있습니다. 작게는 가정에서, 내가 일하는 곳에서, 또 우리처럼 교회에서 각 선교회를 이끌어 가든 사랑방을 이끌어 가든, 그럴 때면 무엇으로 사람의 마음을 움직일 것인가가 큰 숙제입니다. 우리에게는 박정희 전 대통령 같은 독불장군 같은 리더십의 아픈 경험들이 있습니다. 앞으로의 리더는 좀 더 열려 있고 소통의 리더십을 지니고 있어야 할 것입니다.
　리더십, 우리에게 꼭 필요한 훈련입니다. 우리 하은교회가 적어도 뉴욕의 한인 이민사회를 이끌어 가려면 리더십을 준비하지 않으면 안 될 것입니다. 설익은 밥으로 잔치를 벌일 수는 없지 않습니까? 내일을 준비하지 않은 사람은 오늘이 가기 전에 근심에 싸이게 될 것입니다. 의외로 준비되지 않은 상태에서 서둘러 시작하는 사람들을 우리 주위에서 심심찮게 볼 수 있습니다.

첫째, 우리에게 필요한 리더십은 파트너십(Partnership)입니다.

자기에게 공이 왔을 때 기꺼이 패스해 줄 수 있는 사람이 리더로서 자격이 있습니다. 좋은 기회가 왔을 때 다른 이들과 함께 나눌 수 있는 사람, 그가 바로 존경받는 사람입니다.

둘째, 서번트십(Servantship)입니다.

특히 이 단어는 세상보다 우리가 깊이, 그리고 자세히 알고 있습니다. 그럼에도 세상보다 못하고 있는 것이 이 '섬김'입니다. 보이지 않는 곳에서 자신의 모습을 드러내지 않고, 그것이 나 혼자일 망정 묵묵히 하는 사람, 그 사람이 진정 리더일 것입니다.

리더의 정의는 앞에 서는 사람, 군중을 이끄는 사람이 아닙니다. 다른 사람이 먼저 잘되게 하는 사람입니다. 그러려면 교회에는 한 가지가 더 필요합니다. 심장의 리더십입니다. 심장은 우리 몸 구석구석까지 피가 돌도록 하는 발전소입니다. 자신의 심장을 걸고 타오르는 열정과 진심으로, 뜨거운 사랑으로 일하는 것입니다. 바로 주님처럼 말입니다. 주님은 심장의 리더십을 가진 분이셨습니다.

좋은 리더는 사람들을 행복하게 만듭니다. 따르는 사람들이 많아집니다. 그리고 따르는 이가 많을수록 내려갈 줄 아는 사람입니다. 수미일관首尾一貫. 처음과 끝이 한결같아야 합니다. 우리 시작처럼 끝까지 천국 갈 때까지 주님의 마음으로 교회와 세상을 섬기는 리더가 됩시다.

아버지

태풍이 상륙한다고 한다. 이번 태풍은 연일 방송을 하는 것을 보니 힘이 센 태풍인가 보다. 자전거를 타고 학교에 갔다 오다가 아버지가 집을 손질하는 것을 보았다. 그는 아버지를 이해할 수 없었다. 중학교 2학년 때는 가출도 하였다. 가난하게 사는 것이 싫었다. 산골이지만 다른 아이들 집에는 자가용도 있었고, 부족한 것 없이 사는 것 같았다. 자신의 집이 세상에서 제일 가난하다고 생각했다. 메이커 옷도 입고 싶고 메이커 신발도 신고 싶었다. 학교에 가면 자신과 같은 애들이 없었다. 그는 공부해서 뭐 하냐는 생각이 들었다. 돈이 있어야 한다고 생각했다. 아버지같이 살기는 싫었다. 아버지가 믿는 하나님이 싫었다.

왜 아버지는 목사가 되어 이렇게 산골짜기에 와서 사는지 도대체 이해할 수 없었다. 도시에서 목회하는 큰 교회 목사들은 자식들도 유학을 보내고 좋은 집에서 남부럽지 않게 산다는데, 자신의 아버지는 왜 이렇게 시골에 와서 궁색하게 사는지 이해가 되지 않았다. 생존경쟁에서 아버지는 힘이 없는 사람이라고 생각했다. 그러나 그것도 아니었다. 대학과 대학원을 나왔고 미국에 가서 박사학위도 받으신 분이다. 그러니 능력이 없는 분은 아니었다. 어디에 가서 학원 선생만 해도 먹고 살 수 있을 텐데, 왜 이렇게 이 산골에 와서 사서 고생을 하는지 이해할 수 없었다.

아버지는 산골 아이들에게 저녁이면 영어를 가르친다. 영어를 가르치며 성경 이야기를 많이 했다. 처음에는 아이들이 자신의 집에 오는 것이 부끄러웠다. 집이라고 해봐야 허름한 조립식 예배당과 함께 붙어 있는 집이다. 그것도 도시에 있는 친구 목사가 지어 준 것이다. 아버지가 산골에 가서 목회한다고 하니까 같이 공부한 아버지 친구 목사 교회에서 지어 주었다.

가출했다가 돌아왔을 때 아버지는 그를 끌어안고 우셨다. 처음으로 들어본 아버지의 통곡 소리였다. "미안하다. 너에게 정말 미안하다. 나도 너를 생각하면 하루에도 몇 번씩 마음이 바뀐단다. 그러나 아버지가 어릴 때 가난한 산골에서 자라 이렇게 목사가 되었다. 내가 목사가 되면 나처럼 가난하게 자라는 아이들을 위해 살기로 마음을 먹었다. 너는 이해하지 못할 것이다. 그러나 이것은 하나님과 나의 약속이다. 어쩔 수 없지 않니……?"

그는 그때부터 아버지의 마음을 조금은 이해할 수 있을 것 같았다. 그렇다고 그 마음에 가난에 대한 수치와 아버지에 대한 원망이 완전히 사라진 것은 아니었다. 어릴 때 미국에 살 때는 그래도 좋았다. 아버지는 떠나기 싫어하는 그를 억지로 데리고 나왔다. 한국에 들어올 때 기대를 가졌다. 아버지는 그래도 큰 교회 목사님이 되어 그의 식구를 행복하게 해주실 줄 알았다. 그러나 그것이 아니었다. 아버지가 택한 곳은 바로 이 산골이었다. 모두가 출세를 위해 공부한다는데 아버지는 그렇지 않은 것 같았다.

어느 날 아버지는 가정예배를 드리면서 말씀했다. "주님을 따르는 것은 십자가를 지는 것입니다. 우리는 하나님을 통해 영광을 받으려고 하기 전에 나에게 주어진 십자가를 지는 것이 하나님의 나라를 이루는 첩경입니다. 주님은 나를 따르려면 자기 십자가를 지고 나를 따르라고 하셨습니다. 이렇게 사는 것은 우리 가정이 져야 할 십자가입니다. 우리가 이 십자가를 짐으로 이 산골에 교회가 서게 될 것이고, 이 산골의 많은 영혼들은 주님에게 돌아올 것입니다."

아버지가 집을 수리하던 날 밤, 비는 하늘에 구멍이라도 난 듯 무섭게 쏟아졌다. 아버지는 그에게 일찍 자라고 했다. 아버지는 예배당에 기도하러 가셨고, 동생과 그는 서둘러 잠을 잤다. 잠을 자는 사이에 그의 집에 토사가 덮쳤다. 아버지는 그의 방으로 달려가 그를 끌어내었다. 그가 어떻게 된 상황인지 미처 깨닫기도 전에 아버지는 동생을 구해내야 한다고 쓰러져 가는 집으로 다시 몸을 돌렸다. 어머니와 그가 같이 가야 한다고 했다. 그러나 아버지는 홀로 쏜살같이 뛰어 들어갔다.

아버지는 토사에 묻히고 말았다. 산사태가 난 것이다. 순식간이었다. 어머니는 비명을 지르면서 그에게 마을로 내려가 마을 사람들에게 알리라고 했다. 아버지는 그렇게 동생을 끌어안고 천국으로 갔다. 동네 사람들은 수군거렸다. "하나님이 살아 계시면 목사 집에 왜 저런 일이 일어나?"

어머니와 그는 그 후 산골을 떠났다. 그는 아버지 친구의 도움으로 대학을 다녔다. 그는 자라면서 아버지는 진짜 살아 계신 하나님을 믿는 분이라는 것을 알게 되었다. 그도 목사가 되었다. 아버지가 이루지 못한 그 사역을 감당하기 위해 늙으신 어머님과 함께 다시 산골을 찾았다. 마을 사람들은 교회가 섰던 곳을 저주받는 땅이라고 했다. 그는 그곳에 다시 교회를 세웠다. 아버지가 하시고자 하는 일을 하기 위해······.

야외예배

존재감

'존재감', 요즘 고국에서 자주 사용되는 말입니다. 주인공은 아니지만 어떤 말이나 행동으로 주위에 큰 영향력을 일으킬 때 사용되는 말인 것 같습니다.

1415년 10월 25일 프랑스의 아쟁쿠르 평원에서 프랑스와 영국 간의 전쟁이 계속되고 있을 때입니다. 6개월간 계속된 전투로 영국군의 병력은 심히 지쳤으며, 2만여 명이 넘는 프랑스군의 5분의 1 수준밖에 되지 않았습니다. 더구나 프랑스군은 유리한 고지에서 좋은 무기로 중무장한 상태였습니다. 프랑스군은 물론 영국군도 프랑스의 승리를 예측했었다고 합니다. 그러나 바로 이때 헨리 5세가 그 유명한 "성 크리스핀 축일의 연설"을 하게 됩니다.

그는 "오늘은 성 크리스핀의 축일이다. 오늘부터 세상의 종말까지 영원히 그날은 우리를 기억하지 않고는 지나가지 않을 것이다. 오늘 나와 같이 피를 흘리는 사람은 나의 형제가 될 것이다"라고 외쳤습니다. 한 사람의 존재감으로 영국은 대승리를 거두게 됩니다.

성령강림기념주일을 맞아 두 주간 교회와 성령에 관한 말씀을 전하면서 교회의 존재감에 대해 많은 생각을 했습니다. 하늘 아버지를 모신 교회는 그저 스쳐 지나가기만 해도 세상이 그 존재감을 느낄 수 있어야 합니다.

꿈이 있습니다. 우리가 사는 이 시대 가운데 주님의 교회가 세상에 그 존재감을 아름답게 드러내는 것입니다. 교회는 세상의 유일한 소망입니다. 교회가 없이는 구원도, 하나님께 영광을 올려 드릴 수도 없습니다. 교회가 그 존재감을 세상에 바로 알리며 아름다운 하늘의 역사를 감당하려면 무엇보다도 먼저 "가서 제자 삼으라"는 주님의 명령을 삼가 지켜야 합니다 마 28:18~20. 그것이 교회의 존재감입니다.

NK국, 볼리비아, 현재 중국에 있는 우리 청년들, 그리고 세 교회가 연합하여 알래스카 타나크로스 Tanacross로 들어갑니다. 이번 사역을 통해서 우리 모두 교회의 존재감, 하늘 아버지의 존재감이 더욱 드러나게 되기를 간절히 소원합니다.

알래스카에서 셋째 날에

JFK를 떠나서 시애틀을 경유하여 앵커리지에 도착한 때가 새벽 2시, 서로 인사를 나누지도 못한 채 우리를 기다리던 온누리교회 선교팀과 합류하여 8시간을 달려 타나크로스Tanacross라는 인디언 마을에 도착하였습니다.

피곤함보다는 낯설음, 어색함, 조금은 두려움 같은 것들이 팀들을 두르고 있는 것 같습니다. 먼저 마을 추장을 만나 우리를 허락해 준 것에 감사하고 할 일들을 설명한 뒤에, 짐을 풀고 도착 감사 예배를 드린 후 둘, 셋씩 흩어져 집집마다 다니며 우리가 왔음을 알렸습니다. 앵커리지 온누리교회의 미용사 집사님께서 헤어컷 사역을, 어린이 여름성경학교와 스포츠, 그리고 오 장로님과 조일구, 이덕은 집사님께서 선교팀의 식사를 준비해 주시고, 백 년 동안 한 번도 청소하지 않은 것 같은 화장실 구석구석을 깨끗이 닦아 선교팀이 최대한 불편함 없도록 섬겨 주셨습니다.

그러나……쉴 새 없이 달려드는 벌 같은 크기의 모기, 아무것도 없는 마을회관의 차디찬 바닥에 테이블을 깔고 자야 하는 것, 샤워 시설이 불편하고 화장실이 막혀 있는 것들이 조금은 불편하지만 누구 하나 불평 없이 잘 적응하는 선교팀이 너무나도 자랑스럽습니다.

마치 오래전부터 한 교회를 다닌 것처럼 형, 누나 하며 말과 마음이 통하는 이번 선교팀은 분명 한 성령으로 이끌림 받은 선교팀이었습니다.

저녁에 온 마을 사람들을 초청하여 파티를 했습니다. 김치를 좋아하고, 준비한 음식을 맛있게 먹어 주는 것뿐 아니라 빈손으로 오지 않고 자기네들의 음식을 가져다주어 함께 먹었습니다.

저녁 11시, 아직 해는 높은 곳에서 환하게 비추고 있습니다. 우리들을 위한 기도 소리가 마음으로 들립니다. 그리고 그 힘이 느껴집니다. 기도해 주셔서 진심으로 감사드립니다. 그 기도가 없었더라면 아무 일도 못했을 것입니다. 기도와 무기를 동시에 들어 합력해서 선을 이루게 하신 하나님께 영광을 돌립니다.

인격적 변화를 일으키는 방법

우리 모두의 고민이자 과제는 '변화'입니다. 어떻게 우리의 삶 속에서 변화를 이끌어 낼 수 있을까요? 로마서 12장 2절에서 바울은 "마음을 새롭게 함으로 변화를 받으라"고 말합니다. 생각은 삶의 자동조정장치와 같습니다. 만일 우리가 탄 배의 자동조정장치가 동쪽으로 맞춰져 있는데 억지로 배를 서쪽으로 돌리고 있다면 우리는 곧 지쳐서 배가 가는 대로 방치하게 될 것입니다. 따라서 삶을 변화시키기를 원한다면 먼저 생각을 변화시켜야 합니다. 성경은 생각이 감정을 결정짓고, 감정이 행동을 결정짓는다고 말합니다.

첫째, 한 번에 한 가지 결점을 변화시키는 데 초점을 맞추라.

한 번에 여러 가지를 변화시키고 싶습니까? 결국 남는 것은 낙심뿐일 것입니다. 한 번에 한 가지 결점을 변화시키기 위해 노력하십시오. 그렇게 하지 않으면 어떠한 변화도 경험하기 어려울 것입니다. 우선 하나님께 우리의 삶 속에서 어떤 결점을 가장 먼저 해결하기를 원하시는지 여쭤보십시오. 이때 더 나은 사람이 되기를 기도하지 마십시오. 이는 문제의 실상을 부인하는 것입니다. 구체적인 모습을 가지고 기도하십시오.

둘째, 나의 힘이나 의지가 아닌, 하나님의 능력에 초점을 맞추라.

만약 우리의 힘과 의지로 충분하다면, 우리는 이미 변화를 받았을 것입니다. 하지만 우리는 변화되지 않았고, 우리의 힘과 의지만으로는 변화되지 못할 것입니다. 하지만 성경은 "내게 능력 주시는 자 안에서 모든 것을 할 수 있다"고 말합니다. 문제는 하나님의 능력을 우리가 신뢰하지 못하는 데 있습니다. 하나님의 능력을 신뢰하십시오. 그러면 하나님께서 도우실 것입니다.

셋째, 원하지 않는 것이 아닌, 원하는 것에 초점을 맞추라.

나쁜 것이 아닌 좋은 것에 초점을 맞추십시오. 우리는 초점을 맞추는 것에 가까워집니다. 어디에 초점을 맞추느냐에 따라 그것이 삶을 지배하게 됩니다. 나쁜 것과 과거에 초점을 맞추면 그것이 우리의 삶을 지배하게 될 것입니다. 우리가 할 수 있는 것과 하나님께서 원하시는 삶에 초점을 맞추면, 그것을 향해 나아가게 될 것입니다. 유혹을 대적하는 대신, 초점을 다른 곳에 맞추라고 성경은 말씀하십니다.

넷째, 당장 완전해지려 하지 말고, 과정에 초점을 맞추라.

변화의 길에 들어선 많은 사람들이 "아직 내게는 변화가 별로 일어나지 않았어요"라고 말합니다. 하지만 염려하지 마십시오. 이것은 과정입니다. 하나님께서 우리의 삶에 변화의 교두보를 설치하셨고, 남은 전쟁을 통해 남은 땅을 조금씩 탈환해 가실 것입니다. 하나님께서는 우리 안에 일어난 변화의 양만큼 우리를 사랑하시는 분이 아닙니다. 우리가 성장해 가는 모든 과정, 모든 단계에서 동일하게 우리를 사랑하십니다. 중요한 것은 마음의 태도입니다. 하나님께서 일으키길 원하시는 변화에 자발적으로 순종하고 겸손히 구하십시오. 그러면 하나님께서 역사하실 것입니다.

이번 한 주, 나 자신부터 변화됨으로 다른 사람의 변화를 이끌어내는 여러분이 되시기를 바랍니다.

무더위는 새벽기도로

햇볕은 하루 종일 아무 소리 없이 그 열기를 내리 쏟지만 그 속에는 놀라운 힘이 있습니다. 이슬은 사람들이 잠을 자는 밤에 아무 소리 없이 맺히지만 모든 식물에 새로운 생기와 아름다움을 가져다 줍니다. 우렁찬 천둥소리에 전기의 힘이 있는 것이 아니라, 번개 속에 전기의 힘이 있는 것입니다.

이렇게 대자연의 모든 영역에서 힘이란 조용함 속에 놓여 있습니다. 눈에 크게 보이지 않지만, 조용함 속에 가장 소중한 생명들이 숨쉬며 자라나고 있습니다. 이것이 하나님께서 만드신 자연의 원리입니다.

그리고 이 자연의 원리는 우리네 인간의 영역에도 동일하게 작동됩니다. 인간을 인간답게 만드는 일, 슬픔을 희망으로 피워내는 힘, 순간이 아니라 영원을 엿보는 일, 이 모든 일은 조용히 하나님을 만날 때 가능해집니다.

그러기에 고요한 새벽에 드리는 조용한 기도는 놀라운 힘의 근원이 되는 것입니다. 조용히 머리 숙여 하나님을 내 인생의 주인으로 모셔 들이는 그 새벽기도의 순간이야말로 평범한 우리가 위대한 하나님의 사람으로 변화되는 순간입니다. 사실 삶의 모든 부분에 있어서 가장 큰 영향력을 가지고 있는 것은 조용한 힘입니다. 조용한 가운데 만나는 하나님만이 내 인생의 어둠을 걷어내고 밝은 햇살을 비치게 할 수 있다는 사실을 기억하십시오.

새벽에 하나님을 만나 영원을 준비하는 진정한 하나님의 사람들을 보고 싶습니다.

기도로 하나님을 만나면 순간을 넘어선 영원을 살 수 있게 됩니다.

1박 2일

지난 화요일에 출발하여 수요일까지 뉴저지 라마나욧 기도원에서 당회 수련회를 처음으로 가졌습니다. 지각하신 장로님께서 벌금으로 아이스커피를 사시고 자동차에 개스를 넣으면서 군것질도 하면서 기도원에 도착하였습니다.

말라기 4장 6절의 "그가 아버지의 마음을 자녀에게로 돌이키게 하고 자녀들의 마음을 그들의 아버지에게로 돌이키게 하리라 돌이키지 아니하면 두렵건대 내가 와서 저주로 그 땅을 칠까 하노라 하시니라"는 말씀을 바로 우리에게 하신 경고로 알아 하은교회를 찾는 모든 이들의 마음을 아버지께로 돌이키게 하는 데 마음과 뜻, 그리고 힘을 모으기로 결단하였습니다. 리더는 하나님을 대신해서 사람들을 위해 뭔가 해주는 존재가 아니라 자신도 연약하기 짝이 없는 존재임을 인식할 때 오히려 더 큰 영향력을 발휘할 수 있으며, 겸손하고 섬기는 마음으로 교회를 섬기고 성도들을 돌아볼 것입니다.

무슨 일을 하다 보면 열심히 하는데도 일이 잘 안 될 때가 있습니다. 하은교회 장로님들만큼 열심히 일하시는 장로님들도 드뭅니다. 그러나 당회원이기 때문에 열심과 관계없이 욕을 먹을 수도 있고, 또 그 열심마저 당연하게 보일 때가 있습니다. 그러나 사랑하는 성도 여러분, 우리 모두는 동역자입니다. 나보다 나를 더 잘 아시고, 나보다 나를 더 사랑하시는 하나님께서 우리를 이곳에 모이게 하셨습니다. 우리가 조금만 더 사랑하고, 조금만 더 참아 주고, 조금만 더 존중한다면 우리 교회는 하나님께서 인정하시는 명품교회가 될 것입니다.

분명한 것은, 우리 교회 당회는 대패질하기보다 대팻날을 가는 당회가 될 것입니다. 지금의 당회보다 10년 후의 당회가 더 잘되기 위해 서로를 낮추며 교회를 섬길 것입니다. 땅을 깊이 파야 건물이 높이 올라갈 수 있습니다. 아무리 보잘것없는 일이라 할지라도 최선을 다할 것입니다. 우리 교회가 지금보다 더 좋은 교회가 되기 위하여 당회는 디딤돌이 될 것입니다. 그래서 여러분의 기도와 격려가 더더욱 필요합니다. 부탁합니다.

유유상종

유유상종類類相從, 비슷한 사람들끼리 모인다는 뜻의 사자성어입니다. 우리말 사전에 '고만고만', 그리고 같은 말의 또 다른 한자어로 '초록동색'草綠同色이라는 말이 있습니다. 교회는 이런 유유상종이 모인 곳이 아닐까요? 어떻게 하면 말씀대로 살아볼까 몸부림치는 사람들, 제대로 한번 신앙생활을 하다가 죽고 싶은 사람들이 모인 곳. 그래서 교회에서 만난 우리 모두는 다 같은 처지의 사람들입니다. 초록동색풀과 녹색은 같은 색이다.

우리 하은교회.

나보다 나은 남 없고 남보다 그렇게 나은 것 없는 고만고만한 우리입니다. 함께 신앙생활하는 동안 우리 함께 격려하고, 칭찬하고, 위로하고, 축복하고, 사랑하고, 나누어 주고, 웃어 주고, 기뻐해 주고, 슬퍼해 주고, 함께 아파하는 그런 교회가 되었으면 좋겠습니다. 김수환 추기경처럼, 하용조 목사님처럼 떠남을 아쉬워하고 그리워하는 그런 교회가 되었으면 좋겠습니다.

　이번 가족수양회는 교회가 이런 꿈을 꾸며 1년을 계획하였습니다. 관심 갖고 적극적으로 기도해 주시고 참여해 주시기를 부탁드립니다. 이제 한 배를 타고 같은 멤버십을 가진 부부로 살아가면서 마음이 맞지 않아서야 되겠습니까? 유유상종하는 사람들끼리 들어줄 때는 들어만 주고, 필요하면 따뜻하게 위로해 주고, 맑고 깨끗하게 마음을 정화시키며, 하나님의 임재 안에서 함께 은혜를 누리기 원하여 같이 가기를 원합니다. 더불어 밴댕이 소갈머리처럼 사고思考, 사색思索, 사유思惟, 사상思想, 생각에 갇혀 버린 것들을 진짜 기독교인답게옳게, 좋게, 맞게, 쉽게, 편하게, 밝게…… 제대로 살 수 있는 방법들을 고민해 보고자 합니다. 동의하시는 분들은 제 뒤로 쭉~ 줄을 서세요.

공부합시다

성경은 망원경을 가지고 큰 그림으로 펼쳐서 볼 때가 있고, 현미경으로 조명해서 파야 할 때도 있습니다. 마치 헬리콥터와 같다고 할까요? 비행기처럼 너무 높이 있어도 안 보이고 땅에만 있어도 하늘의 비전을 보지 못합니다. 적당한 높이에서 멀리 보면서도 아주 섬세하게 보는 터치가 필요합니다. 숲으로 보기도 하고, 나무로 보기도 하고, 역사적으로, 인물별, 주제별로도 보아야 하는데 그러면 성경을 꿰뚫고 있어야 합니다. 그리고 그 성경은 한 번 꿰뚫었다고 해서 되는 것이 아닙니다.

결코 쇠퇴할 것 같지 않던 미국 경제가 쇠퇴하고 있습니다. 교회도 성장기와 정체기와 쇠퇴기가 반복됩니다. 우리 교회도 언젠가는 쇠퇴기가 찾아올 것입니다. 그 시기가 오기 전에 지혜롭게 대처하는 것이 교회를 건강하게 하는 길이라고 생각됩니다. 함께 공부하며 고민하고 기도하고 싶습니다. 이 일에 교역자와 제직, 그리고 하은교회 모든 교우들이 함께 참여하기를 권면합니다. 교회를 보면 내가 보입니다. 그리고 나라도 보일 것입니다. 그것을 정체성Identity이라고 합니다. 정체성은 '내가 아는 나'와 '다른 사람이 아는 나'를 말하는 것입니다. 세상이 교회를 알지도 못하면서 말들이 많습니다. 교회 안에 있는 우리가 제 교회를 못 볼 수 있음을 간과해서는 안 될 것입니다. 그래서 함께 공부하며 고민하고 기도하기를 원합니다.

이번에 함께할 공부는 이미 미국교회에서, 그리고 한국에서도 5년 전부터 신학교와 교회, 그리고 교회 산하 연구원에서 다루어지고 있는 것입니다. 한인 이민교회에서도 벌써 공부하고 있는 교회가 있는 것으로 알고 있습니다. 건강한 교회, 바른 교회를 미치도록 사모하는 분들에게 도전하여 드립니다. 이번에 함께 참여하여 공부합시다. 화요일 오전과 목요일 저녁 시간입니다. 우리 교회는 저만 정신없으면 잘 돌아가는 것 잘 알고 있습니다. PGM과 겹쳐 조금 부담되지만, 시청률 경쟁하는 것도 아니고 이 공부를 더 이상 미룰 수 없어 이렇게 시작하려 합니다. 9월 20일부터 시작합니다. 공부해서 남 줍니까? 다 내가 건강해지고 우리 교회가 건강해지는 것이니, 평소 교회가 바로 서기를 원하셨던 모든 분들은 함께 모여 공부합시다.

이제는 공부할 때입니다. 아니, 벌써 늦었습니다. 늦깎이 공부하여서 따라잡읍시다. 코피가 터져도, 집중력이 예전 같지 않아도 노력하면 됩니다. 교재는 준비하여 드립니다. 그리고 볼펜도 드리겠습니다. 공부하겠다는 의지, 좋은 교회 만들어 보겠다는 그 성실함만 들고 오십시오. 고민하지 마시고, 기도해 보고 결정하지 마시고 오늘 바로 신청서에 기록하여 주십시오. 결단력이 있는 당신, 바로 이 교회의 리더이십니다. 감사합니다.

새 술은 새 부대에

49개 주와 3개 나라에서 2,500여 명의 교회 지도자들이 같은 아픔으로 한자리에 모였습니다. 수요일 저녁 첫 설교자의 제목이 "PCUSA DYING"주님, 미국장로교가 죽어가고 있습니다이었습니다. "우리는 열정을 잃어버렸다. 그래서 교회와 성도를 잃고 있다. 그 무엇보다 말씀으로, 다시 무릎으로, 이제는 성령으로……"의 설교가 참가자 모두의 가슴을 울렸습니다.

그렇습니다. 잘못된 것이 분명합니다. 그리고 또 하나 확실한 것이 있습니다. 하나님께서는 남은 자를 사용하신다는 것입니다. 그래서 함께 모인 자들이 감사하지 않을 수 없었습니다. 하나님께서 사용하실 일들을 기대하며 흥분했습니다. 역시 미국이었습니다. 동성애 문제가 총회에서 다뤄진 것이 벌써 30년이 되었다고 합니다. 법이 통과되었다고 광분하여 모인 것이 아니었습니다. 이미 그렇게 될 것을 예견하였던 7명의 지도자들이 10년 전부터 함께 모여 기도하였던 것이 이번 모임의 모태가 되었습니다.

이제부터 단계적으로 일들이 시작될 것입니다. PCUSA라는 이름을 버리고 Fellowship of the Presbyterian이란 이름으로 거듭나기를 준비하고 있습니다. 거기에 생각과 믿음 이상으로 전국에서 모였으니 가속이 붙을 것입니다. 다시 신학을 정립하고 법적인 문제를 철저히 준비하여 1월에 올랜도에서 다시 모이기로 하였습니다. 그리고 교회들은 더 간절히 기도해 주기를 당부하였습니다.

모든 순서가 끝나고 한인목사들은 다시 모여 새벽까지 나눔을 가졌습니다. 그리고 한목소리를 내었습니다. 10-A^{동성애 안수}의 개정안을 절대 받아들일 수 없고, 오늘날 미국사회와 일부 교회가 하나님의 말씀을 떠나 세속화되는 현실을 개탄하며 오직 하나님의 말씀만이 우리의 영원히 변치 않는 기준이 된다고 확신하며, 한인 교회들은 동성애 관계에 있는 사람들을 인정하지 않으며, 물론 안수하지 않을 것이며, 펠로우십 장로교를 절대 지지하고 성경적으로 개혁해 나갈 것을 다짐했습니다.

그러나 이제 총회 측도 더 강하게 대처할 것입니다. 꼭 지켜야 할 것은 서로 분노하지 말아야 하는 것입니다. 수컷 곰 두 마리가 암컷 곰을 차지하려고 싸우는데 사냥꾼이 모여들어 총부리를 세 마리 곰 모두에게 겨누고 있는 사진을 보았습니다. 자칫 교회 모두가 죽을 수 있는 싸움입니다. 이 문제가 재산문제로 확대되지 않기를 기도해야 합니다. 교회를 잘 지키기를 힘써 기도합시다.

다시 시작하는 마음

매번 가던 길인데 아주 가끔은 그 길을 잃어버릴 때가 있지 않으셨습니까? 생텍쥐페리의 《인간의 대지》라는 책에 이런 말이 있습니다. "지도를 보면서 하룻밤을 꼬박 세웠다. 하지만 소용없었다. 내가 어디에 있는지 알 수 없었기 때문이다." 내가 어디에 있는지, 지금이 어느 때인지, 그리고 아주 가끔은 내가 누구이고 무엇을 하고 있는지 잊어버릴 수 있습니다.

교회도 길을 잃을 수 있습니다. 아니, 잃고 있습니다. 이제는 다시 길을 찾아야 합니다. 교회는 다시 살아나야 합니다. 그리고 교회를 사랑해야 합니다. 교회를 비난하는 자는 하나님을 비난하는 것과 마찬가지입니다. 인간이 부패한 것이지, 교회는 그리스도의 몸이며 음부의 권세가 이기지 못할 것이기 때문입니다. 교회 안에서 상처받고 사람으로 인해 시험을 받고 있습니까? 그렇다면 깨어진 교회의 틀과 어두워진 형제의 영혼을 놓고 눈물로 기도해야 할 때입니다.

하나님께서는 어쩌면 다른 사람이 아닌 우리를 통해 교회의 어두운

면을 발견하게 하심으로 기도의 사명을 주신 것인지도 모릅니다. 우리 안에 교회에 대한 사랑이 있다면 떠나기보다는 기도하기를 선택하십시오. 당장 아무런 변화가 일어나지 않아도 그리스도의 몸 된 교회를 사랑함으로 눈물 가운데 엎드릴 때, 주님은 우리 안에 더욱 큰 하나님의 사랑을 허락하시며, 용서의 심령과 회복의 은혜를 주실 것입니다. 어둠에 사로잡혀 자신의 영적 갈급함을 알지 못하는 형제를 위해, 그리고 그를 품고 있는 교회를 위해 기도하십시오. 어둠이 있을 때 더욱 빛을 발하는 등불처럼 하나님의 사랑의 등불로 교회를 밝히 비추십시오.

교회는 오직 하나님 말씀대로 움직여야 하고, 하나님 말씀대로 세상을 변화시켜야 합니다. 왜냐하면 마지막까지 생명력 있게 남아 있는 것은 오직 하나님 말씀밖에 없기 때문입니다. 주의 말씀을 기초로 삼아 운영되는 교회는 결코 어둠의 시험 앞에 넘어지지 않습니다. 진리의 말씀이 각 사람의 심령을 감화시키고, 그 말씀이 어둠의 뿌리를 잘라내는 검이 되어 성도의 마음과 행동을 지키기 때문입니다. 그래서 우리 하은교회는 진리의 말씀을 기틀 삼아 주의 말씀을 더욱 사모하고, 주 앞에 더욱 겸손하고, 말씀에 비춰 날마다 신앙을 점검해야 합니다. 이제는 신앙생활의 연수를 버리십시오. 함께 바닥까지 내려갑시다. 그래야 바닥을 치고 올라올 수 있습니다. 어떻게 만난 우리인데, 어떻게 얻은 교회인데, 어떻게 얻은 구원인데……. 우리 함께 기도의 삼 겹 줄로 하나 되어 파괴된 기초를 쌓는 거룩한 공동체 되기를 힘씁시다.

강아지 성도 고양이 신자

《개와 고양이 신학》이라는 책이 있습니다. 아주 평범한 소재에서 기가 막힌 영감을 얻어낸 책입니다. 주인의 사랑을 받는 개와 고양이는 정반대의 태도를 가지고 있는데, 인생의 주인이신 하나님을 믿으면서도 전혀 다른 태도를 가지고 있는 성도가 있다는 것입니다. 그것을 개의 신학을 가진 성도, 그리고 고양이의 신학을 가진 신자로 분류한 것입니다.

개와 고양이는 차이가 많습니다. 개는 주인을 만날 때면 언제나 꼬리를 흔듭니다. 주인께 사랑받고 싶다는 겁니다. 고양이는 꼬리를 흔들지 않고 주인의 다리에 자신의 얼굴을 문지릅니다. '너는 내 거야'라는 의미라고 합니다. 또한 개는 밖에 나가고 싶으면 집안을 이리저리 뛰면서 짖습니다. 반면 고양이는 나가고 싶을 때 창가에 가만히 서 있습니다. 그리고 주인이 문을 열어 주면 밖과 안을 번갈아 보다가 잠시 자기 손을 핥고는 안 나갈 것처럼 있다가 조용히 나갑니다. 주인이 문을 열어 주니 어쩔 수 없이 나간다는 식이지요. 그리고 저자는 이렇게 이야기합니다.

"Dog have masters, but cats have staff" 개는 주인을 섬기지만, 고양이는 하인을 거느린다.

개 왈, "당신은 저를 길러 주시고 먹여 주시고 재워 주시고 사랑해 주시니 당신은 하나님이 분명합니다" A dog says "You pet me, you feed me, you shelter me, you love me, you must be God". 그러나 고양이는 다르게 이야기합니다. "당신이 나를 길러 주고 먹여 주고 재워 주고 사랑해 주니 나야말로 하나님인가 봐!" A cat says "You pet me, you feed me, you shelter me, you love me, I must be God".

개와 고양이의 차이점을 아셨습니까? 자기중심이냐, 주인 중심이냐는 겁니다. 고양이는 자기중심입니다. 주인도 자기를 위해 존재하는 겁니다. 그러나 개는 주인 중심입니다. 그래서 개는 주인에게 순종합니다. 그리고 훈련이 가능합니다.

우리는 지난 가족수양회에서 조금이나마 서로를 알아가고자 노력했습니다. 기초를 다시 세우는 데 필요한 것은 나보다 남을 낮게 여기는 것입니다. 내가 듣기 싫은 말 하지 않고, 내가 보기 싫은 것 하지 않고, 내가 하기 싫은 것 부탁하지 않는 것입니다. 우리는 하나님을 위해 존재하는 사람들입니다. 나를 통해 하나님의 형상이 보여지도록 노력하는 성도가 됩시다.

"우리가 살아도 주를 위하여 살고 죽어도 주를 위하여 죽나니 그러므로 사나 죽으나 우리가 주의 것이로다"(롬 14:8).

호도 동산을 위한 비상기도

교회는 치유의 동산이 되어야 합니다. "골짜기의 푸른 초목을 보려고 포도나무가 순이 났는가 석류나무가 꽃이 피었는가 알려고 내가 호도 동산으로 내려갔을 때에" 아 6:11를 나누며 호도의 껍질을 깨 그 기름으로 치유하는 것과 같이, 교회 안에 있는 성도들의 삶을 깨 아픈 사람들을 위로하고 치료하는 치유공동체가 교회여야 함을 나누었습니다.

이번 주간 치유를 위한 비상기도를 드리시면서 느끼시는 것이 없으셨습니까? 마치 밤이 되어 양 떼들을 우리 안으로 몰아가듯 주님께서 우리를 기도로 몰아가시는 듯한 느낌을 받지 않으셨습니까?

우리가 집중해야 할 거룩함은 기도입니다. 그 믿음만이 지붕을 뜯을 수 있습니다. 목요일에 나눈 마가복음 2장을 보면, 주님께 나아가 치료받고자 하는 중풍병자가 주님 앞에 모여든 많은 사람들 때문에 주님 앞에 서지 못했습니다. 중풍병자는 난관에 부딪혔습니다. 주님을 만나야 살 수 있는 사람이 주님을 만나고 싶은 사람들 때문에 만나지 못하고 있습니다. 이때 중풍병자를 불쌍히 여기는 사람들이 지붕을 뜯고 주님을 만나게 했습니다. 지금, 우리 곁에 주님을 만나야만 살 수 있는 중풍병자들이 있습니다. 우리에게도 지붕을 뜯는 믿음이 있어야 합니다. 주님은 중풍병자를 보신 것이 아니라 지붕을 뜯고 내려준 4명의 친구들의 믿음을 보시고 병자를 고쳐 주셨습니다. 때론 병자를 보시고 불쌍히 여겨 고쳐 주시지만, 함께한 이들의 믿음을 보고 고쳐 주시기도 합니다. 오늘 나의 믿음을 보시고 나와 함께하는 병자가 나음을 얻을 수 있습니다. 이것이 기적을 일으키는 믿음입니다. 지붕을 뜯는 믿음, 지금 우리 교회에 꼭 필요한 믿음입니다.

　기름 부으심이 넘치는 교회가 되기를 원합니다. 이제 하은교회가 세워진 지 5년이 되어 갑니다. 주님은 한 번씩 교회가 기도의 몸부림을 치게 하셨습니다. 이번에도 비상기도로 성도의 아픔을 위해 기도하게 하셨습니다. 단순히 치유기도가 아니라 하나님이 우리 교회에 분명 전하시고자 하는 메시지가 있음을 압니다. 먼저 우리의 영혼이 소생되어야 합니다. 모든 염려와 걱정을 멈추어야 합니다. 그리고 영원한 목자 되신 여호와를 힘써 따라야 합니다. 길을 잃고 함정에 빠지지 않도록 조심해야 합니다. 여호와께 모든 것을 맡기는 훈련이 있어야 합니다. 내가 할 수 있는 것은 기도로 여호와께 맡기는 것입니다. 내가 교회를 일으킬 수 없고, 내가 한 사람을 고칠 수 없습니다. 먼저 나부터 맡겨야 합니다. 하나님께서 기름으로 내 머리에 바르시고 내 잔이 넘치게 하실 것입니다.

5년 후의 우리 교회 모습

5년이 총알처럼 지나갔습니다. 달라진 것도 참 많습니다. 교회 안과 밖도 달라졌습니다. 아이들도 훌쩍 자라 어린이로, 청소년에서 청년으로, 그리고 결혼한 가정들도, 거기에서 태어난 아기들도 많아졌습니다. 우리 각자의 모습도 많이 변하였습니다. 저부터도 머리카락이 없어지고 살도 빠졌습니다. 모든 것이 쉽게 오지 않았습니다. 또 그렇게 되어서도 안 된다는 것을 알고 있습니다. 하나의 산등성이를 넘고, 또 넘고 여기까지 왔습니다. 그때마다 함께 산을 넘는 동역자들이 늘어났고, 그렇게 동역자를 보내주신 분은 하나님이셨습니다.

나라든 개인이든 전성기가 있습니다. 역사는 어떻게 전성기가 찾아왔고 전성기를 누리며, 또 그 전성기를 왜 잃었는지를 교훈해 줍니다. 성경에서도 이스라엘의 전성기와 패망기가 있습니다. 성경의 교훈은 진정한 전성기는 '내가 하나님을 위해 헌신하고 있는 때가 바로 전성기이다'라는 것입니다. 내게 물질의 힘이, 권력의 힘이 있는 때가 전성기가 아닙니다. 그것들은 순식간에 우리를 떠납니다. 아모스서 5장의 말씀처럼 순식간에 천이 백이 되고, 백이 열이 되어 버리고 맙니다. 내가 쥐고 있는 것이 많아서 전성기가 아니라 하나님 앞에 헌신하고 있는 때가 전성기입니다. 그렇다면 우리 교회는 지금 전성기를 누리고 있는 것일까요?

앞으로 5년, 10년 우리의 전성기가 되느냐 그렇지 못하느냐는 우리의 헌신에 달려 있습니다. 우리 함께 뜨겁게 헌신합시다. 우리의 헌신의 불에 성령의 기름 부음이 있으면 태우지 못할 것이 없습니다. 다 태워 하나님 앞에 번제로 드립시다. 우리의 번제로 하나님을 감격하게 만듭시다.

"세월을 아끼라 때가 악하니라" 엡 5:16는 말씀을 가슴에 담아 어제의 삶이 아닌 오늘의 삶으로 최선의 것을 하나님께 드리는 교회가 됩시다. 우리 함께 뼈가 부스러지도록 헌신하여 최고의 전성기를 누리는 하은교회가 됩시다.

우리의 헌신을 보시고 하나님께서 우리를 위해 숨기시는 것을 드러내실 것입니다. 하나님께서 나(우리)에게 기대하고 원하시는 모습은 어떤 모습일까요?

Hand Soap

제가 했어야 했습니다. 그러나 너무너무 감격하고 감사했습니다. 화장실에 비누가 없는 지 꽤 되었습니다. 저 역시 화장실 들어갈 때만 확인할 뿐 나오고 나서는 생각할 수가 없었습니다.

천사가 다녀갔습니다. 우리 교회를 진짜로 사랑하는 천사입니다. 이 천사는 센스쟁이입니다. 남자화장실에는 파란색, 여자 화장실에는 빨간색을 가져다 놓았습니다. 네, 제가 여자 화장실도 들여다보았습니다. 우리 교회는 성숙한 교회입니다. 그리고 성장할 것을 확신합니다. 이렇게 교회를 사랑하는 보이지 않는 천사가 있기 때문입니다. 그뿐만이 아닙니다. Book cafe에 책이 모이고 있습니다. 조용히 책을 가져다주고 계십니다. 밑줄이 그어져 있었습니다. 또 접혀 있었습니다. 그 부분을 읽고 눈물이 났습니다. '아! 이분이 이 부분에 은혜를 받으셨구나. 이런 감동을 받으셨구나.' 대중의 심리, 성도의 심리를 알았습니다. 헌책이라고, 밑줄 그어진 책이라고 주저하지 마십시오. 여러분이 읽고 감동받으셨다면 기부해 주십시오. 또 다른 분이 감동을 받으실 겁니다. 우리 교회는 그런 교회입니다. 먼저 감동받고 감동 주는 교회, 먼저 은혜 받고 그 은혜가 흘러가는 교회, 먼저 치유 받고 치유하는 교회, 누군가가 말없이 희생하는 교회, 그리고 그것을 존중하고 인정하는 교회입니다. 내가 하지 못한 일을 누군가가 하는 데 있어서 우리가 할 수 있는 것은 무조건 존중해 주는 일입니다.

우리 교회에 얼마나 많은 천사가 있는지 아세요? 월요일이면 누군가 조용히 교회에 와 주일날 쌓였던 그 많은 쓰레기들을 밖으로 내어놓습니다. 수요일에는 또 다른 천사가 각 방과 화장실에 있는 쓰레기를 다 비워 주십니다. 토요일에는 정원이 정리되고 예배의 날을 위해 성전을 청소해 주십니다. 그리고 가족들을 위해 식사준비를 해주십니다. 한글을 가르쳐 주고, 토요일 새벽에는 만나를 준비해 주고, 때론 수고하신 분들을 위해 식사도 제공해 주십니다. 나보다 어려운 분을 도와주라고 매달 저를 찾아오는 천사도 있습니다. 아프신 분들을 찾아가 기도해 주는 천사도 있습니다.

한밤중에 소리 없이 내리는 함박눈이 집 앞에 가득 쌓이듯 천사들의 말없는 수고가 하늘의 하나님 마음까지 쌓여 하나님 마음을 기쁘시게 하는 교회가 바로 우리 교회입니다. 참사랑과 은혜의 감격이 있는 하은교회 목사임이 참 행복합니다.

한 걸음

　이레가 첫걸음을 떼던 때가 생각이 납니다. 그날은 기억할 수 없지만 그때의 감격은 아직도 가슴속에 생생합니다. 수년이 지났지만, 아마 제가 죽을 때에라도 아이의 첫걸음을 생각한다면 웃을 수 있을 것 같습니다. 한 걸음 걷고 넘어지던 아이가 이제는 뛰어다니고 공도 찹니다. 걸음마에 부모가 그렇게 감격하며 기뻐하는 것은 평생 걷게 될 인생길의 깊은 서곡이 되기 때문일 것입니다.

　뉴욕에 첫걸음을 내딛던 생각이 나십니까? 미국 땅에 처음 발을 내딛던 순간, 이제부터는 어느 누구도 대신 책임져주지 않는, 그래서 외로울 수도 있는 이민생활의 한걸음 한걸음은 결코 만만할 수 없는 걸음이었습니다. 더욱이 요즘 같은 때는 모든 것을 포기하고 돌아가고 싶은 심정 아닙니까? 그러나 삶을 허락하시고 인도하시는 하나님에 대한 믿음과 가족에 대한 책임감 때문에 다시 일어서서 또 한 걸음을 내딛습니다. 이렇게 우리의 걸음마는 눈물과 땀, 믿음과 소망, 그리고 인내가 만들어낸 열매일지도 모르겠습니다.

　김구 선생님의 말씀 중 "눈 덮인 들판을 걸을 때 함부로 어지러이 걷지 말라. 오늘 내가 남긴 발자취는 후대인들의 이정표가 되리니……"라는 말씀이 있습니다. 오늘 우리가 내딛는 신앙의 걸음 또한 중요한 걸음입니다. 우리의 한 걸음에 후손들의 한 걸음이 달려 있기 때문입니다. 우리가 환난 중에 부르짖으면 더 큰 환난에도 흔들림 없이 부르짖는 믿음의 자녀들이 될 것이며, 작은 흔들림에도 원망과 불평이 있다면 그 정결하지 못한 언어는 더 큰 더러움으로 자녀들에게 전가될 것입니다. 왜냐하면 자녀들은 부모들의 발자국을 보고 걸어오기 때문입니다.

　"여호와가 너를 항상 인도하여 메마른 곳에서도 네 영혼을 만족하게 하며 네 뼈를 견고하게 하리니 너는 물 댄 동산 같겠고 물이 끊어지지 아니하는 샘 같을 것이라" 사 58:11는 말씀을 되새겨봅니다. 주님의 한 걸음이 우리를 인도하여 주심같이 우리의 순종의 걸음이 후손들에게 끊어지지 않는 샘이 될 것입니다. 그래서 포기할 수 없습니다. 우리가 이만큼 살아가는 것도 죽음을 두려워하지 않았던 선조들의 한 걸음 때문이 아닙니까?

　우리는 하나님의 사람입니다. 예배의 한 걸음, 주께로 가는 한 걸음을 양보하지 마십시오. 용서의 한 걸음, 사랑의 한 걸음을 미루지 마십시오. 오늘 치유의 한 걸음이 시작됩니다. 아무리 성벽이 무너져 버리고 성문이 불타 버린 예루살렘이라 할지라도 느헤미야를 준비하셔서 새 일을 이루신 하나님을 알고 믿기에 오늘도 한 걸음을 옮기는 것입니다.

별을 보려면 어둠이 꼭 필요하다

알래스카와 뉴욕 사이에서 아쉬움이라면 별을 잘 볼 수 없는 것입니다. 알래스카에는 낮만 계속되는 백야에 저녁이 되면 달이 뜹니다. 그러다가 해를 만나면 둘이 깜짝 놀랍니다. 서로 잘못 뜬 줄 알고. ㅎㅎㅎ~ 지금은 밤만 계속되는 날인데, 오히려 저녁시간이 더 밝습니다. 밤하늘에 별이 뜨기 때문입니다. 별빛은 별로 감정이 없는 저의 입에서도 탄성이 나오게 합니다. 거기에 알래스카의 하늘은 반구 모양이라 하늘의 별이 잡힐 듯이 떠 있습니다. 겨울이 깊어지면 오로라라고 불리는 Northern Light이 하늘을 수놓게 되는데, 마치 하늘에서 천사의 찬양소리를 듣는 듯합니다.

저는 달보다는 별이 조금 더 좋습니다. 달은 날마다 모양이 변하는데 별은 변하지 않기 때문입니다. 제 코 밑의 점도 변하는 것을 보면 속상한데 언제나 변함없는 별을 보면 부럽습니다. 그리고 별을 보는 관점도 달라졌습니다. 옛날에는 제가 별을 봤는데 지금은 별이 저를 보고 있는 느낌이 들곤 합니다. 별이 좋은 이유가 또 하나 있습니다. 별은 꼭 깜깜해야 보인다는 것입니다. 낮에도 별은 떠 있는데 단지 밤이 되어야 그 빛을 발한다고 합니다.

낮과 밤이 있습니다. 하루를 말씀드리는 것이 아닙니다. 질병이라는 밤, 이별이라는 밤, 좌절이라는 밤, 가난이라는 밤……. 정말 밤하늘의 별처럼 우리네 삶에는 밤도 참 많습니다. 그런 밤이 너무 싫어 밤만 오면 이 밤이 속히 물러나 새 아침이 오기를 기도해 왔습니다. 그리고 가능한 한 우리 인생에 밤이 오지 않기를 간절히 기도하고 있습니다. 그러나 밤이 오지 않으면 별은 볼 수 없습니다. 별을 볼 수 없으면 별 볼일 없는 인생 아닌가요?

그 누구도 밤을 맞이하지 않고서 별을 볼 수 없습니다. 그 누구도 밤을 지나지 않고 새벽을 맞이할 수 없습니다. 이른 아침에 활짝 피어난 꽃도 어두운 밤이 있었기 때문입니다. 하나님께서 왜 검은 눈동자로 세상을 보게 만드셨을까요? 흰자위로 보게 하시지. 아마도 어둠을 통해서 밝음을 보라고 하신 뜻이 아닐까요?

하늘에 어두움이 깊을수록 별은 그 빛을 더합니다. 어두움은 갑자기 내 인생에 찾아온 불청객이 아니라 하나님께서 주신 축복을 담는 그릇으로 우리에게 꼭 필요한 것이기에 하나님께서 허락하신 것입니다. 별을 보는 기쁨으로 어두움 같은 것은 가볍게 이기시는 믿음의 장부가 되시기를 축원합니다.

Holywin

매년 10월의 마지막 날 행해지는 할로윈Halloween의 유래는 미국이 아닌 먼 옛날 유럽의 영국과 아일랜드 지방을 지배했던 켈트족 The Celts 의 시대까지 거슬러 올라갑니다. 당시 켈트족 성직자들은 매년 10월 31일을 악령을 쫓는 자신들의 축제일로 삼았다고 합니다. 그들은 추수가 끝난 10월 31일에는 태양의 기운이 다하여 저승의 세계를 구분하는 장막의 두께가 가장 얇아져 악령들이 그 장막을 뚫고 이 세상을 찾아와 살아 있는 사람들을 괴롭히고, 곡식을 망치며, 아기들을 훔쳐 가고, 농장 동물들을 죽인다고 믿었습니다. 그리하여 그 악귀들을 달래기 위한 여러 가지 괴이하고 의미 있는 행사를 했다고 합니다.

'할로윈'이라는 이름은 중세시대에 만들어졌습니다. 중세시대에는 이러한 아일랜드의 풍습을 악령과 죽은 자들의 영혼을 기리는 날에서 성인들의 삶을 경축하는 날로 바꾸었습니다. 그날은 11월 1일인데 만성절All Saints' Day로, 그 전날인 10월 31일 저녁을 만성절 전야All Hallows'

Evening로 부르게 되었습니다. 오늘날의 Halloween이라는 이름은 바로 All Hallows' Evening에서 유래되었던 것입니다.

사실 할로윈데이는 장식의 규모나 상업성을 두고 볼 때 크리스마스에 버금갈 정도로 크게 펼쳐지는 행사입니다. 그리고 적잖은 크리스천들도 동참하고 있습니다. 하지만 우리는 분명히 알아야 합니다. 할로윈데이는 귀신을 위로하는 절기로, 우리 그리스도인들이 무분별하게 동참하는 것을 피해야 합니다. 귀신들을 맞이하기 위해 마을 곳곳에 거대한 모닥불을 피우고 온갖 제물을 바쳤습니다. 마을 입구는 물론 집집마다 음식을 준비하고 악령들을 대접하면 악령들이 자신들에게 악한 장난을 하지 않는다고 믿었습니다. 오랜 세월이 지나면서 아일랜드 원주민들은 귀신 복장을 하고 집집마다 돌아다니며 음식을 달라고 요구하는 전통을 만들게 되었고, 이것이 Halloween의 대표적인 놀이인 Trick-or-treating의 유래가 되었다고 합니다. 할로윈데이는 상업성이라는 날개를 달고 우리의 삶 깊숙이 침투하고 있다는 것이 큰 문제입니다.

새벽에 레위기의 제사에 관해 말씀을 나누고 있습니다. 반복해서 기록된 말씀은 부지중에 지은 죄라도 하나님은 싫어하신다는 것입니다. 모르는 것이 잘못입니다. 말씀을 믿고 맡겨 주셨는데 모르다니요? 그처럼 책임 없는 변명이 어디 있습니까? 또 알고도 참여한다면 더 큰 잘못입니다. 아이들에게 추억을 만들어 주기 위해서? 미국 생활에 잘 적응하기 위해서? 이것은 잘못된 것입니다. 꼭 피하여 주시기를 간곡히 부탁드립니다.

End Times

아가서의 성경공부를 끝내고 오늘부터 요한계시록을 공부합니다. 요한계시록은 종말의 이야기입니다. '종말'이라는 말이 다소 격하고 약간의 거부감이 있기에 이번 성경공부를 End Times라고 했습니다. 요한계시록을 공부하면 성경에 대하여 느끼는 안개 같은 혼미한 마음이 사라지게 될 것입니다. 또한 하나님의 웅장한 종말의 드라마와 영원한 계획을 발견하게 될 것입니다. 어둠의 권세를 정복하시고 승리의 왕으로 오신 영광스러운 재림의 그리스도를 생각하고 하나님을 더욱 사랑하게 될 것입니다. 이제부터의 여정은 예수님과 함께 시작하여 영원히 가슴 벅찬 감격과 심령의 만족을 누리는 놀라운 일들로 계속될 것입니다. 이 영원한 즐거움과 장엄한 여정은, 예수님을 더욱 사모하는 자들에게 오늘부터 시작될 것입니다.

주님이 오시면 교회는 가장 좋은 시간을 경험할 것이며, 세상이 한 번도 보지 못한 능력과 권세를 가진 가장 성숙한 모습으로 드러날 것입니다. 성경이 기록하고 있는 사건들은 숨 막힐 정도로 놀라운 것들입니다. 종말에 관한 연구에서 우리가 발견하고자 하는 것은 바로 예수님의 완전한 리더십의 실체와 우리와 함께 계시고자 하는 주님의 소원에 대한 내용입니다. 주님께서 어떻게 일하시고, 계획하시며, 이루어 가시고, 역사하시고, 부르시고, 초청하시고, 기도하시고 인내로 기다리시는가를 찾는 것입니다.

온 세상 나라는 당연히 주님의 것이며 또 주님의 것이 될 것이며, 아무리 원수가 주님께 대항하는 계획을 세울지라도 앞으로 이루어질 일들은 하나님의 뜻 가운데 정확하게 다 완성될 것입니다. 주님께서 우리를 얼마나 놀랍게 인도하시는지를 알 때, 우리는 예수님의 아름다우심과 영광스러움에 대하여 감사할 것입니다. 우리를 향하신 주님의 계획하심의 신비로움을 깨닫기 시작하면, 우리는 주님을 더 깊이 사랑하지 않을 수 없습니다.

그래서 공부하는 것입니다. 사모하는 마음으로 오십시오. 10시부터 11시까지 1시간을 투자하여 영원을 얻으십시오.

평안

'Storm in a Tea cup', 번역하면 '찻잔 속의 폭풍' 어떻게 해석하면 좋을까요? 내 인생이 폭풍에 휩쓸리는 것이 아니라 내가 폭풍을 다스린다? 이렇게 해석하면 맞을까요? 제아무리 폭풍이라 하더라도 찻잔 속에 있으면 폭풍이 아닙니다. 하나님께서는 우리가 폭풍우에 흔들리는 인생이 되지 않도록 폭풍우를 다스릴 수 있는 리더십을 주셨습니다.

그 리더십이 신약성경 요한복음에는 이렇게 설명되어 있습니다. "평안을 너희에게 끼치노니 곧 나의 평안을 너희에게 주노라 내가 너희에게 주는 것은 세상이 주는 것과 같지 아니하니라 너희는 마음에 근심하지도 말고 두려워하지도 말라" 요 14:27고 하십니다.

스위스는 평화를 사랑하는 영세 중립국입니다. 스위스가 중립국이 된 것은 1700년대에 전쟁으로 인구의 3분의 1을 잃은 아픔 때문입니다. 전쟁이 나면 군인도 죽고, 민간인도 죽고, 승자도 죽고, 패자도 죽습니다. 지금 스위스는 핵전쟁에 대비하여 700만 명의 자국민을 보호하기 위해 참호를 건설할 계획을 가지고 있다고 합니다. 어마어마한 돈을 들여 만든 참호 안에 있으면 평안할까요? 안전할까요? 인위적인 평화는 없습니다. 평화는 하나님께로부터 오는 선물입니다. 의의 자손에게 주시는 하나님의 은혜입니다. 사람이 만들 수 있는 것이 아닙니다.

제가 노래로 하면 화 내실 분이 있으니 글로써 찬양을 불러드리겠습니다. "내 맘에 한 노래 있어 나 즐겁게 늘 부르네. 이 노래를 부를 때에 큰 평화 임하도다. 평화 평화 하나님 주신 선물, 그 놀라운 주의 평화 하나님 선물일세." 평화는 하나님의 선물입니다. 하나님이 주셔야 비로소 평화한 것입니다. 우리에게 이 하나님의 선물이 늘 풍성하기를 원합니다.

데살로니가후서 3장 16절에는 "평강의 주께서 친히 때마다 일마다 너희에게 평강을 주시고 주께서 너희 모든 사람과 함께하시기를 원하노라"고 말씀합니다. 의의 자손에게 평강을 주시는 하나님이십니다. 우리의 하나님은 평강의 주님이시므로 평강을 주실 수 있습니다. 평강의 삶이 가능한 것입니다.

마태복음 10장에서 예수님은 제자를 세우시고 그들을 내보내시며 "그 집에 들어가거든 평안을 빌라"고 하셨습니다. 새로운 한 주, 우리 하은교회 성도들의 가정과 사업체, 직장과 학교에 주님의 평안이 흘러넘치기를 축복합니다. 또한 만나는 분들께 평안을 빌어 주는 사명을 이루시기를 기도합니다. 할렐루야!

단비 예배

우치무라 간조는 "감사하는 마음이 생기지 않는 메마른 마음을 가지게 되는 것은 저주다"라고 했습니다. 정말 그렇습니다. 감사하지 못하는 그 자체가 저주이고, 감사하는 마음이 없는 그 자체가 마귀입니다. 우주를 바라보고, 세상을 보고, 나 자신을 보고도 감사치 않는 사람은 저주받은 것이나 다름이 없습니다. 성경은 "범사에 감사하라"고 말씀합니다. 범사에 감사하는 것은 상황이 아니라 존재에 대한 감사입니다. 하나님이 내 하나님 되심, 내 부모님, 내 자녀, 내 배우자, 내 친구, 내 이웃, 성도, 목사……. 존재 자체가 우리의 감사의 조건입니다. 감사는 하나님의 나라의 Password입니다. 날마다 풍성한 감사로 감사하며, 감사함으로 하나님의 나라에 들어가는 하은의 성도들이 되시기를 축복합니다.

내년 우리 교회의 표어가 '변화와 성숙'입니다. 갈라디아서 5장 22~23절의 말씀을 뿌리로 해서 변화의 열매, 그리고 성숙의 열매를 위해 농사를 준비하고 있습니다. 그중 첫 씨앗이 예배의 변화입니다. 이것은 예배

순서의 변화를 말씀드리는 것이 아닙니다. 현재 10시에 학생예배와 1시 45분에 청년예배를 통합하여 1시에 큰비 Community Worship이라 할 것입니다. 학생들은 11시부터 교사들과 전도사님과 함께 만남의 교제를 갖고 점심을 나눈 뒤 1시에 예배하고, 청년들은 1시에 예배한 후 만남의 교제를 나누게 됩니다. 그리고 10시를 단비 예배라 할 것입니다. 지금 늦은비 예배는 포화상태입니다. 그렇다 보니 친교실도 더 이상의 공간이 어렵습니다. 물론 아름다운 비명이지만, 하나님께서 부흥을 주실 때 그 부흥을 잘 관리하는 것이 지혜라고 생각합니다.

늦은비 예배자들께 호소합니다. 주일 아침 1시간을 서두르는 것이 얼마나 어려운 일인가 저 역시 충분히 이해가 갑니다. 그래서 호소하는 것입니다. 늦은비에서 30명만 단비 예배자로 나와주십시오. 저는 이것이 헌신이고, 또 이렇게 수고하여 주신 분들께 헌신자라고 부를 것입니다.

이른비 예배의 씨앗을 뿌릴 때, 찬양대로 헌신하여 주신 분들로 인해 이른비 예배가 얼마나 부흥하였습니까? 이번에는 단비입니다. 헌신해 주십시오. 성경공부는 점심 후 1시부터 2시까지 하도록 하겠습니다. 이렇게 예배가 열릴 때마다 부어 주시는 은혜가 얼마나 큰지요. 우리 교회는 올 감사절에 단비 예배를 추수하였습니다. 단비 예배의 시작은 새해 첫 주일이 될 것입니다. 예배에 헌신할 분을 기다리고 있습니다. 오늘 주보와 함께 나누어 드린 헌신서약서에 기록해 주십시오.

우리에게 농사할 수 있는 땅과 기회를 주신 하나님께 감사드립니다. 단비 예배의 땅에 씨를 뿌리고 물 주며 열심히 농사합시다. 그 열매를 우리 자손들이 누리게 될 것입니다. 온 성도들의 가정과 사업체 위에 감사의 풍요로움이 넘치시기를 기도합니다. 할렐루야!

힘을 빼자

　나이를 먹어도 정말 싫은 것이 있습니다. 주사 맞는 것입니다. 몸이 아파서 맞는 주사이든, 예방을 위한 것이든 날카로운 얇은 바늘이 살을 파고 들 때면 참 부담스럽습니다. 주사도 잘 맞는 방법이 있습니다. 몸에서 힘을 빼는 것입니다. 저는 어릴 적에 엉덩이에 너무 힘을 주어 주삿바늘이 부러져 엉덩이에 꽂힌 적이 있습니다. 생각하고 싶지 않은 과거입니다. 제 아이들은 사탄보다 주사를 더 싫어합니다. 아이들 예방주사를 한 번 맞히려면 마치 마라톤을 완주한 만큼 힘이 듭니다.

　힘! POWER! 좋은 것입니다. 그래서 사람들은 이것을 가지려고 얼마나 노력하는지 모릅니다. 그리고 이것은 참 매력적입니다. 아무리 매달려도 쉽지 않은 일을 전화 한 통으로 거뜬히 해결하는 사람을 보면 얼마나 멋있는지 모릅니다. 그것을 능력이라는 다른 이름으로 사용하기도 합니다. 세상의 모든 일들이 힘, 파워를 얻기 위한 것에 집중되어 있다고 해도 과언이 아닐 것입니다. 세상을 움직이는 것은 힘이기 때문입니다.

주사를 맞는 일과 주님의 일은 다르지만 그러나 둘 다 잘하려면 방법은 같습니다. 힘을 빼는 것입니다. 맞습니다. 어쩌면 어리석어 보일지 모릅니다. 세상은 힘을 통해 얻어지는 것인데 힘을 빼면 세상을 잃을지 모릅니다. 그런데도 내 힘을 빼야 합니다. 내 힘을 빼면 하나님이 일하십니다. '힘을 뺀다'라는 말은 '맡긴다'는 말입니다. 그분에게 모든 것을 맡긴다는 것입니다. 주님은 반드시 옳고 나는 그렇지 않다는 것을 인정하고, 내 안에 자리 잡고 있는 생각들, 가치관들, 그리고 고정관념을 과감히 버리는 것이 내 힘을 빼는 신앙생활입니다. 주님의 마음과 생각을 먼저 생각하며 그것을 따르기 위해 내 것을 기쁨으로 버릴 수 있는 사람, 그 사람이 바로 성도 아닐까요? 내게 아무리 소중한 것이라도 주님이 기뻐하지 않으시면 버릴 수 있는 사람이 참 제자라고 믿습니다.

목회를 할수록 나의 힘을 빼고 주님의 힘으로 세워 가는 교회가 되어야 한다는 것을 깨닫습니다. 주변을 보더라도 하나님께서 인정하시면 하실수록 스스로 자신의 힘을 빼는 목회자가 오래갈 뿐 아니라 성도들로부터 존경받는 것을 봅니다.

인생의 참 행복은 자랑이 될 만한 모든 힘을 빼내어 버리고 우리의 힘과는 비교할 수 없는 하늘 아버지의 힘으로 무장하고 살아가는 것입니다. 그리하여 우리 모두가 마지막 때에 남은 그루터기의 교회와 성도들이 되기를 소망합니다.

"네 길을 여호와께 맡기라 그를 의지하면 그가 이루시고"(시 37:5).

텍스트와 콘텍스트

텍스트Text는 절대로 변할 수 없는 것을 말하고, 콘텍스트Context는 상황에 따라 변하는 것을 말합니다. 비즈니스는 안 해봐서 모르겠지만, 목회란 텍스트와 콘텍스트의 연결이라고 말씀드릴 수 있습니다. 텍스트는 말씀을 말하는 것이고, 콘텍스트는 환경 또는 문화라고 설명할 수 있겠습니다. 그러므로 말씀을 삶에 적용하여 삶이 변하도록 하는 일을 목회라고 할 수 있습니다.

지금 우리가 사는 시대는 급속한 변화를 겪고 있습니다. 신문사설에 보니 기업은 100마일의 속도로 자기 변신을 하고 있고, 정부는 25마일, 노조는 10마일, 학교는 3마일, 정치는 1마일의 속도로 자신을 변화시키고 있다고 합니다. 그렇다면 교회의 변화속도는 어느 정도일까요? 또 이 글을 읽으시고 '무슨 교회가 변화하냐?'라고 말씀하실 것 같아서 콘텍스트라고 말씀을 드립니다. 교회가 제일 변화에 둔감하고 느리다고 생각합니다.

교회는 변할 수 없는 부분과 변할 수 있는 부분이 공존하는 곳입니다. 변할 수 없는 복음의 본질, 즉 믿음으로만 얻는 구원, 은혜, 천국과 지옥, 영생은 절대성입니다. 그러나 상황의 옷을 입는 문화는 상대적 가치주의입니다. 예수님은 긍휼하신 분입니다. 긍휼이란 상대의 필요와 수준에 맞춰 다가서서 도우려는 마음입니다.

　서론을 길게 말씀드린 것은, 이번에 계획한 사역이 너무나도 소중한 일이기 때문입니다. 교회가 전도를 하는 것은 변할 수 없는 텍스트입니다. 그리고 텍스트 안에 콘텍스트는 우리가 잘 만들어 시행해야 하는 것입니다. 담임목사로서 한 해를 평가해 볼 때, 우리 교회는 전도에 있어서 0점입니다. 올해가 가기 전에 이 점수를 반등시켜야 하겠습니다. 24일 오전, 하은교회가 플러싱을 복음으로 점령합니다. 새벽기도를 못하시는 분은 7시까지 오십시오. 노던과 파슨스 블러바드가 만나는 곳에서 주의 사랑을 전하려고 합니다. 참여해 보십시오. 마음이 풍요로워질 것입니다. 어색해하지 마십시오. 모두가 할 수 있습니다. 언어가 문제가 아닙니다. 말이 안 되면 손짓으로도 할 수 있습니다. 놀라운 역사가 일어날 것입니다. 하나님이 우리에게 맡기신 일, 주저함 없이 감당할 수 있는 하은교회! 바로 우리 교회입니다.

부에노스 디아스

우리 교회, 참 좋은 교회입니다. 늘 허전하였습니다. 돈 꾸고 갚지 못한 심정이었습니다. 주님 오신 날인데……. 그러다 마음먹고 도전을 드린 것인데 감사하게도 거리에는 히스패닉보다 우리 교회 교인이 더 많았습니다. 라면도 풍요로웠고, 커피도 따뜻했습니다. 권사님들은 박치경 집사님께서 준비해 오신 페이퍼를 보면서 얘기해 보려고 하셨고, 몇몇은 유창하게 한국말로 하시고, 영어로도 이야기를 나누었습니다. 어디에서 왔느냐고, 어디에 살고 있느냐고, 그리고 헤수스디오스 레 벤디가 Jesus Christ loves you.

정말 짧은 시간이었지만 많은 생각이 들었습니다. 먼저는, 언어 공부를 더 열심히 해야 되겠다는 것입니다. 저랑 공감하지 않으십니까? 공부만 할 때는 몰랐는데, 박 집사님 따라 할 때는 어렵지 않았는데, 현장에서 혼자 하려니 입이 떨어지지 않았습니다. 어제는 인사말 정도였지만 다음에 다시 나갈 때는 기도까지 해주고 오면 좋겠습니다.

둘째는, 이 일을 자주 해야 하겠다는 것입니다. 너무 무심했습니다. 교회가 교회다운 일을 하지 않고 있었습니다. 차 안에서 라면과 커피를, 차 밖에서 우리 하은교회, 그리고 전도대상자들 이렇게 세 그룹이 나뉘어 있었습니다. 전도를 하려면 한 그룹이 되어야 합니다. 우리와 그들 속에 섞여 있어야 하는데 그렇지 못했습니다. 우리가 그만큼 부족한 것입니다. 나누어 주는 것은 복음이어야 합니다. 그런데 손을 통해서 라면만 전달해 주고 입술로 복음을 전해 주지 못했습니다. 착한 일 하고 왔지만 선한 일은 하지 못했습니다. 그러나 시작입니다. 반은 한 것입니다. 나머지 반은 앞으로 하면 됩니다.

좀 더 많은 기도와 훈련이 있어야 되겠구나 하는 것입니다. 우리 교회 선교위원회가 이 일을 구체적으로 계획하고 훈련하였으면 좋겠습니다. 기도가 약했다는 것이 현장에서 느껴졌습니다. 좀 더 기도하고 훈련된 군사로서 뛰어들어야 하겠습니다.

교회 행사를 할 때마다 저는 우리 교회가 너무너무 좋습니다. 열심으로 참여하여 주셔서 감사드립니다. 우리 교회는 정말 좋은 교회입니다. 이 교회를 함께 섬기게 된 것이 행복합니다. 사랑하는 여러분, 펠리스 나비다_{즐거운 성탄 되세요}, 푸로스페로 아뇨 누에보_{새해 복 많이 받으세요}. 그리고 디오스 렌 벤디가 God bless you.

2부

2012
변화와 성숙 (갈 5:22~23)

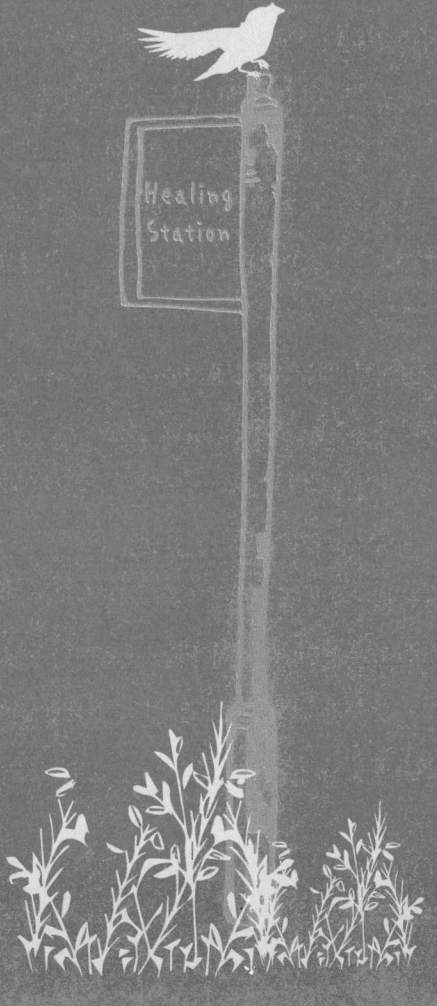

변화와 성숙

　새해 첫날, 첫 주일입니다. 먼저 사랑하고 존경하는 우리 하은교회 가족들, 새해에 하늘 복 충만히 받으시기를 기원합니다. 가정마다 평안한 복을, 사업체에 풍요로움의 복을, 직장과 학교에 안전과 화평의 복이 충만히 임하시기를 기원합니다. 자녀들이 건강하고 공부에 충실하며, 관계가 아름답기를 원합니다. 아직 아픈 가운데 있는 성도들도 건강하고 힘 있는 한 해가 되기를 축복합니다.

　교회로는 이제 열매를 맺는 해가 되어야 하겠습니다. 그동안 우리 교회는 꽃을 피웠습니다. 꽃을 피우기 위해 물을 주는 애씀이 있었습니다. 그래서 꽃을 잘 피웠습니다. 이제 6년으로 들어서는 2012년 꽃이 지고 열매를 맺는 교회로 나아가야 할 것입니다.

　하나님의 마음속에는 우리를 향한 비전이 있습니다. 이는 우리 각 사람이 그리스도 안에서 온전한 사람이 되는 것입니다. 즉, 그리스도의 장성한 분량에 이르는 성숙한 교회, 성숙한 성도가 되는 것이 하나님의 기대이며 소망일 것입니다. 성숙한 삶이란 삶의 모든 영역에서 그리스도의 성품과 인격이 흘러나오는 것을 말합니다.

하나님은 당신의 자녀들에게 영적으로 성숙한 하나님의 사람이 되라고 말씀하실 뿐 아니라, 어떻게 해야 그리스도의 장성한 분량에 이르는 사람이 될 수 있는지 그 길을 알려주십니다.

> "오직 성령의 열매는 사랑과 희락과 화평과 오래 참음과 자비와 양선과 충성과 온유와 절제니 이 같은 것을 금지할 법이 없느니라"(갈 5:22~23).

우리는 그리스도의 은혜 안에서 균형 잡힌 성숙한 교회로 자라 가야 합니다. 그것은 첫째로, 영적인 성숙입니다. 둘째는, 내면의 치유입니다. 그리고 셋째는, 영성을 회복해야 합니다. 변화와 성숙은 어떤 초자연적 능력으로 단번에 이루어지는 것이 아니라 하나님의 성품 안에서 자라가는 과정입니다. 오랫동안 신앙생활을 해온 사람들은 많지만 영적으로 성숙한 삶의 모습을 찾아보기란 쉽지 않습니다. 에베소서 4장의 말씀처럼 이제부터 어린아이가 되지 아니하여 사람의 속임수와 간사한 유혹에 빠져 온갖 교훈의 풍조에 밀려 요동하지 말아야 할 것입니다.

주님을 따르는 제자들은 칼을 가지고 다니는 사람들이 아니라 수건을 가지고 다니는 사람들입니다. 천하보다 귀한 한 영혼의 가치를 알기 때문입니다. 땀을 흘리는 자의 땀을 닦아 주고, 추위에 떨고 있는 자에게 덮어 주고, 상처 입은 자에게는 치료해 주는 수건 말입니다.

2012년, '변화와 성숙' 우리가 달려가야 할 목표입니다. 여러분과 함께 갈 목표가 있어 행복합니다.

3R 5W

변화된 성숙한 그리스도인으로 가기 위해 3R 5W를 제안합니다. 3R 의 첫 번째 R은 Return, 돌아가자는 뜻이고, 두 번째 R은 Revival, 되살 리자는 뜻이고, 세 번째 R은 Refresh, 새롭게 하자는 뜻입니다. 어디로 돌아가고, 무엇을 되살리며, 어떻게 새롭게 하자는 것일까요?

먼저 본질로 돌아가야 합니다. 다시 신앙의 초보로 돌아가서 무엇을 먼저 해야 하는지로 돌아가야 합니다.

그리고 예배를 살려야 합니다. 예배의 부흥이 있어야 합니다. 지난주 단비 예배가 생김으로 3부 예배가 되었는데, 전체 통계에서 30명이 늘 었습니다. 예배의 부흥은 곧 교회의 부흥입니다. 예배를 살리자는 것은 하은교회의 이른비, 단비, 늦은비를 살리자는 것이 아니라 예배를 향한 나의 마음을 살리는 것입니다. 이제는 예배 우선주의의 마음을 살려야 할 것입니다.

믿음을 새롭게 해야 합니다. 특별새벽기도회 동안 히브리서를 통해 믿음을 점검했습니다. 예수님만 바라보고 예수님을 깊이 생각하여 나를 좋게 하는 것이 아니라 하나님을 기쁘시게 하는 것이 무엇인지 고민하는 믿음, 은혜에 도달하지 못할 것을 걱정하고 나의 쓴 뿌리로 공동체에 아픔을 주지 않게 하려는 두려움으로 하나님께 나아가는 믿음으로 새롭게 해야 할 것입니다.

5W에서 W는 With, 곧 '함께'라는 뜻입니다. 첫째, With Jesus, '예수님과 함께'라는 뜻입니다. 예수님 없는 교회, 있을 수 있습니다. 그래서 우리는 두려움으로 교회를 섬겨야 합니다. 둘째, With Holiness, '거룩함과 함께'라는 뜻입니다. 거룩은 구별이라고 배웠습니다. 우리가 거룩하려면 이제는 언어와 삶이 구별되어야 합니다. 세상과 다른 언어, 세상과 다른 삶, 아는 것을 믿고 믿는 대로 사는 삶이 되어야 합니다. 셋째, With Silence, '침묵과 함께'라는 뜻으로서 사람에게는 침묵, 하나님께는 수다쟁이로 변해야 합니다. 비판과 불평 속에는 침묵, 찬양과 기도에는 외침이 있어야 합니다. 올해에는 기도의 골방, 영혼의 밧모 섬을 찾아 침묵의 훈련을 합시다. 넷째, With Family, 곧 '가족과 함께'라는 뜻입니다. 가족간의 사랑과 평화를 회복하자는 것입니다. 더 중요한 것은 아직 구원받지 못한 가족에게 복음을 전하여 온 가족이 천국의 백성이 되는 것이 우리의 소망이어야 합니다. 마지막으로 With Neighbor, '이웃과 함께'라는 뜻입니다. 선교입니다. 나그네를 대접하는 선교, 이웃을 사랑하는 선교가 이루어지는 변화되고 성숙된 하은교회가 되기를 기원합니다.

간증은 이렇게

간증은 교회에 활기를 불어넣습니다. 저는 우리 교회가 간증이 많은 교회가 되었으면 좋겠습니다. 간증이 있다는 것은 내가 변화되었다는 것이고, 간증이 있으면 성숙한 교인이 될 수 있습니다. 그래서 매 예배 때마다 간증이 있기를 원합니다.

앞으로 간증을 준비하시는 분을 위하여 몇 가지 조언을 드리도록 하겠습니다. 먼저 간증의 내용입니다. 세 부분으로 나누어지는데, 은혜 받기 전의 삶, 은혜 받은 내용, 은혜 받은 후의 삶입니다.

은혜 받기 전의 삶-배경 설명을 너무 많이 하지 마십시오.

과거를 다 들출 필요는 없습니다. 간증하시고자 하는 주제와 직접 상관이 있는 부분만 전하십시오.

은혜 받은 내용-생활에 직접 적용할 수 있는, 청중이 공감할 수 있는 부

분이어야 합니다.

은혜 받은 후의 삶-은혜 받기 전의 상태와 비교해서 말해야 합니다.

가장 큰 변화를 보였던 부분을 설명하는 것이 좋습니다. 간증시간은 5분을 넘지 않으셔야 합니다. 간증을 하시는 분이 너무 은혜 받으시면 간증을 듣는 청중들이 열 받습니다. 모든 예배 시간이 30분의 여유밖에 없기 때문에 꼭 간증시간을 지켜 주셔야 합니다.

그래서 주일 설교를 적용하시는 것이 제일 좋습니다. 지난 주일에 우리가 변화하고 성숙하려면 사랑이라는 뿌리가 건강하여야 한다고 했습니다. '사랑은 친밀감이요 용서이다.' 그 말씀에 은혜가 되었으면 먼저 은혜 받은 내용을 적습니다. 그리고 이전에는 몰랐던 것, 그래서 행하지 못했던 것이 은혜 받기 전의 삶이 되는 것이고, 은혜 받은 후에 내 생활이 이렇게 바뀌었다는 것이 은혜 받은 후의 삶이 되는 것입니다.

5분이 되려면 적으시면 됩니다. 편지지 1장을 쓰시면 5분이 됩니다. 쓰신 다음에 조일구 집사님(예배섬김이)께 제출하여 주십시오. 그럼 조 집사님께 제가 받아 교정해 드리겠습니다. 간증은 간증자의 고유권한이 아니라 예배 집례자의 책임입니다. 그래서 제가 꼭 보고 교정해 드려야 합니다. 오늘 간증을 신청하신다고 해서 다음 주에 간증할 수 있는 것이 아닙니다. 중보기도, 새벽기도, 성지순례, 사랑방 등 은혜 받은 다음에 꼭 기록해서서 예배시간에 함께 간증을 나누기를 원합니다.

올해 우리는 변화되고 성숙해야 합니다. 간증은 변화된 이야기입니다. 그 이야기를 나누며 교회가 변화되고 성숙하기를 원합니다. 여러분의 간증을 듣고 한 사람이 또 변하고 도전 받습니다.

위로하십시오

이사야 40장에 "너희는 위로하라"고 명령하셨습니다. 잘 보십시오. '내가 위로하마, 나의 위로를 받으라' 하지 않으시고 "너희는 위로하라"고 하셨습니다. 그렇습니다. 참 위로는 내가 남을 위로할 때 위로부터 받게 되는 것입니다. 우리가 겪는 모든 일은 위로하라는 사명을 위해 겪는 것입니다.

어떤 목사님이 아이의 장례식을 집례하게 되었는데, 후에 그 아이의 부모가 예수 그리스도를 영접하고 교회의 일꾼이 되었습니다. 수개월이 지난 후, 그 교회에 같은 일이 일어났습니다. 목사님이 위로하고 또 위로하는데 이 가정에는 아무런 위로가 되지 않는 것입니다. 장례식 때, 얼마 전 아이를 잃고 믿음생활을 시작하게 된 엄마가 슬픔을 당한 아이 엄마에게 찾아가 말을 합니다. "저도 같은 일을 겪었습니다. 그때 하나님께서 저를 불러 주셨습니다. 고통의 시간 중에 하나님께서 우리 부부에게 함께하심을 경험했습니다. 하나님께서 저를 위로해 주셨습니다. 하나님께서는 당신에게도 큰 위로를 주실 것입니다." 아이를 잃은 두 엄마는 서로 큰 위로를 받았습니다.

며칠 사이로 우리 가족 두 분이 하나님 품으로 가셨습니다. 하나님께서는 분명 우리로 하여금 위로자가 되게 하시는 것입니다. 위로하는 자가 될 때 하나님의 위로를 경험할 수 있습니다. 위로는 사람의 말로 하는 것이 아니라 체휼하시는 하나님의 능력으로 되는 것이기 때문입니다.

오직 여호와를 앙망하는 자는 새 힘을 얻어서 그 힘이 독수리가 날개 치며 올라감 같을 것이며, 달음박질하여도 곤비치 아니하겠고 걸어가도 피곤하지 않을 것입니다. 사랑하는 성도 여러분, 함께 위로합시다. 위로의 사명자가 됩니다. 위로, 생각보다 참 어려운 사명입니다. 그러나 하나님께서 맡기실 때는 능력도 주십니다. 우리가 서로 위로하라고 이렇게 만난 것 아니겠습니까?

장례예식에 참예하여 유가족의 손을 잡아 주시는 것이 큰 위로가 될 것입니다. 고 장몽운 권사님 장례예식에도 참 많이 와 주셨습니다. 고 손무학 집사님의 장례예식에 참예하여 위로하여 주십시오. 장례예식에 참여하면 많은 교훈을 얻습니다. 죽음을 보며 삶의 바른 교훈을 얻습니다. 그리고 우리도 하나님 품으로 가는 날을 위해 준비하게 됩니다. 슬픔 당한 가족들에게 하나님의 크신 위로가 함께하기를 기원합니다.

골고다 언덕에서

골고다 언덕에 갔습니다. 주님께서 걸어가신 비아돌로로사 거리를 걸었습니다. 예수님이 십자가를 지고 가시는 모습을 본 사람들은 슬프게 울었다고 합니다. 그런데 제사장이 저주를 퍼붓자 슬픔은 어디론가 사라지고 군중들은 순식간에 폭도들이 되었습니다. 예수님에 대한 슬픔도, 호산나를 외쳤던 그 외침도 저마다 목적이 달랐던 것입니다.

부자가 되고 싶어서 예수를 믿은 사람은 부자가 되면 예수를 버립니다. 착하게 살고 싶어서 예수를 믿은 사람은 착하게 되면 예수를 버립니다. 마음에 평안을 얻고 싶어서 예수를 믿은 사람은 평안을 얻으면 예수를 버립니다. 병을 고치기 위해서 예수를 믿은 사람은 병 고침을 받으면 예수를 버립니다. 무엇인가 목적을 가지고 예수를 믿기 시작한 사람은 그 목적을 이루면 반드시 예수를 버립니다.

나는 어떤 사람인가요? 아직 소망한 것이 이루어지지 않아 예수님을 붙들고 있는 것인가요? 재림의 주님을 기다리는 순례자인가요? 주님께서 십자가를 지신 것이 아직 자신의 소원을 이루지 않고 떠나가시는 것이 아쉬웠던 2천 년 전 유대인들과 지금의 나와 얼마나 다르게 다가오나요?

순례 기간 동안 리처드 J. 라이더 / 데이비드 A. 샤피로의 《인생의 절반쯤 왔을 때 깨닫게 되는 것들》이라는 책 한 권을 읽었습니다. 내용 중에 "깨달음은 갑자기 온다. 어느 순간, 그동안 지니고 있던 생각을 버리고 전혀 다른 시선으로 사물을 바라보게 되는 것이다. 바람직한 삶을 만들어 가는 과정도 깨달음을 얻는 것과 비슷하다"는 말이 있었습니다.

그러나 갑자기 오는 것처럼 보일 뿐 그것은 마치 물이 끓는 이치와 같습니다. 물은 99도 온도에 이르기까지는 아무 일도 없는 듯 잠잠하다가 1도 더 높여 100도가 되었을 때 비로소 '갑자기' 끓게 됩니다. 깨달음은 99도까지 삶을 숙성시킨 사람에게 어느 순간 갑자기 주어지는 선물입니다.

교회 예배시간 이외에 성경을 열어 진지하게 읽고 묵상해 본 지가 언제인지, 마음을 다하여 찬송을 불러 본 지가 언제인지, 찬송을 부르며 눈물을 흘려 본 지가 언제인지, 가슴을 치며 간절히 기도해 본 지가 언제인지, 기쁨으로 봉사해 본 지가 언제인지, 형제자매를 위해 진심으로 걱정해 본 지가 언제인지……. 이제 1도를 높여 우리의 물이 뜨거워져야 하겠습니다. 그동안 99도를 높인 것보다 남은 1도를 높이는 것이 아마 더 힘들고 어려울 것입니다. 그것은 내가 죽는 일일 것이니까요. 골고다 언덕에서 남은 1도를 높여 자신을 버리신 예수님처럼 우리도 남은 1도를 높여 아버지의 뜻이 이루어지는 삶이 되기를 원합니다.

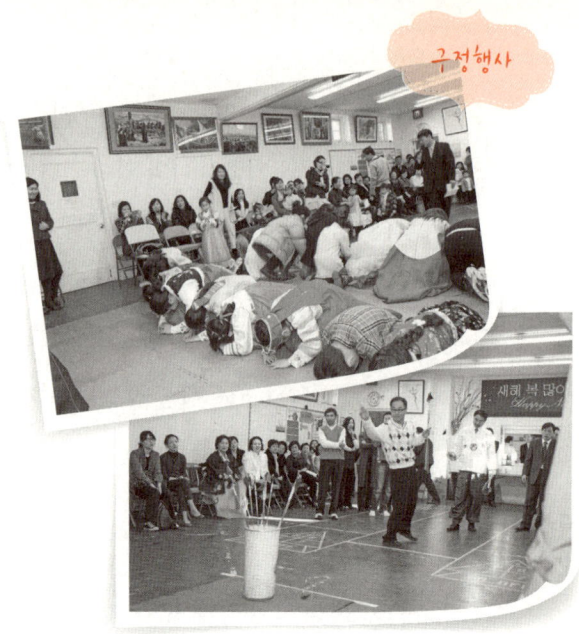
구정행사

명불허전

　명불허전 名不虛傳, "명성이나 명예가 헛되이 퍼진 것이 아니라는 뜻으로, 이름 날 만한 까닭이 있음을 이르는 말"이라고 한글사전에 적혀 있습니다.

　이번 구정 및 대보름 행사를 가지면서 우리 하은교회가 명불허전이었음을 알았습니다. 미루어진 행사라 걱정을 했습니다. 자칫 주최 측도, 참가하는 분들도 맥이 빠질 수 있는데 정말 대단했습니다. 친교에서부터 땅콩과 호도를 준비하는 센스들, 식사 후 청소, 설거지, 행사 준비가 마치 미리 연습을 해본 운동선수 같았습니다. 주는 사람, 받는 사람 모두 좋아하는 세배 시간. 우리 교회 미래의 주역들이 얼마나 든든했는지 모릅니다. 하나도 똑같은 게 없는 형형색색의 한복들, 구정 전문 MC 황도경 집사님의 재미있는 입담, 그리고 사랑방끼리 한 팀이 되어 만두를 만들고, 제기를 차고, 투호를 던지고 윷을 던지며 모처럼 크게 웃는 시간을 가졌습니다.

먼저, 돈과 시간을 헌신해 주신 안수집사 회원들께 깊은 감사를 드립니다. 여러분의 섬김으로 온 성도들이 기뻐했습니다. 많이 웃었고, 많이 먹었고, 많은 선물을 받았습니다. 그리고 여선교회 회원들께 감사를 드립니다. 앞치마를 두르고 부엌에서 한 사람이라도 더 먹이려고 만두와 떡국을 나르며 섬겨 주신 손길이 얼마나 따뜻했는지 모릅니다. 그렇게 웃고 떠들었어도 든든하게 집으로 돌아갈 수 있었던 것은 바로 여선교회에서 섬겨 주신 그 섬김 때문이었습니다. 또한 교사들께 감사를 드립니다. 교사들의 헌신이 아니면 윷도 던질 수 없고, 떡국도 맘 편히 먹을 수 없었습니다. 그 좁은 방에서 어른들의 행사가 끝날 때까지 아이들과 놀아 주고 또 먹여 주신 그 섬김에 머리 숙여 감사를 드립니다. 마지막으로 끝까지 참여하신 분들께 감사를 드립니다. 내가 윷을 던지지 않았더라도 객이 되지 않고 참여자가 되어 주시기 위해 마지막까지 함께해 주신 모든 분들께 진심으로 감사드립니다.

우리 교회 부흥의 비결은 바로 이것입니다. 끝까지 함께한다는 것입니다. 아무리 상품이 많고, 좋은 프로그램이 많으면 무엇 합니까? 청중이 있어야지요. 우리 교회가 부흥하는 데는 다 이유가 있었습니다. 함께 참여하고 섬기며 즐기는 것이 그 이유요, 바로 명불허전입니다. 정말 재미있었습니다. 그리고 정말 행복했습니다. 우리 교회, 정말 좋은 교회입니다. 다시 한 번 수고하신 안수집사회, 그리고 참여하신 모든 성도들께 진심으로 감사드립니다.

사순절 특별새벽기도회 잘 지키기

사순절 특별새벽기도회가 내일부터 시작됩니다. 얼마나 흥분되고 기대되는지 모릅니다. 이번 사순절에 우리 하나님께서 부어 주실 은혜가 얼마나 클까요? 그리고 어떤 사명의 십자가를 주실까요? 어떤 기적들이 이루어질까요?

한 가지 제안을 하렵니다. 이번 사순절 특별새벽기도회에는 돌아와야 할 영혼을 위해 집중적으로 기도했으면 합니다. 가족 중에, 친구 중에, 이웃 가운데 주께로 돌아와야 할 분을 위해 기도하여 그 열매를 보는 사순절이 되었으면 좋겠습니다. 같은 기도시간에 같은 기도제목으로 기도해서 어떤 열매들을 맺는지 봅시다. 하나님께로 돌아와야 할 영혼을 붙들고 기도하는 사순절이 되었으면 좋겠습니다. 또한 함께 같은 기도제목으로 기도하면 가족애가 생깁니다. 아직 교회가 서먹서먹하시다면 꼭 특별새벽기도회에 함께하십시오. 내 교회임을 확신하실 수 있을 것입니다.

자, 그래서 사순절 특별새벽기도회를 잘 지킬 수 있는 몇 가지 팁을 드립니다. 첫째, 42일간 한 끼 금식을 정해 보십시오. 그리고 금식을 헌금으로 드려 보십시오. 금식 헌금을 선교와 구제, 장학 등 지정헌금으로 드려 보십시오. 둘째, 특별새벽기도회 기간 동안 드라마를 금식하십시오. 무조건 일찍 주무십시오. 셋째, 되도록 만남을 금식하십시오. 만나서 이야기 나누다 보면 주님이 기뻐하지 않는 대화를 하게 되고 시간이, 물질이 헛되이 쓰이게 됩니다. 커피 한 잔으로 우리가 살릴 수 있는 사람이 얼마나 많은지 생각해 보십시오. 넷째, 금식한 시간을 성경을 읽는 데 쓰십시오. 한 끼 식사시간을 보통 30분으로 잡아 하루 30분, 42일을 읽으신다면 구약성경의 절반을 읽으실 수 있습니다.

이 정도만 결단하시고 특별새벽기도회에 참여한다면 놀라운 변화를 경험하실 수 있을 것입니다. 사랑하는 여러분, 우리는 이 절기의 추억이 있습니다. 올해 특별새벽기도회에도 은혜의 폭포수에 잠겨 보십시오. 자, 내일부터 시작합니다. 새벽을 깨우리로다. 할렐루야!

성금요일 예배

교도소와 수도원의 차이

일단 교도소와 수도원은 한 가지 공통점이 있습니다. 한 번 들어가면 쉽게 밖으로 나갈 수 없고, 절제하는 삶을 살게 된다는 것입니다. 그렇다면 차이점은 무엇일까요? 교도소는 원망과 저주가 있는 곳이고, 수도원은 감사와 찬송이 있는 곳이라는 겁니다. 비슷한 조건의 장소이지만 거기에 있는 사람들의 입에서 무엇이 나오느냐에 따라 분위기가 완전히 달라진다는 의미 있는 이야기입니다.

내가 지금 있는 자리에서 내 입으로 무엇을 말하느냐에 따라 지금 있는 자리를 천국으로, 또 지옥으로 만들 수 있다는 것입니다. 하나님께서 주신 은혜와 권능에 대하여 입으로 시인하고 감사를 표현할 줄 아는 신실한 믿음의 사람이 됩시다.

《물은 답을 알고 있다》라는 책을 읽어 보셨습니까? 일본인 저자가 쓴 책인데, 물에게 "사랑해, 고마워, 예쁘구나" 하면 물의 결정이 육각형이 되고, 또 "멍청해, 짜증나, 죽여 버릴 거야" 하면 물의 결정이 일그러진다고 합니다. 사진까지 찍어 놓았습니다. 이것이 과학적으로 맞는 것인지 아닌지는 모르겠습니다. 그러나 고개를 끄덕일 정도의 이유는 충분히 있다고 생각합니다.

말의 힘은 놀랍습니다. 더욱이 하나님을 향한 믿음을 입으로 고백할 때는 하늘로부터 능력이 임합니다. 입술의 고백이 나의 삶을 결정지을 수 있다는 것을 잊지 맙시다. 너무 쉽게 말하고, 너무 쉽게 내뱉은 그 말로 믿음 없음이 드러납니다. 하나님의 거룩한 백성이 됩시다.

사랑이란 구체적으로, 좋은 방향으로 시선을 바꾸는 능력이라고 생각합니다. 더 나아가서 사랑이란 좋은 반응을 이끌어내는 능력입니다. 한 사람을 사랑하기 위해서는 보는 시선을 바꾸어야 합니다. 장점만을 볼 수 있는 눈으로, 또한 허물도 아름답게 볼 수 있는 눈으로 바뀌어야 합니다. 많은 사람들이 상대의 장점 때문에 좋아하지만 우리는 단점 때문에 사랑할 수 있는 사람입니다. 이것이 하나님의 사랑입니다.

"허물을 덮어 주는 자는 사랑을 구하는 자요 그것을 거듭 말하는 자는 친한 벗을 이간하는 자니라"(잠 17:9).

문제를 보지 마십시오. 문제 속에 있는 기적을 보십시오. 큰 문제를 가졌다는 것은 큰 기적을 가졌다는 것을 의미합니다. 초대교회 그리스도인들은 자비로운 사람들이라는 별명이 있었습니다. 그 별명이 이 시대에 유효하도록 삶을 삽시다. 말의 능력을 체험해 보세요.

교회학교

교회학교는 교회에서 운영하는 학교의 개념이 아니라 교회에서 전하고 배워야 할 사역에 관한 개념입니다. 우리 교회의 교회학교는 토요학교와 주일학교가 있습니다. 토요학교는 한글학교와 어린이 축구교실, 그리고 주일학교는 어린이 주일학교가 아니라 점심 후 1시 15분부터 하는 요한계시록 성경공부입니다. 먼저 주일학교의 용어 정리가 있어야 합니다. 지금 생각하시는 그것은 어린이 예배이고, 주일학교는 예배 후 성경공부모임을 말하는 것입니다.

교회에서는 신앙은 물론 우리의 글과 문화를 후세대에 남겨야 할 책임이 있습니다. 그래서 한글교육을 통해 글을 잊지 않고 문화를 지켜 가며 특히 선조들의 신앙을 잘 계승하고자 하는 것이 한글학교의 바른 취지이며, 어린이 축구교실 또한 건전한 운동을 통해 몸과 마음을 정화시키는 데 그 의미가 있습니다. 그리고 이 둘은 지역사회에 아직 구원받지 못한 영혼을 전도하기 위한 통로로서의 아주 중요한 기능이 있습니다.

이 일을 위해 헌신하신 분들이 있습니다. 한글학교 교사, 축구 코치입니다. 학교만의 기능이라면 학비를 받고 가르칠 것입니다. 그러나 우리 교회는 이 일을 선교의 차원으로 알고 힘써 봉사합니다. 분명한 것은 우리 교회에서 봉사하는 한글학교 선생님과 축구 코치는 아마 뉴욕 최고일 것입니다. 교사뿐 아닙니다. 교사를 위해서 식사를 준비해 주시는 봉사자도 계십니다.

이런 크나큰 사명으로 임하고 있는데 오히려 학부모님들께서 너무 약한 마음으로 잠시 아이를 맡겨 둘 곳을 찾으신다면 잘못된 것입니다. 또 봉사자는 너무 교육에 집중한 나머지 입학시기가 지났으니 더 이상 받을 수 없다는 것도 본래의 목적에 빗나간 것입니다. 학부모님들께서는 선생님들께서 황금 같은 토요일에 쉬지도 않고 아침 일찍부터 나와 얼마나 큰 수고와 봉사를 아끼지 않는가를 알고 격려해 주시고 감사를 아끼지 말아 주십시오. 그리고 봉사자들께서도 교회의 모든 사명은 한 영혼을 위한 것이니 오직 하늘에서 주실 상급만을 바라보고 수고해 주십시오. 내가 토요일에 헌신하여 만난 아이를 천국에서 만난다는 그 소망으로 일해 주십시오.

장소가 미약합니다. 공부할 방이 없어 방을 나누어 공부하게 된 것을 담임목사로서 학부모님께 죄송하게 생각하고, 또 든든하게 후원하지 못해 선생님들께 더더욱 죄송합니다. 그러나 한편으로는 이것도 감사할 일 아닙니까? 토요일인데 교회가 텅 비어 있다면 하나님께 죄송할 일 아닙니까?

이제 곧 어린이 축구교실이 시작됩니다. 나중에도 받아주겠지 하지 마시고 미리미리 등록해 주시고, 또 이 일에 사명감을 가지고 헌신하실 선생님을 찾고 있습니다. 토요일 2시간 기쁨으로 헌신하여 주신다면 하나님께서 참으로 기뻐하시지 않을까요? 그러나 축구의 기본기는 있어야지, 불 같은 사명의 맨주먹만으로 오시지는 마십시오. 바라기는 학부모님들께서 번갈아 한글학교와 축구교실까지 일일교사라도 해주시면 안 될까요?

Happy Easter

할렐루야! 우리 주님께서 사망 권세를 이기시고 부활의 승리를 주셨습니다. 부활의 승리, 부활의 기쁨, 그리고 부활의 감격이 우리 사랑하는 하은 가족들 위에 넘치시기를 축복합니다.

이번 사순절을 보내면서 사순절이라는 바다에 뛰어든 느낌이었습니다. 힘차게 팔을 저어가며 앞으로 가야 하는데 제자리인 것 같기도 하고, 또 어느 때는 힘이 빠져 바닷속으로 빠져들어가는 느낌이 든 때도 있었습니다. 그러나 그때마다 새 힘이 솟아 바다를 다 건너게 된 것은 함께 그 바다에서 헤엄을 쳐 준 동역자, 바로 여러분 때문이었습니다. 이번 사순절은 제가 여러분에게 큰 사랑을 입고 빚을 졌습니다. 아모스 선지서의 말씀이 그리 쉽지 않으셨을 텐데 잘 참고 들어주시고, 또 그 말씀대로 사시려고 얼마나 애쓰셨습니까? 대단하십니다. 이제 이 은혜를 나누어 줄 곳을 찾아 은혜의 통로로서의 삶을 잘 살아야겠습니다.

사람들은 특별한 것을 좋아합니다. 그러나 진정한 힘은 특별한 것을 일상화시키는 데 있습니다. 성숙이란 특별에서 보통으로, 기적에서 일상으로 가는 것입니다. 여리고 성의 승리는 전적인 하나님의 도움으로 인한 승리였습니다. 일종의 기적을 통한 특별한 승리입니다. 그러나 그다음 전투지였던 아이 성에서 패배를 맛보게 됩니다. 특별한 기적을 일상으로 바꾸지 못한 실패입니다. 그 일 후에 다시 매복과 전략에 의해서 승리하게 됩니다. 기적에서 일상의 전략으로 바뀐 것입니다. 특별은총에서 일반은총으로 전환되는 것입니다.

광야에서는 이스라엘에게 만나로 먹이셨습니다. 농사를 지을 상황이 아니었기 때문입니다. 그러나 가나안에 들어가자 만나는 그쳤습니다. 이제는 농사를 지어서 먹고 살라는 뜻입니다. 특별은총의 삶에만 안주하지 말고, 일반은총 속에서 땀 흘리며 열매를 거두라는 뜻이지요. 사도행전에는 제법 많은 기적들이 나옵니다. 그러나 서신서에 가면 기적은 거의 찾아보기 힘들고, 말씀으로 대체가 됩니다. 무슨 뜻일까요? 이제는 말씀을 붙들고, 원리에 의지하여 살라는 것입니다.

특별새벽기도회를 은혜롭게 잘 마쳤습니다. 이제 그 불길이 일상으로 번져 가기를 원합니다. 사순절 기간 동안 거룩한 습관이 우리 몸과 마음에 배어서 절제하면서 신앙의 성숙을 이루시기를 기도합니다. 새벽의 기도가 우리 삶에 가장 평범한 시간이 되고, 섬기는 일이 보통이 되고, 말씀을 사모하는 것이 특별함이 아니라 날마다의 평범함이 되시기를 주의 이름으로 부탁을 드립니다. 부활의 주님이 우리 가정과 교회를 살리실 줄 믿습니다.

어린이 주일

부모 일일교사 프로그램

'맹모삼천지교'라는 말 많이 들어보셨지요? 맹자에 대한 이야기라고 하지만 학구열이 강한 한국 엄마들의 자식에 대한 교육 열정 또한 그에 못지않습니다. 세상에서의 교육도 이렇게 열정적일진대, 우리 아이들이 영적으로 올바로 서고 하나님의 귀한 군사로 자라나게 해주는 주일학교의 교육에 우리의 열정을 쏟지 않는다면 어찌 우리가 자녀를 올바로 양육하고 있다고 말할 수 있겠습니까?

그래서 올해 교육위원회에서는 부모와 자녀가 예수 그리스도 안에서 함께 믿음을 키워 나가고, 주일학교 교사들의 어려움을 함께 느끼고 격려하기 위해 '부모 일일교사' 프로그램을 운영합니다.

일일교사 프로그램은 하은교회 성도라면 누구나 참여할 수 있습니다. 굳이 내 자녀가 아니더라도 어린이를 사랑하는 마음과 자녀교육에 조그마한 열정을 가지고 계신 분을 초청합니다. 어렵게 생각하실 필요 없습니다. 마음을 정하시고 신청서를 내어주시면, 저희가 주일학교 팀장님들과 상의하여 일정을 결정하여 드립니다. 그러면 주어진 날짜에 주일학교에 가셔서 함께 열정적으로 예배하시고 아이들과 이야기를 나누시면서 여러 모양으로 교사들을 도우시면 됩니다.

일일교사 프로그램은 우리에게 많은 이익을 가져다줍니다. 첫째로, 우리의 자녀들과 함께 설교와 수업내용을 토대로 신앙적 대화를 자연스럽게 할 수 있습니다. 예배를 함께 드리지 않는다면 기회를 찾기가 쉽지 않습니다. 둘째로, 자녀들의 신앙에 대하여 부모님들의 관심을 보여 줄 수 있는 기회입니다. 아이들에게 어른이 관심을 가지고 있다는 것을 인식시켜 줌으로써, 아이들의 영적 성장을 위한 동기부여가 됩니다. 셋째, 또래 학생들의 관심과 행동 등을 이해하는 데 도움이 됩니다. 자녀를 키우시는 분들은 또래 어린이들의 행동을 보고 대화해 봄으로써 자녀의 말과 행동을 이해하는 데 큰 도움이 됩니다. 넷째, 부모님들의 관심과 격려로 주일학교 교사들에게 힘을 보태줄 수 있습니다. 부모님들의 격려는 교사들이 보람을 느끼고 계속 헌신해 나갈 수 있는 커다란 원동력이 됩니다. 다섯째, 부모님들의 참여로 하은교회의 가장 큰 장점 중의 하나인 이중언어교육을 계속 이어나갈 수 있습니다.

바쁜 시간을 조금씩 쪼개어 헌신함으로 우리 자녀들에게 좋은 신앙교육을 해나갈 수 있기를 소원합니다. 서울 강남의 치맛바람보다 더 거센 성령의 치맛바람을 우리 자녀들을 위해 한번 일으켜 보지 않으시겠습니까?

어버이 주일

축복하러 집에 가라

사랑하는 우리 하은가족 여러분, 이번 주간 참 힘들게 보내셨죠? 먹고 살기도 힘든데 알러지까지……. 이민생활 참 바쁘지요? 직장에서 지친 모습, 기진맥진한 모습으로 집에 올 때가 많습니다. 집에 오면 쉬고 싶은 마음이 앞섭니다. 배가 고파서 빨리 들어가서 저녁을 먹고 싶은 생각, 빨리 가서 자고 싶다는 생각밖에 없습니다.

그런데 한 번쯤은 깊이 생각해 봐야 할 것 같습니다. 성도에게 퇴근의 의미는 무엇일까요? 다윗은 "축복하러 집에 갔다"고 말합니다. "다윗이 자기의 가족에게 축복하러 돌아오매"삼하 6:20라고 했습니다.

다윗은 왕으로서 백성들을 하나하나 축복합니다. 축복하는 것이 그의 일이자 사명이었습니다. "다윗이 번제와 화목제 드리기를 마치고 만군의 여호와의 이름으로 백성에게 축복하고"삼하 6:18, 그리고 저녁이 되었습니다. 이제는 피곤한 몸을 이끌고 집으로 돌아옵니다. 그리고 이제는 가족을 축복하였습니다. 직장생활은 직장 축복의 사역이고, 집으로 돌아오는 것은 가족 축복의 사역입니다. 그리고 교회로 가는 것은 교회 축복의 사역입니다.

사실 제 기도제목 하나를 공개하면 "하나님, 퇴근 후 집에 돌아가서 아이들과 놀아 줄 수 있는 힘을 주옵소서"라는 것입니다. 가장은 가족과 시간을 보내고, 놀아 주고, 축복할 사명이 있습니다. 놀아 줄 수 있다는 것은 어울린다는 뜻입니다. 어울림은 자기를 내어줄 줄 아는 사람에게만 가능합니다. 어울림은 축복하는 사람에게만 임하는 것입니다.

무엇을 움켜쥐려고만 하지 말고 축복하는 자가 됩시다. 가장의 특권은 가족을 축복하는 것입니다. 아내와 남편을 축복하고, 자녀들을 축복합시다. 이삭이 아들에게 축복할 때 하나님의 복이 임했습니다. 야곱은 12명의 아들을 모아놓고 하나하나 축복해 주었고, 심지어 바로 왕까지 축복합니다. "야곱이 바로에게 축복하고 그 앞에서 나오니라" 창 47:10고 하였습니다. 곡식을 얻어 먹으러 간 사람이 주는 사람을 축복한 것입니다. 야곱은 자신이 축복하는 존재임을 자각하고 있었던 것입니다. 이삭의 축복, 야곱의 축복이 나에게도 있습니다. 아무리 약한 사람이라 할지라도 축복할 힘이 없는 사람은 한 사람도 없습니다. 아무리 지친 사람이라 해도 축복할 힘이 남아 있지 않은 사람은 없습니다. 가족을 축복하고, 세상을 축복하고, 우리 교회를 축복하는 복된 하은 가족들이 됩시다.

힘든 이민생활 속에서 신앙을 잘 지키고 가정을 축복하는 당신을 진심으로 존경하고 사랑합니다. 새로운 한 주간도 축복하며 사세요.

Organic Worship

Organic. 우리의 삶에 참 친숙한 단어이지요. 사전적 의미는 '서로 연결되어 있는', '살아 있는 유기체와 관련되어 있거나 유기체로부터 생성된'이란 뜻입니다. 즉 살아 있다는 의미입니다.

Organic과 Worship이 만나 유기적 예배가 되었습니다. 바로 역동적 예배, 살아 있는 예배라는 의미입니다. 예배는 소리와 침묵, 이미지와 이미지에 대한 저항, 인간의 상상력과 영적인 갈망이 교차하는 복잡한 교차로와 같습니다. 이러한 교차로에서 예배자들에게 새로운 의미가 부여되고 내면에 각인되는 것이 바로 예배입니다.

예배 공간에는 기독교의 오랜 역사 가운데 간직되어 온 하나님의 임재와 그분을 만난 공동체와 개인들의 이야기가 스며들어 있습니다. 그 공간에서 예배를 드릴 때 하나님의 이야기와 인간의 이야기가 만나는 초월적 신비가 일어나며, 하나님의 구원의 이야기가 우리의 삶 속에 각인되는 것입니다. 바로 그곳에서 때로는 울고 때로는 웃으며 서로를 위로하고 하나님의 은혜를 경험합니다.

　우리는 이런 예배를 살려야 할 의무와 책임이 있습니다. 수요예배를 살려야 되겠습니다. 모든 성도는 예배에서 하나님 체험, 성령 체험을 해야 합니다. 바쁘고 피곤하지만 주중에 한 번 더 주님께 나와서 성령으로 달궈지지 않으면, 신앙인은 거룩과 거리가 먼 인생을 살 수밖에 없습니다. 성도는 거룩을 향해 몸부림을 쳐야 합니다. 왜냐하면 거룩은 우리와 거리가 멀고 익숙하지 않기 때문에 거룩해지기가 어렵습니다. 그렇게 1년, 2년, 10년을 신앙생활 하다 보면 우리는 가면을 쓰고 교회를 다니게 됩니다. 이런 가면을 벗어야 합니다. 주일에 교회에 와서는 '사랑합니다. 축복합니다' 하고, 주중에 철저하게 세상적으로 사는 이유는 주중 예배에 부흥이 일어나지 않기 때문입니다. 이런 이유로, 일주일의 가운데 자리 잡은 수요일에 다시 모여 예배하는 일이 매우 중요하다고 생각합니다.

　이제 시작하는 '특수'는 무슨 특별한 프로그램이나 특별한 목회 시스템이 아닙니다. 예배에 하나님의 역사가 있다는 믿음과 소신으로 시작된 사역입니다. 일터에서 곧장 오시는 성도들의 긴장을 풀고 편안하게 예배할 수 있도록 돕고 싶었고, 청년들이 올 수 있는 수요예배가 되길 고민하고 있습니다. 들어야 하는 설교가 아닌 들리는 설교를 하도록 몸부림치고 있습니다. 회개 없는 예배가 되어서는 안 되겠다는 소신입니다. 제가 아직 교회, 그리고 목회를 논할 처지는 못 되지만 이민교회는 예배의 갱신이 아니라 회개 운동이 일어나야 합니다.

　사랑하는 동역자 여러분, 우리 함께 '특수'를 살립시다. See you 특수…&

잡초의 힘

성도의 삶은 결코 녹록하지 않습니다. 엄청난 시련과 영적 싸움이 기다리고 있기 때문입니다. 그런데 그 싸움에서 다 죽을 것 같아도 강한 생명력으로 살아납니다. 혹 넘어지더라도 주님의 사랑의 힘으로 일어섭니다. 성도의 삶은 고고한 난초라기보다 강한 생명력의 잡초 같습니다.

많은 사람들이 고난이 유익하다고 말합니다. 물론 그렇습니다. 그러나 본질상 고난은 위험한 것입니다. 왜요? 사람에게 메마름을 주기 때문입니다. 야곱의 형 에서를 생각해 봅니다. 배고픔 때문에 다른 것은 전혀 생각을 못합니다. 창세기 25장 32절을 보면 "에서가 이르되 내가 (배고파) 죽게 되었으니 이 장자의 명분이 내게 무엇이 유익하리요"라고 하였습니다. 결국 그는 고난의 문제를 해결하지 못하고 무너졌습니다. 고난이 심해지고 깊어지면 자기에게 집중하게 됩니다. '나'의 문제에 매몰되고 맙니다. 그리고 '내 코가 석 자인데!'라고 말합니다. '너'는 없고 오직 '나'만 있습니다. 아이티에서 흙과자를 먹는 아이들의 이야기가 들어

오지 않고, 탈북자의 고통이 나에게 들리지 않습니다. 고난은 사람을 폐쇄적이 되게 합니다. 교류가 사라진 메마른 인생이 되게 만듭니다.

하나님은 내 곁에서 아픈 나를 도와주십니다. 그 하나님을 만나십시오. 그때 메마름이 사라지게 됩니다. 지금 우리의 가정이, 교회가, 이민 사회가, 나라가 상당히 메말라 있습니다. 메마름의 시대를 살아가고 있습니다. 이때 더 굳게 붙들어야 할 것이 믿음입니다. 말씀에 사로잡히는 사람들이 나와야 합니다. 은혜의 힘으로 장애를 뛰어넘어야 합니다. 실패 속에서 다시 일어서는 법을 배워야 합니다. 더불어 사는 능력을 길러야 합니다. 원수를 사랑하는 것보다 가까이 있는 사람의 말을 들을 수 있어야 합니다.

잡초 같은 영적 생명력을 갖기 위하여 은혜의 물 근원을 향해 믿음의 뿌리를 내려야 합니다. 메마른 회오리바람이 이 시대를 휩쓸고 지나갈 때, 난초처럼 고고한 척할 것이 아니라 자랑할 것 없는 잡초 본연의 모습으로 하늘 하나님을 향해 부르짖읍시다. 그럴 때 우리의 한계를 깨뜨리고, 교회를 변혁해 나가고, 세상과 시대를 변화시키고 성숙하게 하는 힘을 얻게 될 것입니다.

단기 선교팀 파송

교회, 하나님의 꿈

'우물 안 개구리'란 말이 있지요? 정말 그 말을 실감했습니다. 시애틀 그 시골에, 세계를 움직이고 있는 교회가 있다는 것에 놀랐습니다. 화요일부터 목요일까지 시애틀 형제교회에서 열리는 "위대한 교회로 비상" 컨퍼런스에 장로님들과 함께 다녀왔습니다. 멀리 중국, 뉴질랜드, 한국, 그리고 캐나다와 미주 전 지역에서 교회를 섬기는 리더들이 모였습니다. 장로님들과 함께 간 것이 너무 잘한 일이란 생각이 들었습니다. 장로님들께서 큰 도전과 은혜를 받으셨습니다. 또 함께 가 주셔서 얼마나 감사했는지 모릅니다.

교회 밖에 나가면 우리 교회가 잘 보입니다. 집회로 다른 교회를 방문하다 보면 그때 오히려 우리 교회가 더 잘 보이곤 합니다. 강행군이었지만 틈틈이 장로님들과 커피브레이크 시간에 만나 듣고 배운 것을 기초로 우리 교회를 들여다보며 많은 이야기를 나누었습니다.

교회는 Survival^{생존}하는 것이 아니고 Revival^{부흥}하는 것입니다. 부

흥은 전적으로 하나님의 일입니다. 우리가 어떤 프로그램을 한다고 해서 일어나는 역사가 결코 아닙니다. 이 진리는 누구보다도 우리가 잘 압니다. 우리 교회가 누리고 있는 부흥, 아무도 설명할 수 없는 하나님의 은혜이기에 교회 이름도 하은교회 아닙니까?

이번 컨퍼런스를 통해 한 가지 욕심나는 것은 이것입니다. 교회가 참 역동적이었습니다. 행복해 보였습니다. 그것은 다름 아닌 모두가 같은 비전을 품고 있는 것 때문이었습니다. 담임목회자에서부터 평신도에 이르기까지 "우리 교회는 이런 교회입니다"를 외치는 것입니다. 망설임이 없었습니다. 2박 3일 동안 100명의 손님을 섬기기에 5만 불의 헌금이 쓰여지고, 250명의 헌신자 모두가 기쁨으로 일을 감당했습니다. 나눔이 기쁨이었고, 섬김이 기쁨이었습니다.

제가 본 것은 이것입니다. 형제교회는 모두가 같은 이야기, 즉 간증이 있다는 것입니다. 그렇습니다. 우리가 없는 것은 바로 이 간증입니다. 저마다 우리 교회에 오게 된 이야기는 있는데, 고 목사를 만난 이유는 있는데 우리 교회, 하은교회에서의 간증이 없다는 것입니다. 함께 공유할 수 있는 간증이 필요합니다. 그것이 우리 교회를 더욱 힘있게 할 것입니다.

그러기 위해서는 먼저 기도의 시간이 있어야 합니다. 전 교인이 함께 기도하여 받은 응답이 있어야 할 것입니다. 이제 저는 함께 기도해야 할 기도제목을 드릴 것입니다. 형제교회, 14에이커의 땅에 엄청난 시설의 교회, 4천 명의 성도 이것이 부러운 것이 아닙니다. 사실 섬기는 것 보니 우리 교회가 훨씬 더 잘합니다. 그러나 우리에게 누군가 마이크를 들이밀며 '하은교회가 어떤 교회입니까?'라고 묻는다면 '고 목사님에게 물어

보세요' 할까 봐 겁이 납니다.

저는 믿습니다, 우리 교회가 하나님의 꿈인 것을……. 저는 확신합니다. 저와 여러분, 우리 모두가 하나님의 꿈을 이룰 사람들이라는 것을……. 이 시대, 뉴욕에서 다시 방주를 지을 여러분을 축복합니다. 이제부터 우리만의 간증을 만들어 갑시다. 하은교회의 간증을!

볼리비아 단기선교 (코차밤바)

제4회 선교기금마련 골프대회

동역, 그 놀라운 힘

"흰 구름 뭉게뭉게 피는 하늘에 아침 해 명랑하게 솟아오른다. 손에 손 마주잡은 우리 어린이 발걸음 가벼웁게 찾아가는 길 즐거운 여름학교 하나님의 집 아 진리의 성경말씀 배우러 가자."

수십 년이 지났는데도 아직도 제 기억 속에 남아 있는 노래입니다. 여름성경학교 하면 이 찬양과 아이스케키가 기억이 납니다. 예배가 끝나면 분반공부로 가기 전에 장로님 할아버지께서 천사 같은 미소로 맛있게 먹어라 하시면서 아이스케키를 나누어 주셨습니다.

이제 목요일부터 어린이 여름성경학교를 시작으로 우리 교회 여름사역이 시작됩니다. 우리 아이들에게도 성경학교의 아름다운 추억을 남겨 주고 싶습니다. 3일이 아니어도 좋습니다. 그냥 한 번 들르셔서 앞에 있는 아이 한 번 안아 주시는 것도 큰 사역이 됩니다. 2시에 사역이 마무리되는데 교사들을 위해 시원한 아이스커피 한 잔도 큰 위로가 됩니다.

그리고 제일 중요한 것은 기도입니다. 새벽에 오셔서 성경학교를 위해 기도해 주신다면 이보다 더 귀한 사역은 없습니다.

7월 둘째 주일에 세 교회가 연합하여 스포츠 교제를 나눕니다. 참 아름다운 일입니다. 꼭 축구를 하는 사람만 모여 하는 것이 아닙니다. 축구라고 하는 툴Tool을 사용하여 함께 만나자는 것입니다. 이번에는 세 교회가 만나기 때문에 두 팀을 만들어야 한다고 합니다. 20분씩 전후반을 하기로 했으니 교체선수까지 적어도 뛰는 선수만 30명은 되어야 합니다. 그리고 함께 저녁을 먹기로 했습니다. 준비하는 손길도 만만치 않습니다.

안 된다고도, 못 간다고도 말씀하지 말아 주십시오. 함께 뛰고, 함께 먹고, 서로 신앙생활의 이야기를 나누는 것이 얼마나 아름다운 일입니까? 비가 와도 교회 안에 실내체육관이 있어 문제 없습니다. 더운 여름날, 일탈을 벗어나 소풍 가는 마음으로 참여해 주셨으면 합니다.

이런 동역이 놀라운 힘이 됩니다. "한 사람이면 패하거니와 두 사람이면 능히 맞설 수 있나니 세 겹 줄은 쉽게 끊어지지 아니하느니라." 전도서 4장 12절에 나오는 말씀입니다.

V.B.S.

준비된 기적

기적은 예측하지 않았던 일이 일어나는 것인데, 이번 기적은 준비된 것이었습니다. 무언가 범상치 않았습니다. 열심히 준비하셨고 기도하였습니다. 긴긴 여름방학을 성경학교로 시작했습니다. 많은 아이들, 많은 선생님, 많은 봉사자……. 아마 이스라엘이 광야에서 가나안으로 행진하는 모습이 이러하지 않았을까 생각해 보았습니다. 정말 대단히 수고 많으셨습니다.

아침 일찍부터 아이들 한 명을 태우기 위해 수고하셨습니다. 찜통 같은 날씨에, 불 옆에서, 비 오듯 땀을 흘리며 점심을 준비해 주신 여선교회 회원들, 물풍선을 만드시고, 사진을 찍으시고 곳곳에서 프로그램을 도와주신 집사님들, 작년까지 말썽꾸러기 리스트에 들어 있는 아이가 보조교사라고 폼 잡고 아이들을 지도하는 모습. 아! 이곳이 천국이구나 했습니다.

물론 이 일을 위하여 새벽에 무릎으로 먼저 기도해 주신 동역자들,

물질로 후원해 주신 여러 성도님들께 진심으로 감사드립니다. 그렇습니다. 기적은 함께 한마음이 될 때 이루어지는 것입니다. 하나님께서 보셨습니다. 우리 교회를 보셨습니다. 하나님께서 맡기신 아이들을 위해 최선을 다했습니다. 그리고 또 보내신 일들을 위해 최선을 다했습니다. 온두라스, 과테말라, 티벳, N국, 그리고 한국에서 최선을 다할 것입니다. 물론 우리가 살고 있는 뉴욕이 우리의 땅 끝임을 잊지 말아야겠습니다.

하나님이 무엇이든지 믿고 맡기시는 교회, 날마다 기적을 창조하는 교회, 이 교회의 한 가족임이 무엇보다 자랑스럽습니다. 다시 겸손으로 돌아가야 합니다. 큰일을 한 다음에 다시 기도의 자리로, 겸손의 자리로 돌아가야 합니다. 수고한 사람들에게는 격려를, 그리고 교회는 다시 기도의 자리로 돌아가서 다음 기적을 준비해야 합니다. 사탄은 잘된 것을 통해 공격을 해올 것입니다. 우리가 기적을 준비한 그 이상으로 시험과 유혹을 준비할 것입니다. 늘 넘어질까 조심해야 하는 것이 신앙인의 자세입니다.

이제 중고등부 수련회가 있습니다. 특별히 교단 이전의 큰 산이 우리 앞에 놓여 있습니다. 조금도 긴장의 끈을 놓지 말고 기도하는 일에 힘써 주시고, 더욱더 낮아지며 겸손해져야 하겠습니다. 또 다른 기적을 바라며, 더운 날 죽도록 헌신하여 주신 성도님들과 함께하는 행복한 목사임을 하나님께 감사드립니다.

신앙의 3대 영양소

우리 몸을 건강하게 유지시켜 주는 3대 영양소는 탄수화물, 단백질, 지방질입니다.

탄수화물은 쌀, 곡류, 과일, 우유, 콩, 감자 등에서 섭취할 수 있으며, 몸과 마음과 머리의 활동에 가솔린과 같은 역할을 하는 매우 중요한 영양소입니다. 탄수화물이 부족하면 몸과 뇌 활동이 느려지고 초조해지거나 집중력이 떨어지게 됩니다.

단백질은 생선, 비계가 적은 고기, 달걀, 유제품, 콩 등에서 섭취할 수 있으며, 몸 안에서 아미노산으로 분해된 다음 호르몬이나 효소 등을 생성하여 몸을 만드는 중요 영양소입니다. 효소는 체내의 모든 기능에 없어서는 안 되고, 호르몬은 각 기관이 잘 작동하는 데 반드시 필요합니다. 건강하고 예쁜 몸매를 유지하려면 단백질 섭취가 충분해야 합니다.

지방질은 등 푸른 생선, 호두, 오일, 아몬드 등에서 섭취할 수 있으며 뇌의 기능, 비타민 운반, 식사의 소화, 흡수, 지용성 비타민의 운반, 장기,

신경, 뼈 등을 지키거나 체온 등을 정상적으로 지키는 역할을 합니다. 지방질이 부족하면 여기저기 아프고 쑤십니다.

우리 영혼을 건강하게 유지시켜 주는 3대 영양소는 말씀, 기도, 찬양입니다.

말씀은 탄수화물 같은 것입니다. 말씀을 잘 먹지 않으면 점점 영혼이 둔화되고 점점 세상에 집착하게 되면서 점점 하나님과 멀어지게 됩니다.

찬양은 지방질 같은 것입니다. 입에서 찬양이 사라지면 더불어 감사와 기쁨도 사라지고 불평불만이 늘어나면서 삶이 삭막해집니다.

기도는 단백질 같은 것입니다. 기도가 없으면 하늘로부터 오는 공급의 통로가 끊겨 매우 힘들고 곤고하게 되고 여기저기에서 문제가 막 터지게 됩니다.

골고루 섭취하셔서 힘든 이민생활에 건강한 그리스도인이 됩시다.

사랑방 찬양제

믿는 자의 신앙을 선포하라

성도에게는 매일매일 믿음의 선포가 있어야 합니다. 사랑하는 우리 하은교회 성도 여러분, 하루를 시작할 때마다 이렇게 선포하고 집을 떠나십시오.

"보라 하나님은 나의 구원이시라 내가 신뢰하고 두려움이 없으리니 주 여호와는 나의 힘이시며 나의 노래시며 나의 구원이심이라"(사 12:2).

하나님의 다스림을 받는 사람은 흔들리지 않습니다. 열 받지 않습니다. 절망하지 않습니다. 이번 주간에도 충성된 성도로서의 삶을 사시기를 축복하여 드립니다.

다니엘은 10대부터 뜻을 정하여 왕의 진미를 거절할 정도로 자신의 신앙을 분명히 선포했습니다. 그 세월이 66년입니다. 66년 동안 하루에 세 번씩 무릎 꿇고 기도했습니다. 다니엘은 위기 때만 하나님을 찾는 초라한 인생이 아니었습니다. 늘 한결같이 기도함으로 하나님을 만난 사람입니다. 인생의 절정기나 쇠퇴기, 인생의 위기 때나 성공에도 늘 한결같이 신앙적 품위와 능력을 유지할 수 있었던 비결은 바로 믿음의 선포에 있었습니다.

멀리 고국에서 이 말씀을 드립니다.

"야곱아 너를 창조하신 여호와께서 지금 말씀하시느니라 이스라엘아 너를 지으신 이가 말씀하시느니라 너는 두려워하지 말라 내가 너를 구속하였고 내가 너를 지명하여 불렀나니 너는 내 것이라 네가 물 가운데로 지날 때에 내가 너와 함께할 것이라 강을 건널 때에 물이 너를 침몰하지 못할 것이며 네가 불 가운데로 지날 때에 타지도 아니할 것이요 불꽃이 너를 사르지도 못하리니"(사 43:1~2).

우리 사랑하는 하은교회 성도들을 감히 건드리지 못할 것입니다. 제가 이 말씀을 붙들고 기도하겠습니다. 주일부터 시작되는 집회, 영어캠프, 목요일에 구로에 있는 한 교회 청년부 수련회를 인도하고 금요일에 떠납니다. 곧 뵙겠습니다. 꼭 승리하세요, 그리고 선포하세요. 홍해의 법칙을 잊지 마세요. 애굽 군대 앞, 절체절명의 순간이 가장 놀라운 은혜의 순간입니다.

엘리트와 리더

주님이 이 땅에 교회를 세우신 지 2천 년이란 세월이 흐르는 동안, 교회는 세상과 어떤 관계를 가져 왔을까요? 초대교회사에서 교회는 세상의 무시무시한 핍박을 받은 까닭에 양립할 수 없는 적대관계였습니다. 그러나 4세기 초 크리스천 황제인 콘스탄티누스 대제가 로마의 황제로 등극하면서 교회와 세상은 퓨전이 되어 버렸습니다. 그리고 천 년이 넘는 동안 교회와 세상은 동반관계로 중세기를 보내게 됩니다. 그러는 동안 안타깝게도 세상은 교회를 타락시켰고, 교회는 세상을 병들게 하고 말았습니다. 16세기 초 종교개혁과 함께 교회는 스스로를 정결케 하기 위해 세상으로부터 탈피를 선언했고, 그때부터 서서히 세상과 교회 사이엔 건너기 힘든 골이 파여 갔답니다. 세상은 교회의 종교적 위선을 질타했고, 교회는 세상의 죄성을 단죄했습니다. 세상은 교회의 촌스러움과 권위주의를 비웃었고, 교회는 세상의 타락한 유행과 문화에 질끈 눈을 감아 버렸습니다.

다시 2천 년 전 초대교회를 생각해 봅니다. 초대교회가 그토록 무서운 핍박을 받으면서도 놀라운 성장을 하고 그토록 힘 있는 사역을 감당할 수 있었던 이유는 오직 하나, 철저하게 준비된 성령 충만한 리더들 때문이었습니다. 시대의 엘리트가 아니고 리더입니다. 엘리트는 자신이 성공하는 사람이지만 리더는 남을 성공시켜 주는 사람입니다. 지금 우리가 보는 올림픽처럼, 금메달 선수 뒤에는 금메달 코치가 있습니다.

리더십은 힘이 아닙니다. 권총 든 강도도 힘은 있습니다. 그러나 힘이 있다고 강도를 리더라고 하지 않습니다. 리더십은 지위가 아닙니다. 그리고 꼭 전문가라고 할 수도 없습니다. 진정한 리더십은 내가 얼마나 위대한 업적을 이루었느냐가 아니라 얼마나 다른 사람이 위대한 일을 행할 수 있도록 도왔느냐로 판단하는 것입니다. 리더가 된다는 것은 자신이 꽃이 되는 것이 아니라 한 알의 밀알로 썩음으로써 다른 이가 열매를 맺게 해주는 것입니다.

사울은 엘리트였습니다. 다윗은 리더입니다. 엘리트인 사울이 아니라 리더인 다윗이 통일 이스라엘 왕국의 기초를 놓았습니다. 바로 그는 하나님의 마음을 아는 사람이었습니다. 교회는 세상의 엘리트가 아니라 리더를 만드는 곳입니다. 우리 모두가 다시 하나님의 마음에 집중하여 바른 리더를 세우는 교회가 되어야겠습니다.

SEAM 중고등부 전도집회
(Soup House)

믿음의 표징 1

　믿음의 사람들에게는 믿음의 징표가 있습니다. 사물에는 각각 그 표징이라는 것이 있습니다. 봄은 봄의 색깔이 있고, 가을에는 낙엽이 물이 들고, 그 낙엽이 다 떨어지면 겨울이 옵니다. 믿음의 사람은 비상시에 그 믿음의 진가가 나타나게 되어 있습니다. 모든 상황에, 어떤 환경에서도 감사할 수 있는 믿음, 믿음이 바로 감사입니다. 저는 홍해의 법칙을 나누면서 모세의 매력에 푹 빠졌습니다. 모세, 그는 정말 하나님의 걸작품이었습니다. 그의 믿음의 진가가 무엇인가를 배워 믿음의 사람으로 살아야 되겠습니다.

　믿음의 사람은 문제 앞에서 즉각 기도합니다. 음식은 40일을 안 먹어도 살 수가 있습니다. 그러나 물은 며칠만 마시지 않으면 위험합니다. 더구나 태양이 작열하는 사막에서 물을 며칠간 마시지 않았다는 것은 곧 죽음을 의미합니다. 200만 명 이상 되는 사람들과 생축들이 목말라 죽게 되었습니다. 살려 달라고……책임지라고…… 다들 아우성입니다. 이런 상황에서 모세는 여호와께 부르짖었다고 했습니다. 부르짖었다는 것은 필사적으로 기도했다는 것입니다.

에스더도 온 유대인이 하만의 궤계로 죽게 되었을 때 '죽으면 죽으리라'는 자세로 금식하며 기도했습니다. 다니엘도 비상시에 사자굴에 들어갈 것을 각오하고 기도했습니다. 비상시에 당황하거나 원망하지 않고 기도하는 사람이 바로 믿음의 사람이라는 것입니다. 문제 앞에서 하늘을 바라보지 못하는 사람은 믿음이 없다는 증거입니다. 나라가 위태로우면 비상계엄령이 선포됩니다. 믿음의 사람은 위기가 닥쳐오면 기도의 계엄령을 선포해야 합니다.

지도자 모세와 백성들의 다른 점이 무엇입니까? 백성들은 문제 앞에서 원망하였다는 것이고, 모세는 기도했다는 것입니다. 이것이 믿음 있는 자와 없는 자의 차이입니다.

에덴 동산에 문제가 생겼습니다. 아담은 하와를 원망하였고, 하와는 뱀을 원망했습니다. 책임지고 기도하는 사람이 없이 원망하는 사람만 있으니까 사건이 해결되지 않았던 것입니다. 이것을 두고 콩가루 집안이라고 하는 것입니다. 하나님이 가죽 옷도 준비해 두셨는데 기도하다가 받은 선물이 아니라 죄짓고 받은 선물이라 감히 얼굴을 들지도 못했지 않습니까?

기도할 것들이 참으로 많습니다. 벌거벗은 채로 있는 것은 아담과 하와로 족합니다. 우리는 기도함으로 삶의 여유를 가집시다. 삶의 여유는 돈이 주는 것이 아니라 기도가 줍니다. 기도함으로 운명을 다스리는 믿음의 사람이 되시기를 축복합니다.

믿음의 표징 2

믿음의 사람들에게는 믿음의 징표가 있습니다. 첫 믿음의 징표는, 믿음의 사람은 문제 앞에서 즉각 기도한다는 것입니다. 느헤미야는 리더였습니다. 그는 순간에 하나님께 묵도함으로 위기를 기회로 만드는 사람이었습니다.

믿음의 사람의 두 번째 징표는 순종한다는 것입니다. 모세와 이스라엘 사람들이 광야에서 물 문제로 다투게 되었습니다. 백성들이 모세를 돌로 치려고 했다고 성경에 기록되었을 정도로 심각한 상황이었습니다. 하나님께서는 모세에게 성난 백성들 앞을 지나 지팡이를 들어 반석을 치라고 명령하셨습니다. 생각해 보십시오. 모세도 사람인데 돌이 왔다 갔다하는 데모 현장에서 겁이 나지 않았겠습니까? 그러나 모세는 말씀에 순종했습니다.

감사의 다른 이름은 순종입니다. 하나님께서 모세에게 우물을 파라고 하신 것이 아니라 자기를 돌로 치려는 열 받은 백성들 앞을 지나가서 우물과 정반대인 반석을 치라고 했을 때 그대로 순종하는 용기를 보여주었습니다. 이것이 순종입니다. 위험이 있지만, 죽을지 모르지만 하는 것입니다.

시편 147편을 묵상하였는데, 하나님은 흩어진 자들을 모으시는 분이라고 자신을 표현하셨습니다. 우리는 성전에 모이는 자들이 되어야 합니다. 성전을 자주 밟으십시오. 사랑함에 최고의 표현이 무엇입니까? '너와 평생 같이 있고 싶다' 아닙니까? 하나님을 사랑하겠다면서요? 말로만이었습니까? 사랑하는 남녀가 데이트를 합니다. 헤어질 때가 되었습니다. 그럴 때 뭐라 그럽니까? '우리 내일 또 볼 수 있을까?' 그래야지 '내년에 봐' 그럽니까? 그 말은 그만두자는 얘기지요. 주님과 사랑에 빠졌는데 일주일에 한 번으로 되십니까? 주님과 함께하고자 하는 열망, 이것이 믿음입니다. 그럴 때 감사가 있고, 기쁨이 있는 것 아니겠습니까?

연애하던 시절이 생각납니다. 불꽃과 불꽃의 만남이었습니다. 업스테이트 학교기숙사에서 우드사이드까지 보고 싶어 내려오고, 내려와서 다시 올라가고 또 내려오고, 만나고 기숙사로 가면서 코피 흘리고……그래도 기쁨이 있었던 것은, 그런 열정이 있었던 것은 바로 그것이 사랑이었기 때문입니다.

우리 교회의 로고에 큰 불꽃 둘이 있습니다. 하나는 예배, 또 하나는 선교입니다. 우리가 함께 모여 예배할 때 마음이 모아지는 것입니다. 선교 '하자! 가자!' 한다고 세상이 변화됩니까? 이는 우리 교회를 향한 하나님의 비전이 있으시다는 겁니다. 하나님께서 먼저 우리 하은교회에 프러포즈하시는 겁니다. 내일 또 보자, 우리 예배시간에 보자, 새벽에 만나자. 그 시간에 우리가 응답할 때 우리 안에 감사가 넘치는 것입니다. 성전을 받아서가 아니라 내가 비록 준비되지 않았더라도 맨발로 뛰어나갈 수 있는 순종의 용사들이 되시기를 축원합니다. 믿음의 사람은 순종의 사람입니다. 성전에 모이는 일에 순종해 보십시오. 그리고 내 삶에 어떤 변화가 있는지 지켜보십시오. 놀라운 일들이 있을 것입니다.

새가족 환영회

단체 낚시

중고등부
Senior Banqnette

믿음의 표징 3

중고등부 수련회
(Kingdom Retreat)

내가 믿음의 사람인가 아닌가는 교회에 다니느냐 안 다니느냐로 확인하는 것이 아닙니다. 믿음의 사람에게는 몇 가지 징표가 있는데 첫째는, 문제 앞에서 즉각 기도한다는 것입니다. 기도는 위기의 순간마저 기회로 변하게 합니다. 둘째는, 순종하는 사람입니다. 딱딱한 반석을 치라 할 때 순종하였던 모세의 믿음을 통하여 생수가 터져 나왔습니다. 셋째는, 하나님의 기적을 기대하는 사람입니다.

후안 까를로스 오르티즈 목사님의 책 중에 《하나님 저에게 기적이 필요합니다》라는 책이 있습니다. 우리는 하나님의 기적이 없이는 하루도 살아갈 수 없는 존재들입니다. 아무리 노력해도 해결되지 않을 것 같은 가족 구원, 가정의 화합에 하나님의 기적이 필요합니다. 끊임없이 계속되는 나의 죄의 문제 해결에도 하나님의 기적이 필요합니다. 기적은 감사를 만드는 필수재료입니다.

　기적은 바로 우리의 입술에서 먼저 시작되는 것입니다. 감사는 우리의 입술에서 나옵니다. 그런데 우리의 입술에서 원망이 나옵니다. 그 이유는 눈 때문입니다. 우리의 눈이 잘못된 것을 보기 때문입니다. 부정을 보지 않는 예수님의 눈을 가져야 합니다. 누구를 보든지, 무엇을 보든지 회복의 관점에서 장점을 봅시다. 우리의 눈으로 한심한 꼴을 봤을 때 '이 빌어먹을 놈아' 그러지 마시고 예수님의 시각으로 얼른 바꾸어서 '이 엎어져도 다시 일어설 놈아, 공부는 못해도 사업을 잘할 놈아, 성질은 못 되도 시집을 잘 갈 기집애야' 이렇게 인정해 줍시다. 그러면 싸울 일이 없이 서로에게 감사가 넘치고 화평의 강물이 넘쳐나지 않을까요? 그다음 우리 귀를 엽시다. 세상에는 닫고 말씀에 우리의 귀를 여는 겁니다. 말씀에만 열리면 우리의 입술은 감사가 끊이지 않게 되어 있습니다. 말씀에 가끔씩 열리니까 이해가 안 되고 시험이 오는 것입니다.

　이제 증명해야 합니다. 하나님이 왜 주일을 한 번 주시고 세상의 삶을 6일 주셨을까요? 실험하라고요. 황우석 박사가 잘못한 것이 무엇입니까? 실험을 성공하지 못했습니다. 이론뿐이라는 것입니다. 생명의 삶은 커피 마시면서 아침 출근 전에 읽는 QT 책이 아니라 삶에서 말씀을 실험하며 사는 것을 말하는 것입니다. 기적을 기대하고 순종하며 기도하는 삶 말입니다. 문제 앞에서 원망하지 말고 기도로 문제를 풀어나가시기를 축복합니다. 세상에서 제일 먼 거리가 머리에서 가슴이라지요? 오늘 우리에게는 가장 가까운 거리로 바꾸어 우리의 삶에서 믿음의 사람인 징표를 세상에 보이시는 하온 가족들이 되시기를 축원합니다.

벼락치기

영어로 '벼락치기'를 'Procrastinate'라고 합니다. 이 말의 본래 의미는 희한하게도 '미루어둔다'는 뜻입니다. 풀이하자면, 매일매일 순간순간에 해야 할 일에 최선을 다하지 않고 미루어두면 나중에는 결국 벼락치기를 할 수밖에 없다는 뜻입니다. 우리가 경험으로 알듯이 벼락치기해서 성공하는 비율은 극히 낮습니다. 설사 성공한다 해도 그것이 오래가지 못합니다. 벼락치기해서 시험을 보면 성적은 올릴 수 있을지 몰라도 지식으로 남지 않습니다. 급조한 공사는 부실공사가 되기 쉽고, 급조된 성과는 조그마한 위기에도 쉽게 무너져 내립니다.

매 순간 최선을 다하라는 말은 현재의 시간에 투자함으로써 미래의 승리와 안전을 확보하라는 말입니다. 내가 한 시간 차를 정비하는 데 투자하면 나중에 하이웨이에서 차가 멈춰 그 몇 배나 되는 시간을 낭비하는 것을 예방할 수 있습니다. 지금 몇 달 확실하게 기본기를 배워 놓으면 나중에 난이도가 높은 기술을 훨씬 짧은 시간에 습득할 수 있게 됩니다.

　병원의 의사들은 후배들에게 '틈새교육'을 강조한다고 합니다. 선배 의사가 어떻게 환자를 다루는지, 수술을 하는 모습, 움직이는 것 등을 철저히 관찰하고 배워두라는 것입니다. 자기 일이 아니라고 해서 대충대충 넘어가면 나중에 비상상황이 벌어졌을 때 당황해서 실수하기 십상이라는 것입니다. 그 결과는 치명적이 됩니다. 평소 틈틈이 실력을 다져 놓아야 위기의 순간이 닥칠 때 제대로 대처할 수 있습니다.

　평소에 내가 하나님과의 관계를 깊이 다져 놓으면 진짜 위기의 순간에 나를 지켜 주는 든든한 영적 토대가 됩니다. 평소에 차곡차곡 읽어 두었던 성경 말씀들이 내가 폭풍의 때를 맞았을 때 번뜩이는 지혜와 말할 수 없는 격려를 주는 경험을 수도 없이 합니다. 매일 조금씩 쌓아 놓는 기도의 힘이 모진 시련의 비바람이 닥쳐올 때 흔들리지 않는 영혼의 내공이 쌓이게 됩니다.

　평범해 보이는 오늘 한순간 한순간을 아무렇게나 넘기지 맙시다. 전혀 예기치 않았던 미래에 우리는 엄청난 시간의 적금을 타게 될지도 모릅니다. 예전에는 기도 못하게 핍박이 있었는데, 지금은 기도할 수 없을 정도로 정신없이 바쁩니다. 기도가 가장 쉬운 일, 가장 평범한 일상이 되어야 합니다. 어려울 때 적금을 타면 큰 힘이 됩니다. 지금이 어려운 때 아닙니까? 기도의 적금을 타셔서 풍요로움이 넘치시길 축복합니다.

한글 성경 번역 이야기

알아두면 좋을 것 같아 써 보았습니다. 우리 하은교회가 수준이 있는 교회이길 기대하면서 최초의 한글 번역 성경은 1882년 출판된 〈예수성교 누가복음젼셔〉입니다. 이 성경은 만주에서 로스 선교사와 한국인 조력자의 도움으로 번역되었습니다. 최초의 번역에서 하나님을 '하느님'으로, 그리스도를 '키리스토'로, 세례를 '밥팀네'로 표기했습니다. 그리고 1887년에 비로소 신약성경이 완역되었습니다. 이 성경이 순한글로 번역된 〈예수성교젼셔〉인데, 보통 〈로스역 성경〉이라고 불리고 있습니다.

1885년, 일본에서도 한글 성경이 번역되는데, 지금의 외교통상부에 해당하는 통리외무아문의 관리였던 이수정에 의해서입니다. 언더우드와 아펜젤러가 일본을 경유하여 한국으로 입국할 때 가지고 온 성경이 바로 이 마가복음 번역본이었습니다. 우리나라는 선교사가 들어와서 성경을 우리말로 번역한 것이 아니라 이미 번역된 성경을 선교사가 가지고 들어온 경우로, 이것은 선교 역사상 전무후무한 일입니다. 이 성경은 하나님을 '천주'로 번역하였습니다. 아마도 천주교도들이 이미 사용하고 있었기 때문에 그대로 사용하기로 한 것으로 보입니다.

한국에 들어온 선교사들을 중심으로 성경 번역이 계속되었는데 1906년에 공인 역본 〈신약전서〉가 출판되었습니다. 그러다가 1938년 구약과 신약이 합본된 〈성경개역〉이 출판되었습니다. 이 공인역 개정 성경이 1952년 한글 맞춤법 통일안에 의거하여 수정을 거친 뒤 〈성경전서 개역한글판〉이란 이름으로 간행되었고, 새로운 맞춤법에 따라 일부 수정하여 오늘에 이르기까지 한국교회가 가장 오랫동안 사용하는 성경이 되었습니다.

해방 이후 성경의 새로운 번역에 대한 관심이 일자, 대한성서공회는 신약성경의 새번역을 시도했습니다. 1967년 12월 15일에 신약이 완역되어 〈신약전서 새번역〉이 간행되었으나 번역진이 진보적인 학자들로 구성되어 있었으므로 한국교회 전체의 지지를 받지 못했고, 강단용으로 사용되지 못했습니다.

1968년 2월 15일 신구교 '성경번역 공동위원회'를 구성하면서 공동번역을 시작했습니다. 이 공동번역은 1977년 신약에 이어 구약까지 완역되어 그해 부활절을 기해 〈성서〉라는 이름에 부제로 〈공동번역〉이라는 표제를 붙인 소위 공동번역성서가 대한성서공회에서 출판되었습니다. 그러나 개신교는 '하나님', 천주교는 '하느님' 표기의 문제로 결국 이 성경은 지지를 받지 못하고 강단용으로 채택되지 못했습니다. 그러나 천주교에서는 이 성경을 공식 성경으로 사용하고 있습니다.

이제는 성서공회가 아니라 일반 출판사에서 성경을 번역하여 출판하게 되는데 현대어 성경1985년, 쉬운 성경2001년, 우리말성경2004년입니다. 특별히 〈쉬운성경〉은 국내 최초로 원문 마소라 본문인 아세르의 본을 직역한 것입니다.

1938년 개정된 이래 재개정되지 않은 개역한글판이 오늘의 젊은 세대들이 이해하기 어렵고, 또 번역상에서도 몇 가지 문제가 제기되어 새로운 번역에 대한 요구가 있었습니다. 이런 요구에 부응하여 한글개역성경을 개정해야 한다는 여론이 제기되었습니다. 이 성경에서는 어려운 한자어를 쉬운 말로 고치고, 문법이나 어법이 맞지 않는 경우를 수정하였고, 어색한 말을 다듬는 등 국어학적인 개정과 함께 장애인에 대한 차별적인 용어도 수정했습니다. 여러 가지 논란이 있었지만, 현재 대한성서공회가 최근 교단별 성경활용 현황을 분석한 결과 85~90퍼센트가 개역개정판을 사용하고 있는 것으로 파악됩니다.

이 개역개정이 우리 교회가 사용하고 있는 성경입니다.

성지순례

한마음으로 여는 찬양축제

교회는 하나님의 꿈입니다. 그래서 교회는 사명공동체, 즉 하나님의 사람들이 모여 일을 하는 Working Community입니다. 그럼 교회는 무슨 일을 할까요? 하나 되는 일을 해야 합니다. 오늘 우리는 그 하나 되는 일을 합니다. 이 찬양제는 1년 전부터 기획하고 준비한 사역입니다. 날을 정하고, 섭외하고, 기획하고, 포스터와 프로그램을 제작하고, 그리고 많은 분들이 후원해 주셨습니다. 한두 분의 후원이 모아져서 벌써 5,000달러가 넘는 후원금이 모아졌습니다.

위대한 역사는 작은 다락방에서 이루어지는 것 같습니다. 우리 교회는 이런 찬양축제를 할 만큼 크지도 화려하지도 않지만 오직 한 가지, 이 일로 인하여 하나 됨을 꿈꾸고 우리 교회와 이웃의 어른들을 섬기는 사명으로 준비하였습니다. 오늘 그 마음으로 함께하여 주십시오.

분명한 목적은 효도관광입니다. 더 깊은 것은 효도관광을 통해 온 교회의 마음을 모으는 것입니다. 이 일은 돈이 필요합니다. 그래서 후원금을 모았습니다. 많은 분들이 참여하여 주셨습니다. 행사가 끝났다고 후원을 멈추지 마십시오. 효도관광을 10월에 가게 되는데 그때까지 후원하여 주시면 감사하겠습니다. 그 마음을 드리고자 이번 찬양축제를 준비한 것입니다. 그리고 행사에 적극적으로 참여하여 주셔서 감사합니다. 다섯 달란트 받은 자의 복이 임하시기를 축원합니다. 가지신 달란트를 숨기지 않으시고 기꺼이 연주, 찬양, 그리고 연극으로 섬겨 주셔서 감사합니다. 또한 이 일은 보이는 것보다는 보이지 않는 곳에서 더 많은 일들이 이루어지고 있습니다. 오늘도 보이지 않는 곳에서 땀 흘리며 섬기시는 모든 봉사자 위에 하늘의 상급이 크게 있기를 축원합니다.

이제는 여러분이 참여해 주셔야 합니다. 다른 교회 일도 아니고 우리 교회 축제입니다. 여러분이 모른 체하시고 무관심하시면 안 됩니다. 그리고 우리가 주인입니다. 주인은 손님을 초청해 놓고 가만히 있지 않습니다. 손님 맞을 준비를 해야 합니다. 굉장히 많은 손님들이 오실 것으로 예상이 됩니다. 오늘만큼은 1시간 일찍 오셔서 주변 환경을 준비하여 주시면 감사하겠습니다. 교회는 화장실이 제일 깨끗해야 합니다. 의자도 더 놓아야 하고, 시스템도 점검해야 하고, 음식도 준비해야 하고, 우리가 오전에 사용하여서 조금 어지럽혀진 것을 정리하여 오신 손님들에게 최상의 것이 아니라 최선의 모습을 보인다면 그중 한 사람이 놓쳤던 신앙을 회복할 수도 있고, 믿지 않았던 분이 구원을 받을 수 있는 기회가 생길 것입니다.

찬양축제는 복음의 기회요, 선교의 기회입니다. 그냥 효도관광을 위한 선교회의 1년 사업이 아닙니다. 우리 모두가 한마음으로 하나님의 소원, 한 영혼이 주께로 돌아오는 일에 힘쓰는 날이 되었으면 좋겠습니다.

우리 교회는 참 좋은 교회입니다. 하나님의 뜻, 하나님의 소원을 이루는 데 힘쓰는 교회이기 때문입니다.

이 사명을 위해 기쁜 마음으로 후원하여 주시고, 행사를 준비하여 주신 모든 분들께 진심으로 사랑하고 존경하고 고맙습니다. 이런 교회를 섬기게 하신 하나님께 영광을 돌립니다.

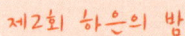
제2회 하은의 밤

제2회 효도관광

면류관을 갈망하는 인생(설교 번외편)

요즘 드라마 '번외편'이라는 것이 유행하더라고요. 저도 설교를 준비하며 얻은 은혜 가운데 지난 3주 동안 나누지 못한 것을 모아 이 지면을 통해 살짝 나누어 보려고 합니다.

다윗은 그의 삶에서 웅덩이와 수렁을 수없이 만났습니다. 사망의 음침한 골짜기가 그 앞에 있었습니다. 그러나 하나님께서는 그를 건지셨습니다. 다윗을 건지신 하나님은 반드시 우리도 웅덩이와 수렁에서 건지심을 믿습니다.

다윗은 시편 40편 2절에서 "나를 기가 막힐 웅덩이와 수렁에서 끌어올리시고"라고 고백했습니다. '끌어올리시고'란 말은 이미 빠졌다는 말입니다. 우리는 자주 웅덩이와 수렁에 빠집니다. 우리가 사는 곳곳에는 빠질 만한 함정이 수두룩합니다. 그리고 그 웅덩이는 '기가 막힐 웅덩이'였습니다. 기가 막히다는 것은 죽음을 의미하는데, 기가 막힌 웅덩이가 함께 쓰일 때는 무덤이라는 말로 쓰이게 됩니다. 죽음의 함정에서도 우리를 건져 주실 것입니다.

누가복음 17장 1절에 "예수께서 제자들에게 이르시되 실족하게 하는 것이 없을 수는 없으나 그렇게 하게 하는 자에게는 화로다"라고 합니다. '실족'(失足)은 발을 잃는다는 뜻입니다. 발을 잃으면 나아갈 수 없고, 넘어지게 됩니다. 발을 잃으면 길을 잃습니다. 가고 싶어도 못 가고, 갈 곳을 알 수도 없습니다. 실족사란 말이 있습니다. 등산가가 등반하산 중 실족사하였다고 합니다. 실족은 단순히 쓰러지고 넘어지는 것이 아니라, 실족 그 자체가 죽음을 의미합니다. 특히 성경에서 말하는 실족이란 죽음을 뜻하며 파멸을 의미합니다.

우리가 흔히 어디에 '발을 들여놓았다'는 말을 합니다. 사업에 발을 들여놓았다, 연예계에 발을 들여놓았다. 발을 들여놓았다고 하는 것은 그 일을 시작하였다거나, 그 일에 깊이 빠졌다는 것을 말합니다. 발을 어디에 들여놓느냐 하는 것은 생명이 걸린 문제입니다. 세상이 흘러가는 대로 가만히 두면 우리의 발은 웅덩이와 수렁에 빠집니다. 왜냐하면 세상은 우리 발을 웅덩이와 수렁으로 인도하기 때문입니다.

그래서 하나님은 우리의 발을 반석 위에 두사 견고하게 하십니다. 시편 40편 2절을 보면 "내 발을 반석 위에 두사 내 걸음을 견고하게 하셨도다"라고 합니다. 우리의 걸음을 견고하게 하는 것은 하나님의 축복입니다. 발이 견고함은 건강한 표시이고, 하나님의 축복이며 은혜이며 감사의 조건입니다. 일반적으로 몸이 약해지면 다리에 힘이 풀립니다. 사람이든 동물이든 바로 서지 못하면 끝납니다. 발이 견고한 것이 그래서 중요한 것입니다.

하나님께서는 우리의 발을 그런 사망의 길이 아니라 든든한 반석 위에 두십니다. 하나님은 우리의 발을 견고하게 하시고, 세상의 웅덩이와 수렁에 빠지지 않게 하십니다. 고린도후서 4장 8~9절에는 "우리가 사방으로 우겨쌈을 당하여도 싸이지 아니하며 답답한 일을 당하여도 낙심하지 아니하며 박해를 받아도 버린 바 되지 아니하며 거꾸러뜨림을 당하여도 망하지 아니하고"라고 합니다. 하나님께서 우리의 발을 반석 위에 두셔서 우리를 견고하게 하실 것입니다.

자, 이렇게 면·갈면류관을 갈망하는 인생을 모두 마쳤습니다. 그러나 삶은 이제부터 시작입니다. 썩지 않는, 그리고 생명의 면류관을 갈망하며 이민생활의 성공을 이루시기를 축복합니다. 할렐루야!

야외예배

뷰티풀 마인드

두 사람이 암으로 고통을 당하고 있습니다. 한 사람은 괴로워하며 절망하는데 다른 한 사람은 주위 사람들에게 희망을 이야기하고 있습니다. 병은 같지만 마음은 다릅니다.

두 사람이 재정적으로 넉넉지 못한 생활을 하고 있습니다. 한 사람은 질투와 불만이 쌓여 갑니다. 다른 한 사람은 감사와 섬김으로 밝게 빛납니다. 그들의 수입은 같지만 마음은 다릅니다.

두 사람이 하나님을 섬기며 살고 있습니다. 한 사람은 "내 모든 생각 속에는 하나님이 들어올 자리가 없다"라고 말하고, 다른 사람은 "주님, 언제나 당신을 내 안에 모십니다"라고 고백합니다. 하나님께서는 두 사람에게 동일하게 다가가시지만 그들의 마음은 각각 다릅니다.

우리는 모두 목소리를 듣습니다. 어떤 목소리는 뒤틀리고 파괴적입니다. 어떤 목소리는 사랑과 진리의 말을 합니다. 내가 귀를 기울이는 목소리에 따라 내 삶이 형성되는 것입니다. 우리가 귀를 기울여야 할 하나의 소리가 있습니다. 예수님은 "자기 양을 다 내놓은 후에 앞서 가면 양들이 그의 음성을 아는 고로 따라오되 타인의 음성은 알지 못하는 고로 타인을 따르지 아니하고 도리어 도망하느니라"요 10:4~5고 말씀하셨습니다.

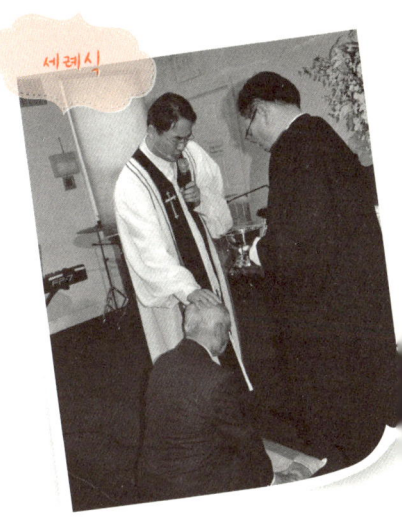

바울은 로마 교회 교인들에게, "마음을 새롭게 함으로 변화를 받으라"롬 12:2고 했습니다. 잘 읽어 보십시오. '마음을 새롭게 하여 변화하라'가 아닙니다. 오직 하나님만 마음을 변화시키실 수 있습니다. 바울이 디모데에게 말했습니다. "하나님이 우리에게 주신 것은 두려워하는 마음이 아니요 오직 능력과 사랑과 절제하는 마음이니"딤후 1:7라고 하였습니다. 하나님께서 마음속에 계실 때 새로운 생각이 흘러나오기 시작합니다.

하나님은 우리의 생각을 하나도 놓치지 않으십니다. 이제 우리는 선한 것을 쌓아 두는 마음을 갖기 원합니다. 뷰티풀 마인드를 가지고 싶습니다. 하나님께서는 이미 우리 안에서 선한 일을 시작하셨습니다. 선한 마음으로 넉넉히 승리하시기를 축복합니다.

하나님이 몸을 굽히십니다. 그리고 말씀하십니다. 우리가 할 일은 하나님께서 나에게 말씀하신다고 생각될 때 '네'라고 대답하는 것입니다. 우리가 순종할수록 다음에 하나님의 음성을 더 예민하게 들을 수 있습니다. 우리의 마음은 하나님의 채널에 더 잘 맞춰지고 하나님의 말씀을 더 잘 받아들이게 됩니다. 반면에 '아니오'라고 말한다면 갈수록 하나님의 음성을 더 잘 듣지 못하게 될 것입니다.

뷰티풀 마인드, 그것은 순종하는 마음입니다.

모기지 재융자에 관해서

　지난 주일 늦은비 예배 후에 교회 모기지 재융자 안건에 관한 공동의회 결과를 알려드립니다. 5년 전 9월 23일에 우리은행으로부터 168만 달러를 7.75퍼센트에 융자하였고, 박승영 장로님과 윤철혁 장로님, 그리고 양기중 집사님께 각각 개인 융자가 67만 2천 달러가 있었습니다. 전체 235만 2천 달러 중 5년을 지나오면서 53만 1,650달러를 갚을 수 있었고, 남은 182만 350달러를 노아은행으로부터 6.25퍼센트로 재융자 받는 것이 공동의회에서 통과되었습니다.
　이렇게 결정되면 현재 월 상환액이 한 달에 24,000달러인데 13,000달러로 줄어들게 됩니다. 그리고 개인명의 대출금은 모두 상환할 수 있게 되었습니다. 먼저 5년 동안 기다려 주신 두 분 장로님께 큰 감사를 드리고, 함께 이 짐을 나누어 지고자 멍에 헌금에 참여하신 주신 성도들, 그리고 어려운 상황 속에서도 하나님의 것을 철저히 드리고자 믿음을 지킨 우리 하은교회 성도들께 진심으로 감사를 드립니다.

지금도 생각납니다. 아무것도 없이 교회 구입건을 기도제목으로 내어 놓았을 때, 밤중에 한 성도 가정이 찾아와 가지고 있는 것 전부라며 교회를 구입하는 데 사용되기를 원하신다고 헌금하셨을 때 그때 그분들 앞에서 얼마나 울었던지…….

5년 동안 코피 나도록, 입에서 쓴 내 나도록 섬겨 주신 사랑하는 교우들께 머리 숙여 깊은 감사를 드립니다. 분명 하나님께서 하신 일입니다. 그리고 우리의 순종과 믿음의 역사가 함께 만들어 낸 기적입니다. 아무것도 없던 상황에서 5년이 지나 여기까지 오게 하신 하나님께 감사를 드립니다. 이것이 우리의 간증이 되었습니다.

이젠 우리에게 사명이 또 하나 있습니다. 섬기는 교회가 되어야 하겠습니다. 하나님께서 우리 교회에게 한량없이 부어 주신 것은 우릴 통해서 하나님의 복이 흘러가도록 통로로 사용하시고자 하는 뜻이 아닐까요?

교회는 하나님의 꿈입니다. 우리가 하나님의 꿈을 이루기 위해 성도로 부름을 받고 하은교회를 세워 그 꿈을 이루어 가게 하심이 두렵고 떨립니다. 우리가 한마음으로 겸손하게 교회를 섬기고 세상을 섬겨 암흑과 같은 이 시대에 한 줄기 빛이 되기를 소망하며 나아가길 원합니다. 우리를 부르셔서 한 교회를 섬기게 하신 하나님의 뜻이 무엇인지 더욱더 영적인 감각을 민감하게 하여, 새벽마다 부르짖으며 하나님의 마음에 합한 사람(교회)이 되기를 힘써야 할 것입니다. 하은교회 목사인 것이 너무너무 행복합니다.

사역지원서

삶은 신비한 여정이고 예상치도 못한 굴곡들로 가득합니다. 우리 앞에 놓인 길은 우리 모두에게 불가사의한 것입니다. 다음 모퉁이를 지나면 어떤 일이 일어날지 아무도 모릅니다. 아름다운 계곡 속의 평탄한 길일 수도 있고, 다리가 물에 쓸려나가 그 깊은 강을 건널 방법을 찾아야 한다는 사실을 깨닫게 될 수도 있습니다. 길이 사라지거나 갑자기 세 갈래로 나누어져 어디로 가야 할지 모르는 처지에 놓이는 것처럼 보일 수도 있습니다. 하지만 그 길을 아는 분이 딱 한 분 계십니다. 그분에게는 과거, 현재, 미래가 다 같고, 어둠이 낮의 빛처럼 밝습니다. 그분은 우리가 가야 하는 길을 알고 계십니다. 그리고 그 길을 인도하신다고 약속하셨습니다. 그분은 그 약속을 지키실 것입니다.

샌디로 인해 뉴욕은 굉장한 고통을 겪고 있습니다. 전기와 전화, 인터넷, 그리고 자동차 기름까지 우리의 생활에서 이런 것들이 얼마나 깊숙이 자리 잡고 있었는지 이번 어려움을 통해 알게 되었습니다. 교회도, 우리의 가정들도, 그리고 사업체도 큰 어려움은 지나갔지만 또다시 경기의 어려움으로 큰 후유증을 남기지 않을까 또 다른 걱정이 앞서기도 합니다.

《팬인가 제자인가》카일 아이들먼, 두란노란 책에서 저자는 독자에게 묻습니다. 지금 당신은 팬입니까, 제자입니까? 팬은 와서 환호하다가 사라져 버리는 사람이고, 제자는 와서 죽고 섬기는 사람이라고 책은 설명합니다.

그렇다면 여러분은 팬입니까, 아니면 제자입니까? 예수님께서는 오늘 우리를 자신의 팬이 아닌 제자로 부르고 계십니다. "주님, 제가 제자입니다"라는 고백이 우리 가운데 자신 있게 울려 퍼지기를 원합니다.

우리 교회가 18세 이상이 400명 가까이 되어 감에도 봉사와 헌신의 자리에는 늘 한결(?)같습니다. 유치부, 유년부, 그리고 학생과 청년부 곳곳에서 예배와 모임, 그리고 세 번의 식사까지 엄청난 많은 손길이 필요합니다. 식당의 쓰레기는 손님이 줍지 않습니다. 바로 주인이 주워서 버려야 합니다. 하은교회는 우리가 주인입니다. 우리 모두가 내가 가장 잘할 수 있는 일을, 또 해보지 않았지만 한 번 도전해 보고 싶은 곳에서 헌신하실 수 있기를 부탁드립니다.

모였다가 환호하고 흩어져 버리는 팬이 아닌, 와서 섬기고 헌신하는 제자가 되어 보지 않으시겠습니까? 주보에 '사역지원서'를 삽입하였습니다. 꼼꼼히 읽어 보시고 체크해 제출해 주십시오. 같은 아침 이슬을 먹으면서 뱀은 독을 만들지만 벌은 꿀을 만듭니다. 같은 폭풍우 속에서 하나님의 섭리하심을 깨달아 함께 극복하고 이겨 나가야 하겠습니다. 2013년도에도 부흥의 불길을 이어가기 위해 사랑하는 성도 여러분의 적극적인 헌신이 필요합니다.

회의는 짧게 기도는 길게

Sandy에 겨우 정신차리자마자 Northeast로 한방을 더 맞고 보니 어질어질합니다. 하나님께서 우리에게 혹독한 선교훈련을 허락하시는 것 같습니다. 사랑하는 교우 여러분, 눈폭풍으로 가정과 사업체는 괜찮으신지요. 마음만큼은 평안하시기를 기도합니다.

우리 교회는 11월로 한 해의 회계연도를 마감하기 때문에 각 부서의 회의가 바쁘게 진행될 것입니다. 늘 이맘때가 되면 회의 때문에 회의에 빠지곤 합니다. 이번 재난에서 배운 것처럼 미리 대처하면 그나마 피해를 최소화할 수 있기에 우리가 당할 시험을 미리 알아 지혜롭게 대처한다면 회의로 인해 시험에 들고 회의에 빠지는 일은 없을 거라 생각됩니다. 그래서 올해 우리 교회의 목표를 우리의 회의 문화에까지 적용시켜 연말의 각종 회의에도 변화와 성숙을 기대하며 오늘의 칼럼을 씁니다.

회의는 건설적이어야 하고 긍정적이라야 합니다. 교회의 모든 부서는 예수공동체이지, 세속공동체가 아닙니다. 그렇기 때문에 의견을 논할 때도 결의할 때도 '주님이라면 어떻게 하실까?'를 먼저 생각해야 합니다. 주님의 뜻과 배치되고 성경의 가르침과 상반된 의사 개진이나 무리한 결의는 하지 않아야 합니다.

교회를 세우시고, 교회의 주인 되시는 분은 오직 예수 그리스도이십니다. 이것이 바울 사도가 죽는 날까지 외쳤던 교회론입니다. 우리는 그리스도의 몸 된 교회를 맡아 관리한 청지기일 뿐입니다. 주인의 심정에 맞게 교회를 섬기고 있는가를 돌아볼 수 있는 회의가 참 좋은 회의입니다. 그렇다면 회의보다는 기도를 길게 하는 것이 정말 옳은 회의법이라 할 수 있겠습니다. 적당히 구색을 맞추기 위해 회장의 대표기도로 시작하여 새로 뽑힌 신임회장이 폐회기도로 마치는 그런 회의 속에 사탄이 시험이라는 폭탄을 들고 숨어 있음을 기억해 주십시오.

교회의 모든 사역에서 기도는 기본이자 핵심이며 모든 것입니다. 회의를 앞두고도 기도하고, 회의를 하면서도 기도하고, 회의를 마치고도 기도해야 합니다. 기도하면 회의석상에서도 서로를 조금씩 이해하고 배려하려는 노력이 자연스럽게 생깁니다. 기도하면 지혜를 주시고, 기도하면 용서가 되고, 기도하면 너그러움이 생기기 때문입니다. 그렇게 회의하면 성급한 결정보다는 주님의 뜻에 합당한 결정을 하게 됩니다.

사실 초대교회는 의논을 활발하게 하는 교회였습니다. 초대교회의 아름다운 전통을 본받는 것은 회의에서도 훈련이 되어야 가능합니다. 오늘부터 연말당회로 시작해 각 기관총회, 그리고 공동의회로 바쁜 시간들을 보내게 됩니다. 지금부터 철저하게 기도로 모든 회의를 준비하여 회의마저도 성숙되고 변화된 하은교회가 되었으면 좋겠습니다.

추수감사예배

감사, 할수록 깊어지는 마음

Happy Thanksgiving! 여호와의 절기입니다. 절기를 잘 지키는 것이 성도의 마땅한 의무이며, 또한 절기를 통해 하나님께서는 백성들에게 복을 부어 주셨습니다. 많은 어려움이 있었지만 그래도 또 한 번의 추수감사절을 맞게 하신 하나님께 감사드리며, 사랑하는 성도님들의 가정에 하나님의 크신 복이 넘치시기를 기도합니다.

하나님의 절기는 알람 시계가 아닐까 생각해 보았습니다. 꼭 일어나야 할 시간, 스스로 일어날^{깨어날} 자신이 없어 나를 깨우는 장치가 알람이지요. 오늘이 그날입니다. 나를 깨우는 날입니다.

시편 103편 2절에 "내 영혼아 여호와를 송축하며 그의 모든 은택을 잊지 말지어다"라고 했습니다. 은혜를 기억하는 것이 축복입니다. 저는 사랑하는 우리 하은교회 온 교우들이 감사함으로 은혜의 샘이 마르지 않고 넘치시기를 축복합니다. 은혜를 아는 사람이 감사하는 사람입니다. 그리고 감사하는 사람이 더 풍성한 삶을 삽니다.

감사가 좋다는 것은 누구나 잘 압니다. 그런데도 마음만큼, 생각만큼 잘 안 되는 것이 감사이고, 무엇보다 감사를 잊고 사는 것이 우리들의 모습입니다. 감사만 잘해도 신앙생활 잘할 수 있습니다. 신앙생활은 감사를 잘하는 것을 통해서 무르익어 갑니다. 하나님의 백성이 감사를 하는 것은 곧 하나님을 아는 것입니다. 우리가 하나님을 알면 감사할 수밖에 없습니다. 그래서 감사의 알람이 울리는 이날 우리가 잊어버렸던, 우리가 하지 못했던 감사를 회복하는 것은 우리에게 꼭 필요한 일인 것 같습니다. 감사가 회복되고 앞으로 우리의 삶 가운데 감사를 잘해서 신앙생활 잘하는 성도가 되시기를 바랍니다.

감사란 할수록 깊어지는 마음이 있습니다. 또한 감사란 할수록 소망이 생기는 것입니다. 어제가 감사했으면 오늘은 더욱 감사한 일이고, 내일은 더 큰 감사가 기다리고 있을 것입니다.

감사는 우리의 삶에 흔적을 남깁니다. 감사하는 만큼 행복해집니다. 감사하는 만큼 능력이 있습니다. 무능한 사람은 감사를 못합니다. 자기 힘으로 농사짓는 사람 없고, 자기 힘으로 태어나는 사람 없습니다. 이상하지요? 감사는 당연한 것인데 아무나 감사하지 못합니다. 능력 있는 사람이 감사하며 삽니다. 구체적으로 감사합시다. 감사는 우리를 능력 있게 만들 것입니다. 진실한 감사를 통해 능력을 회복하는 성도들이 되시기를 축원합니다.

새해 친교식사는 이렇게

교회는 새해 사역 준비로 분주하게 보내고 있습니다. 그만큼 머리가 더 많이 빠지고 있답니다. 이미 친교실 게시판에 새해 친교식사와 토요만나 신청을 붙여 놓았습니다. 여러 교우들의 적극적인 참여를 부탁드립니다. 본인이나 가족의 생일과 기념일에 교우들과 함께 기쁨을 나누는 일입니다. 나눔을 통해 더 풍성한 것을 경험하게 될 것입니다. 이것이 세상이 이해할 수 없는 신앙의 신비가 아닐까요?

올해는 친교식사를 제공하는 가정이 150달러를 헌금해 주셨습니다. 주일 친교식사에 아끼고 아껴야 300달러가 들어가는데, 올해에도 우리 식구食口들이 무척 늘어났음에도 감사하게도 우리가 풍성히 먹고 12광주리가 남는 싸 가시는 분 포함 기적이 있었습니다. 내년에는 친교식사를 헌신하는 가정이 조금만 더 부담을 해주시면 어떨까요? 가정당 200달러를 헌금해 주시면 부엌살림 하는 데 큰 보탬이 되겠습니다. 아울러 교회 비품이 너무 낭비되고 있습니다. 물 한 컵 마시고 아무렇지 않게 그냥 쓰레기통으로 들어가는 것을 볼 때마다 찢어지는 아픔을 느낍니다. 전도사님께도 아이들에게 교육을 시켜 달라고 당부했지만 어른들께서도 보시면 나무라지 마시고 교회의 비품을 아끼는 것도 헌금이라고 말씀해 주십시오.

친교 봉사에도 변화가 있습니다. 올해에는 두 사랑방이 함께 봉사를 하였습니다. 우리 교회가 예배가 나누어져 있어서 친교의 기회가 없다 보니 사랑방이라도 둘씩 묶어서 봉사를 하면 조금이나마 교제의 기회가 있지 않을까 했는데, 오히려 봉사를 서로 미루는 부작용을 낳고 말았습니다. 그래서 내년에는 한 사랑방이 한 주씩 맡기로 하였습니다. 1월부터 새로 조직된 사랑방이 한 주씩 식사봉사를 맡게 됩니다. 이른비에서부터 늦은비까지 모든 준비와 청소를 해주시는 겁니다. 만약 올해 주님이 오시지 않는다면 한 사랑방이 약 세 번 정도 봉사를 하시게 됩니다. 모든 사랑방에서 최선을 다해 주시리라 믿습니다.

우리 교회는 새벽기도에 목숨 거는 교회입니다. 특별히 토요일에는 만나가 떨어지는 은혜가 있습니다. 한 번씩 토요일에 아침을 함께 나누시고자 하는 가정은 헌신해 주시기를 부탁드립니다. 주일 친교식사는 헌금해 주시고 사랑방에서 준비를 하지만 토요만나는 헌금을 하시는 것이 아니라 직접 만들어서 대접해 주시는 겁니다. 누가 대신해 주지 않습니다. 미국식이든, 한국식이든, 때론 출처가 불분명하든 직접 대접해 주시는 것이 토요만나의 기쁨입니다. 내년에도 오병이어의 기적을 사모하며 온 교우들의 참여를 호소합니다. 빌립보서 4장 19절 말씀을 드립니다. "나의 하나님이 그리스도 예수 안에서 영광 가운데 그 풍성한 대로 너희 모든 쓸 것을 채우시리라." 아멘.

공천

다음 주일 12월 9일에는 점심 식사를 마치고 오후 1시에 2013년 공천위원을 뽑도록 하겠습니다. 공천위원의 역할은 1년 동안 2014년에 세울 임직자와 휴무 중인 장로님을 재공천하는 일입니다. 지난 연말당회에서 2014년에 교회의 일꾼을 세우기로 하였습니다. 특별히 내년에는 교회에 기도가 더 많이 필요한 해가 될 것입니다. 그만큼 저의 머리카락도 빠지게 되겠네요.

이번 공천위원은 9명입니다. 그중 현 당회원에서 2명이 당연직으로 들어가며, 각 기관에서 1명씩 선출됩니다. 공천위원을 뽑아 주실 기관은, 먼저 안수집사회, 권사회, 바나바+스데반, 바울+디모데, 한나+마리아, 드보라+에스더, 그리고 청년회에서 각각 1명씩 총 9명이 선출되어야 합니다.

공천위원의 자격은 올해 12월까지 만3년이 되어야 합니다. 공천후보가 추천이 되면 참석자의 과반수 찬성을 얻어야 하며 2명 이상이 후보가 될 경우, 과반수를 얻으신 분으로 한하여 3차에 걸쳐 다득표자가 공천후보가 되는 것입니다. 이렇게 선출된 공천위원 후보는 12월 16일 주일 공동의회 시간에 인준을 받아야 공천위원이 될 수 있습니다.

 권사회는 본당 지하 자모실, 안수집사회는 찬양대실, 바나바와 스데반은 북카페, 바울과 디모데는 본당 지하 회의실, 한나와 마리아는 유초등부실, 드보라와 에스더는 영유치부실에서 각각 회의를 해주시고, 당회 장로님들께서 각 기관에 들어가셔서 회의를 주관하여 주실 것입니다.

 이 일은 1년 동안 정말 열심히 기도하여 앞으로 이 하은교회를 위해 멍에를 질 준비가 되어 있는 분을 공천하는 일입니다. 결단코 가볍게 여길 일이 아닙니다. 담임목사와 함께 신실하게 섬길 일꾼을 공천하는 일에 전 교인이 기도로 참여하시고 공천에 임해 주시기를 부탁드립니다.

 아울러 드릴 말씀은 사탄은 이 기회를 놓치지 않습니다. 이 일은 교회에서 새벽기도하며 준비할 일이지, 커피 마시면서 삼삼오오 이야기를 하며 할 일이 아닙니다. 이제는 성숙한 교회가 되어 질서와 영성을 회복하여 사탄의 올무를 깨부수고 사명공동체로서의 모습을 하나님께 보여드리는 교회가 되기를 간곡히 권면하여 드립니다. 기도로 준비하여 주십시오.

Healing Breakfast

짬짬이 2013년의 목회 비전을 나누어 드렸습니다. 새해에는 하나님 보시기에 참 좋은 성도와 교회를 목표로 달려갈 것입니다. 특별히 새해는 제게 있어서 제2기 목회의 시작의 해입니다. 그중 처음 것이 지난주에 나누어 드렸던 '선교서약서'입니다.

그리고 야심차게 새롭게 시작하려는 사역이 바로 힐링 블랙퍼스트입니다. 모든 면에서 중요한 것이 균형이겠지요. 목회사역 역시 말씀사역이 중요하다고 해서 심방의 사역을 소홀히 할 수 없고, 소통의 사역이 중요하다고 영성의 사역을 소홀히 할 수 없습니다. 이 사역은 6년 동안의 사역을 뒤돌아보면서 제일 약했던 부분이 무엇인가를 돌이켜보며 반성하면서 세운 사역입니다. 이 사역은 이렇게 운영이 될 것입니다.

먼저, 제일 중요한 사역의 목적은 여러분과 제가 소통하자는 것입니다. 목사와 성도가 만남이 있어야 하는데, 그것이 쉽지 않습니다. 그래서 우리 교회 전 성도의 가정을 만나고 싶어 이렇게 사역을 준비했습니다. 매주 금요일 새벽기도가 끝난 후 6시 30분부터 7시 30분까지 1시간 동안 아침 데이트를 하는 것입니다. 저와 제 아내, 그리고 한 가정씩^{필요하면 자녀를 데리고 오셔도 좋습니다} 아침시간에 힘들었던 신앙의 이야기를 나누면서 위로받는 자리입니다.

이를 위해 열 분의 헌신자가 섬겨 주실 것입니다. 어디에서도 맛볼 수 없는 아침을 대접해 드릴 것입니다. 물론 돈도 받지 않고 팁도 받지 않습니다. 그대신 꼭 엽서를 받으시면 나와 주셔야 합니다. 제가 마음에 드시지 않아도 나오셔야 합니다. 그것이 매너입니다. 절대로 부담 갖지 마십시오. 이 사역이 잘 진행되면 우리 교회 교인들은 적어도 1년에 한 번은 새벽기도 하는 것이고, 적어도 1년에 한 번은 담임목사 부부와 깊은 교제를 나눌 수 있습니다. 1시간만 투자해 주십시오. 새벽의 시간이 제일 쉽습니다. 누구나 이 시간을 낼 수 있습니다. 1년에 딱 하루의 새벽시간, 1시간입니다. 내어주십시오. 이것도 헌신입니다. 저의 헌신과 여러분의 헌신이 합해지면 어떤 일이 일어날까요? 상상할 수 없는 일들이 이 사역을 통해 일어날 것입니다.

어떤 준비도 필요치 않습니다. 꼭 참석하시겠다는 의지, 그리고 열린 마음입니다. 남 이야기를 하지 않습니다. 정치 이야기도 아닙니다. 오로지 나와 하나님의 관계의 이야기입니다. 우리가 함께 만나 천사가 준비하여 준 아침을 먹으며 이야기를 나누는 1시간 동안 하나님은 우리의 문제를 치유하여 주실 것입니다. 기대하며 참여하여 주십시오. 사랑합니다, 아주 많이요.

성탄감사예배

담임목사 목회 평가서

 2006년 12월 17일이 동부한미노회로부터 위임 받아 첫 목회를 시작한 지 6년의 시간이 지나갔습니다. 그리고 1년이 지나 교회를 구입하고 조직의 틀을 세우면서 이런 약속을 했습니다. 목회 1기 6년의 시간이 끝날 즈음에 온 교우들로부터 평가를 받겠노라고 했습니다. 그리고 지난 주일 공동의회에 참여하신 성도들께서 목회평가를 해주셨습니다. 평가는 다음 2기 사역으로 바라는 것을 여쭈어 보면 지나온 1기의 부족한 부분이 그대로 보여지지 않을까 생각했고요. 끝으로 '꼭 점수를 주신다면 10점 만점에 몇 점을 주시겠습니까?' 하는 것이었습니다.
 총 75분이 평가서에 기록을 해주셨습니다. 구구절절 가슴에 새겨야 하는 말씀들이었습니다. 다행히 마이너스나 빵점은 없었고, 최하 2점에서 최고 10점까지 주셨습니다. 75장의 평가서를 목회하는 동안 늘 곁에 두고 보고 또 보면서 목회하도록 하겠습니다.

목사는 하나님에 대해 눈을 뜨도록 인도하는 사람이라고 했는데, 하나님에 대한 굶주림과 목마름을 인식시켜 주는 사람이라고 배웠는데, 하나님께 집중하도록 주의를 환기시키고, 사람이든 상황이든 환경이든 그 안에 계신 하나님께 주의를 기울이도록 하는 사람이 목사이고 이 일을 하기 위해 부름 받은 사람이 목사라고 했는데, 돌이켜 보니 목사라는 타이틀만 있었지 하나님을 향한 극심한 목마름이 없었고, 거룩함을 향한 간절한 목마름이 없음을 발견했습니다.

하은교회 성도들 참 불쌍하다는 생각을 했습니다. 뉴욕에 참 좋은 목회자가 많은데, 초짜이고 그토록 중요한 나이마저 어린 목사에게 오셔서 위로받지도 못하고, 뜨겁게 관심과 사랑도 받지 못하고, 목양도 제대로 받지 못하는 우리 하은교회 성도들을 생각하면 정말 가슴이 아픕니다.

그런데 끝까지 참아 주시고, 사랑해 주시고, 교회에 헌신해 주시니 감사합니다. 우리 하은교회 성도들은 불쌍하지만 하은교회 목사는 참 행복한 사람입니다. 여러분과 함께 신앙생활하는 것이 그렇게 행복하고 기쁩니다. 그렇게 피곤하신데 토요일 저녁에 친교 준비, 그리고 청소를 맡아서 해주시는 것 볼 때마다 제가 얼마나 우는지 아십니까? 정말 감사합니다. 정말 감사합니다. 다음 2기 목회는 저만 행복한 목회가 아니라 우리 하은교회 성도들께서도 행복한 목회를 하도록 노력하겠습니다. 부족하고 흠 투성이인 사람을 목사로 불러 주시고 어떻게 될 줄 모르면서 따라와 주심에 진심으로 감사드립니다.

Goodbye 2012

 사랑하는 나의 절친 2012, 같이 있을 때는 몰랐는데 이렇게 떠난다고 하니 너무 아쉽네. 좀 더 잘해줄걸……. 너 아니? 처음에 널 만나기가 참 부담스러웠다? 어떻게 널 만날까 고민 많이 했어. 다들 그러는데 너 사귀기 힘들다고 하더라고. 친해지기 힘들거라 했어. 그건 그랬어. 너랑 사귀기 쉽지 않았다. 그런데 지나고 보니까 너라는 녀석 괜찮은 친구였어.

 너도 힘들 텐데 따뜻한 햇볕을 주고, 때마다 비를 주고, 가끔은 뭐가 그리 성났는지 나무가 뿌리째 뽑히는 바람도 불었지만 말이야. 속상해서 펑펑 운 적 있지? 그 때문에 곳곳에 물난리가 났는데 너 그때 왜 그렇게 울었니? 너 때문에 우리 교회에 비가 새서 얼마나 힘들었는지 알아? 이젠 울더라도 적당히 울어, 이 친구야.

 친구야, 올해 태어난 우리 교회 아기들 있지? 어떻게 하냐……보고 싶어서……. 걱정하지 마, 우리가 믿음으로 잘 키울게. 그래, 그래, 더 기도하고, 아이들 보는 앞에서 안 싸우고, 더 많이 웃고, 성경 읽어주며 키울게. 아이들 데리고 예배한다고 교회 지하방에서 떠들곤 했는데 이젠 진실한 예배자가 될게. 정말이야.

　너, 나 알지? 2011년도 포기한 나야. 그런데 2012년 너 만나고 나 변했다! 나 아는 사람들이 다 그래 나 변한 것 같다고, 성숙해 보인다나 뭐라나. 우리 정말 힘들었잖아. 그럼에도 너 만나고 나 이만큼 변했어. 다 네 덕분이야, 고마워. 너에게 너무 까다롭게 했던 것 미안해. 그런데 있잖아, 한 가지 부탁이 있어. 우리 처음 만날 때 네가 데려온 애 있지? 불경기란 녀석. 너 갈 때 걔 좀 데려가면 안 되겠니? 물론 잘 품고 가야 되겠지만, 걔는 좀 심한 것 같아. 우리 교인들, 아니 내가 아는 뉴욕 사람들 다들 걔 욕하더라. 사실 뭐 우리도 할 만큼 했다. 그러니 걔 좀 데려가고 성격 괜찮은 친구로 좀 보내줘. 널 보내면서 참 많이 후회하고 있어. 하나님이 우릴 사랑해서 널 보내주셨는데 하루하루 너를 통해 하나님께 성실하게 살지 못했어. 이제는 성실하게 살 거야. 하루하루 기도로 시작하고, 말씀 줄 놓지 않을 거야. 다른 사람이 보더라도 그리스도인처럼 살 거고, 하나님 보시기에 정말 좋은 성도가 될 거다. 힘든 내 성격 다 받아주고, 밤마다 잠 잘 자게 해주고 또 아침이라고 깨워 주고, 내 곁에 있어 줘서 고마워. 덕분에 한 살 더 먹었지만 네가 먹은 것에 비하겠어? 친구야, 떠나면서 기도해 줘. 새 친구 2013년 만나 더 행복하고 더 깊은 신앙생활하고, 더 잘 참는 내가 되게 해달라고……

　Good Bye 2012~.

3부

2013
보시기에 참 좋았더라 (창 1:31)

참 좋은 제자

책을 읽어 보니 옛날 성당 기사단은 이상한 방식으로 세례를 받았다고 합니다. 기사는 검과 함께 세례를 받되 검은 물에 담그지 않고 몸을 물에 담근 상태에서 손을 높이 들어 칼에 물이 묻지 않게 했다고 합니다. 의미는 이렇습니다. "예수님, 저를 드리지만 이 검은 드릴 수 없습니다. 전쟁터에서만큼은 제 뜻대로 할 수밖에 없습니다."

마치 이렇게 들리지 않습니까? "주님, 제가 주님을 따르겠습니다. 그러나 세상에서만큼은 제 뜻대로 하고 교회에서만 따르겠습니다."

예수님께서 전부를 요구하시는 데는 그만한 이유가 있습니다. 우리가 가장 포기하지 못하는 그 한 가지가 그분의 자리를 대신할 가능성이 크기 때문입니다. 다시 말해, 한 가지만 빼고 나머지를 전부 그분께 드린다 해도 그 한 가지가 우상이 될 수 있습니다. 우리가 앞에 계신 예수님을 따라가면서 뒤에 있는 뭔가를 돌아보고 있다면 바로 그것이 우상입니다. 그 한 가지를 포기할 때 마침내 오랫동안 손에 잡힐 듯 잡히지 않던 만족이 찾아올 것입니다.

무엇이 그리스도를 향한 여러분의 충성심을 흔들고 있습니까? 쟁기를 들고서 자꾸만 뒤돌아보고 있습니까? 예수님 앞에 전부를 내려놓을 수는 없습니까?

역대하 16장 9절의 말씀을 드립니다.

> "여호와의 눈은 온 땅을 두루 감찰하사 전심으로 자기에게 향하는 자들을 위하여 능력을 베푸시나니"(대하 16:9).

내 능력이 아니라 여호와의 능력으로 살고 싶지 않으십니까?

윌리엄 보든William Borden이라는 분의 전기를 읽은 적이 있습니다. 억만장자였습니다. 그리고 정말 예수를 잘 믿는 분이었고 참 좋은 제자였습니다. 그런데 모든 것을 다 가질 수 있는 억만장자인 윌리엄이 참 좋은 제자가 되기 위해서는 세 가지가 없어야 했다고 합니다. 첫째, 남김 없이No Reserves, 둘째, 후회 없이No Regrets, 그리고 마지막 셋째, 후퇴 없이No Retreats.

혹시 여러분, 뭔가 가지려고 교회에 다니지는 않으세요? 그러면 참 좋은 제자가 될 수 없습니다. 윌리엄처럼 살아 보면 어떨까요? 이렇게 살아 보면 내가 어떻게 달라질지, 가정과 우리 교회가 어떻게 달라질지 궁금하지 않으세요?

시편 23편 읽고 묵상하기

　리컨 베이커 대위가 조종하던 비행기가 태평양에 추락했을 때 있었던 일입니다. 구조대가 일주일 동안 그를 찾았지만 어디에서도 살아 있다는 조짐은 발견되지 않았습니다. 2주가 지나고 3주가 지나도 찾을 수 없었습니다. 그런데 23일이 지난 후 통나무에 의존한 채 살아 있는 모습으로 발견되었습니다. 그리고 이렇게 이야기했습니다.

　"태평양 한가운데 추락하여 통나무에 몸을 줄로 묶은 채 구조를 기다리는 동안 보이는 것은 망망대해와 끝없는 하늘뿐이었다. 그리고 몸에 와 닿는 것은 작열하는 태양뿐이며, 배가 고프고 목이 말라도 마실 수 있는 것은 짠 소금물뿐이었다."

　그러한 그가 인간의 한계를 넘어 생존할 수 있었던 것은 선한 목자이신 하나님을 믿고 의지하는 신앙 때문이었다고 합니다. 구조를 기다리면서 그는 시편 23편과 마태복음 6장 31-34절 말씀을 계속적으로 암송했다고 합니다. 하나님의 나라와 의를 먼저 구하는 생의 뚜렷한 목적과 선한 목자 되신 하나님께서 그의 약속대로 잔잔한 물가로 인도하실 것을 믿었기에 내일 일을 염려하지 않고 구조의 순간까지 견뎌낼 수 있었다는 것입니다.

주님의 임재는 놀랍습니다. 병과 싸우는 병상에서, 외롭고 고독한 자리에서, 의심과 두려움의 자리에서, 불안과 초조의 자리에서, 슬픔과 아픔의 자리에서 말씀을 생각나게 하시고 그 말씀으로 치료하시는 하나님의 능력은 참 놀랍습니다. 우리 교회에 이런 간증이 늘어났으면 좋겠습니다.

다윗은 인생의 말년에 삶을 뒤돌아보며 여호와 하나님은 자신의 선한 목자이셨다고 고백했습니다. 살아온 경험을 바탕으로 볼 때 하나님은 조금도 부족함 없이 자신의 모든 필요를 채우시는 하나님이셨다고 힘주어 말하고 있습니다. 그런 다윗의 고백이 그에게만 그치지 않고 그대로 우리의 경험이요, 우리의 고백이 되었으면 좋겠습니다.

시편 23편을 읽으십시오. 우리 삶의 모든 문제의 해답이 여기 들어 있습니다. 돌파구가 될 것입니다. 수천 번이라도 읽으십시오. 아예 외워 버리면 더 좋겠습니다. 꿈에서라도 생각나도록 시편 23편을 읽었으면 좋겠습니다.

그리하여 어떤 상황에서도 감사하고, 어떤 상황에서도 찬양하고, 어떤 상황에서도 승리하시기를 기도합니다. 부족함이 조금도 없는 그분 때문에 우리는 고난을 뚫고 일어설 수 있습니다. 나를 가장 사랑하고 아끼는 그분이 내가 쓰러진 채로 그냥 있게 놔두시지 않기 때문입니다.

42일간의 기도순례

"저 멀리 뵈는 나의 시온 성 오 거룩한 곳 아버지 집 내 사모하는 집에 가고자 한 밤을 세웠네. 아득한 나의 갈길 다 가고 저 동산에서 편히 쉴 때 내 고생하는 모든 일들을 주께서 아시리……" '순례자의 노래'라는 옛 찬양입니다. 지금은 잘 부르지 않는 찬양인데 심방을 하면서 이 찬양이 계속 마음속에서 나오더라구요.

순례……. 단어 속에 풍기는 것은 참 힘든 고뇌의 길, 훈련, 인내가 연상되지 않습니까? 우리가 너무 쉽게 신앙생활 하지 않나 하는 생각이 듭니다. 물론 '신앙생활을 꼭 힘들게 해야만 참 신앙인가?' 물으실 수 있겠지만, 적어도 예수 그리스도의 십자가의 능력을 믿는 사람들이라면 기도순례는 각오하여야 하지 않겠나 생각이 듭니다.

나이키 하면 신발이 떠오르고, 몸이 피곤하면 박카스가 생각나듯이 하은교회 하면 새벽기도가 연상된다면 참 행복하겠습니다. 기도는 호흡이라 했습니다. 영적 호흡이 없이 신앙생활 하면 큰일납니다. 협박 하나

할까요? 기도해야 살 수 있습니다. 우리가 사는 길은 기도와 말씀입니다. 이 두 가지의 균형이 깨지면 결코 칭찬받거나 인정받을 수 없습니다.

2월 11일부터 42일간 새벽기도 순례의 길을 떠납니다. 여행길에 같이 가는 사람이 있으면 얼마나 힘이 나는지 모릅니다. 용기를 들고 42일간 가는 순례길에 동참하지 않으시겠습니까? 이 길을 걸어가는 동안 생각지도 못한 은혜가 임할 것입니다. 내가 달라지고 가정이 변화되는 것을 느끼실 겁니다. 교회가 살아나고 놀라운 축복을 경험하게 될 것입니다. 새벽기도 순례는 그런 것을 줍니다. 그래서 귀하고, 아무나 가질 수 있는 것이 아닙니다.

특별히 이 순례기간 동안 교단 이전의 문제를 집중 기도해야 합니다. 아프신 분들이 있습니다. 3월에 아프가니스탄으로 파병 받는 아들이 있습니다. 자녀의 결혼과 진학의 문제가 있습니다. 자녀를 기다립니다. 특별히 이민법 개혁안으로 신분을 기다립니다. 그리고 올해 연말에 교회 일꾼을 세우는 참으로 중대한 일이 있습니다. 이 모든 일들은 기도해야만 열리는 문들입니다. 기도합시다. 42일간입니다. 일주일이 아닙니다. 그래서 순례입니다. 쉽지 않습니다. 그러나 42일이 끝난 부활주일에 말로 형용할 수 없는 감격이 내 가슴을 터트릴 것입니다. 가슴이 터진 적이 있으신가요? 너무 기뻐서, 행복해서 심장이 터질 것 같은 일들이 있으셨나요? 기회가 왔습니다. 기도의 순례 동안 그런 일들을 경험하시게 될 것입니다.

새해 복 많이 받으세요

오늘이 고국의 명절 설입니다. 고향에 가고 싶으시죠? 뉴스 보니 귀성 길이 올해에도 굉장했다고 합니다. 타향살이하는 우리들에게는 명절이면 괜시리 울적하고 허전한 것 같습니다. 그래서 말씀드리는데, 우리도 오늘 함께 모여 설을 보냅시다! 아버지 집이 고향집 아닙니까? 교회가 아버지 집이라면서요? 찬양도 그렇게 하고 기도도 그렇게 하면서. 그러니 오늘 아버지 집에 모여서 설 잔치 한번 벌여 봅시다. 아이들부터 어른에 이르기까지 다 모여서 세배도 하고 세뱃돈 주고, 만두도 빚어 먹으면서 윷도 던져 보고 덕담도 해주고 위로도 해주며 하은가족이 한번 모여 봅시다. 500명이 넘는 우리 가족이 다 모일 수 있는 시간 별로 없습니다. 부끄러워하지 마시고, '온 지 얼마 안 됐는데, 아직 등록도 안 했는데, 아는, 사람도 별로 없는데, 모든 핑계, 변명 내려놓으시고 오늘 한번 같이 잔치를 즐겨 봅시다. 우리 한국 사람은 미국 사람하고 달라서 같이 밥 먹으면서 친해지지 않습니까?

우리가 설 잔치를 하는 또 하나의 복된 이유가 있습니다. 1월 1일이 지나고 한 달이 됐습니다. 새해가 시작되면서 세워 놓았던 계획들이 하나씩 시들어 가고 있을 때입니다. 바로 이때 구정 설을 지키면서 다시 한 번 다짐하고 지켜 가야 하지 않겠습니까? 그런 의미에서 구정은 참 좋은 것 같습니다. 더군다나 내일부터 42일 기도순례가 시작됩니다. 새해 이렇게 신앙생활 해야지 하면서 1월에 새벽기도 3일밖에 하지 못하신 사랑하는 하은교회 가족 여러분, 다시 허리띠를 조이고 사순절 특별새벽기도회를 통하여 기도줄을 다시 잡으시기 바랍니다. 그것이 우리가 미국 땅에서 사는 길입니다.

명절이면 뒤에서 고생하는 며느리가 있습니다. 하은 설 잔치에도 뒤에서 고생하시는 며느리들이 계십니다. 이 잔치를 준비하시느라 그나마 없는 머리 또 빠지신 안수집사회 회장님, 음식 준비하신 우리 사랑하는 권사님들, 준비위원들께 머리 숙여 감사드립니다. 시집살이도 하는데 기쁜 마음으로 봉사 못하겠습니까? 그래도 위로 한 마디, 격려 한 마디 해 주시면 어떨까요? 말하지 않아도 말한 것보다 만 배 효과가 있는 것이 있는데, 그것은 참여하는 겁니다. 떡만둣국 먹을 때까지 자리를 지키는 겁니다. 그러면 너무너무 행복해하실 겁니다.

오늘 늦은비 예배 끝나고 바로 시작합니다. 성경공부도 쉽니다. 이른비, 단비 예배자들께서는 잠시 쉬셨다가 12시 30분까지 오시면 되고요. 오실 때 한복 입고 오시면 상품 주신다니까 잊지 마시고요. 오시는 것도 순종이요, 헌신입니다. 우리 함께 설 잔치를 벌여 봅시다.

기쁨의 영성

　인생의 모순은 가장 사랑해야 할 사람을 사랑하지 못하는 데 있습니다. 가장 사랑해야 할 대상은 가장 가까이에 있는 사람입니다.
　'원수'와 '웬수'의 차이점을 아세요? 원수는 같이 살지 않아도 되는 사람이고, 웬수는 같이 살아야 되는 사람이랍니다. 그래서 원수 때문에 받는 고통은 힘이 들어도 견딜 만합니다. 하지만 웬수는 같이 살아야 하는 사람인지라 더 힘들다는 겁니다. 그러나 기억해야 할 것은 우리가 웬수라고 생각하는 사람들은 우리가 사랑했던 사람들이었다는 사실입니다. 왜 사랑하는 사람이 웬수가 되는 것일까요? 그것은 우리의 생각과 습관 속에 사랑을 방해하는 장애물이 있기 때문입니다. 이 장애물을 극복할 때 사랑의 깊이와 높이, 그리고 넓이가 달라질 것입니다.
　사도 바울은 사랑의 장애물을 극복하고 가까운 사람을 사랑할 수 있는 길을 제시합니다. 그것이 기쁨의 영성인데, 기쁨의 영성을 소유하려면 '착한 생각'이 있어야 합니다. 인간관계에서 가장 중요한 것은 생각입니다. 생각에서 태도가 나오고 감정이 나옵니다. 우리는 생각을 잘해야 합니다. 사랑은 감정이 중요하지만 감정은 생각이 만들어 냅니다. 성경 빌립보서에 '생각'이라는 단어가 제일 많이 나옵니다. "내가 너희를 생각할 때마다 나의 하나님께 감사하며"^{빌 1:3}라고 하였습니다. 4장 8절도 찾아 읽어 보십시오.

사람들이 나를 이렇게 생각하느냐는 내 마음대로 할 수 있는 것이 아닙니다. 그러나 사람들을 어떻게 생각하고 바라보느냐는 나의 책임이고, 나의 선택입니다. 복음은 사랑을 받은 자답게 사람들을 바라보라고 합니다. 주님께서 나를 그렇게 보셨습니다.

가까운 사람들에게서 좋은 점을 발견하고 그것을 말해 줄 때, 우리는 좋으신 하나님을 닮게 됩니다. 하나님은 좋으신 분이고, 우리에게 좋은 것을 아끼지 않고 주길 원하십니다. 기쁨의 영성을 사모하십시오. 그리고 기쁨의 영성을 달라고 기도하고 훈련하는 겁니다. 나의 영성이 기쁨으로 바뀌면 우리 가정과 교회에 기쁨으로 충만하게 될 것입니다.

늦은비에서 단비로

먼저, 우리 예배의 자리를 채워 주신 하나님께 감사를 드립니다. 우리 하나님께서 정말 넘치도록 축복해 주심을 믿습니다. 다시 우리 늦은비 예배가 중간에 의자를 놓고서도 부족할 지경에 이르렀습니다.

우리 교회의 4대 비전 선언문 아시죠? '① 역동적인 예배가 있는 교회 ② 이민 가정을 치료하는 교회 ③ 선교 명령을 순종하는 교회 ④ 훈련하고 교육하며 세우는 교회'입니다.

그중 역동적 예배를 위해 우리는 각각 예배 시간의 의미를 두었습니다. 이른비 예배 : 생각지도 않은 은혜를 부어 주시는 하나님을 만나는 시간. 단비예배 : 나에게 꼭 필요한 은혜를 부어 주시는 하나님을 만나는 시간. 늦은비 예배 : 하나님을 찾는 이에게 반드시 응답하시는 하나님. 그리고 큰비 예배 : 우리 자녀들을 크게 사용하실 하나님을 기대하며 하나님께 나아가는 시간입니다.

요즈음 늦은비 예배에 몰리는 현상이 있습니다. 늦은비 예배자들과 아직 사역의 자리에 서지 않은 성도들께 부탁을 드립니다. 단비 예배로 나와주십시오. 늦은비 예배에서 중간에 의자를 놓지 않은 지 4개월 만에 다시 의자를 놓게 되었습니다. 새 가족도 많이 오셨지만 단비 예배에서의 이동도 많았습니다. 주일 아침시간 서두르지 않고 여유롭게 보내시고 싶은 마음 충분히 이해됩니다. 그래서 강요하지 않고 부탁을 드립니다. 우리 교회가 그렇게 공간에서 자유롭지 못합니다. 공간을 최대한 활용하기 위해서 지난주부터 몇 가지 공사도 시작되어 소중한 시간들을 내어 교회에 오셔서 일을 해주시고 계십니다.

그와 같은 마음으로 시간에 헌신하여 주시기를 부탁드립니다. 조금만 일찍 서두르셔서 단비 예배로 나와 주십시오. 이런 생각을 해봤습니다. 우리 하나님께서 이른비와 단비, 늦은비까지 가득 채워지면 그때 새로운 곳을 주시지 않을까 하는 생각이 듭니다. 넓은 공간을 찾는 것이 먼저가 아니고 우리의 헌신이 먼저라는 말씀을 드리고 싶습니다. 아직 단비 예배는 자리가 많이 있습니다. 그리고 예배 후 친교 교제도 시간을 가지고 여유 있게 할 수 있습니다. 예배 끝나고 바로 떠나지 마시고 친교실에서 커피 한 잔과 더불어 일주일의 삶을 나눌 수 있다면 참 좋은 교회로 거듭날 것 같습니다. 그리고 단비 예배 후에 많은 사역에 참여할 수 있습니다.

그냥 교회만 다니는 신자 되지 마시고, 이제 우리가 한가족으로 맡은 사역에서 일할 수 있어야 한다고 생각합니다. 은사는 개발되는 것입니다. 단비 찬양대에 참여해 보세요. 찬양하면 치유가 됩니다. 단비 찬양대로 들어오세요. 그곳에서 가운을 입고 자리에 앉아 보세요. 마음부터가 달라집니다. 여러분의 헌신이 필요합니다. 단비 예배, 꼭 필요한 은혜가 임할 것입니다.

모죽

2012년 새해 비전 설교 때 예화로 드린 말씀입니다. '모죽'이라는 대나무가 있답니다. 씨를 뿌리고 5년 동안은 작은 순이 나오는 것 말고는 아무런 변화도 보이지 않습니다. 그러다가 다섯 번째 해가 끝나 갈 무렵의 어느 순간부터는 하루에도 몇십 센티씩 무서운 속도로 자라나 거의 25미터에 이르도록 큰다고 합니다. 모죽은 5년 동안 자라지 않고 있었던 것이 아니었습니다. 땅속에서 뿌리를 키우고 일어설 준비를 하였던 것입니다. 그리고 때가 왔을 때 다른 어떤 식물보다도 빨리, 그리고 높이 커 나가는 것입니다.

물을 끓여 봅니다. 섭씨 100도에 이르면 아무리 열을 가해도 더 이상 온도가 올라가지 않습니다. 불을 끄면 물은 식어 버립니다. 그러나 계속해서 열을 가하면 물은 기체로 변하여 하늘로 올라갑니다.

저는 사순절의 기도훈련이 이와 같다고 생각합니다. 10만큼 노력해서 10의 결과가 꼬박꼬박 나온다면 누가 포기하겠습니까? 100도의 물처럼 아무리 노력해도 변화가 없는 것 같지만 묵묵히 버티며 더 뜨거운 땀과 눈물을 쏟아낸 소수의 사람들이 열매의 달콤함을 맛보는 것입니다.

사랑하는 하은교회 가족 여러분, 우리는 모죽입니다. 또 비등점을 코앞에 둔 펄펄 끓는 물입니다. 기회를 놓치지 마십시오. 포기하지 마십시오. 기회는 준비의 동의어입니다. 준비 없는 상태로 맞은 기회는 허망하게 날려 버리기 십상이고, 찾아왔는지도 모른 채 그냥 흘려보내기 마련입니다.

제가 살았던 알래스카에서 6월 21일 밤 12시에 마라톤을 합니다. 그날은 해가 지지 않고 제일 오랫동안 떠 있는 날입니다. 해가 오래 떠 있다고 해서 그날이 제일 더운 날이 아닙니다. 제일 더운 날은 그렇게 해가 떠서 대지를 달구는 7월이 되어야 날씨가 따뜻해집니다.

준비하세요. 모죽처럼, 끓는 물처럼, 태양처럼……. 곧 그 기다림이 값어치를 발할 순간이 올 것입니다. 이제 딱 2주 남았습니다. 한번 도전해 보지 않으시겠어요? 새벽기도는 결코 하나님께서 빈손으로 돌려보내지 않으십니다. 시험해 보세요. 내일 새벽에 뵙겠습니다.

가족, 작은 말로 쌓은 탑

어릴 적에 할아버지가 전구를 갈고서 의자에서 내려오시면 그 모습을 물끄러미 보시던 할머니는 혼잣말로 "서방 없는 년은 어찌 사누?" 하시곤 그 자리를 뜨셨습니다. 전 그때 그 말이 무슨 의미인지 몰랐습니다. 권사님이신 할머니가 거친 언어 '년'이란 말을 사용하셔서 움찔했지만, 할머니는 할아버지께 고맙다고 하신 말씀이셨습니다. 두 분 모두 돌아가신 지 오래지만, 생각할수록 재미있습니다. 옛날에는 왜 꼭 그런 식으로 이야기를 했을까?

저는 광고를 유심히 보는 편인데 작년에 한국에서 만든 공익광고가 기억에 남습니다. "사원 김아영은 친절하지만, 딸 김아영은······, 꽃집 주인 이효진은 친절하지만 엄마 이효진은······, 친구 김범진은 쾌활하지만 아들 김범진은······, 부장 김기준은 자상하지만 남편 김기준은······. 밖에서 보여 주는 당신의 좋은 모습, 집 안에서도 보여주세요." 이렇게 끝나는 광고입니다. 제가 제일 많이 듣는 이야기라 공감하면서 기억에 남아 있습니다.

　왜 우리는 정작 가장 소중한 집안 사람들에게 함부로 하는 것일까요? 아마 편하니까, 나쁘게 말하면 긴장감이 없어서, 집 밖에서의 감정노동이 너무 버거워서 집에서는 쉬고 싶은 거지요. 하지만 우리가 가장 친절해야 할 사람들은 결국 나와 가장 오랜 시간을 함께 보낼 사람, 가장 끊기 힘든 인연을 가진 사람들일 것입니다. 감정의 예의란 일상적인 작은 대화로 만들어지는 것이라고 합니다.

　말하기의 반대말은 듣기가 아니라 상대방이 말을 끝낼 때까지 기다리기, 말하는 사람과 눈 맞춰 주기, 고개를 끄덕이고 맞장구 쳐주기입니다. 이 원칙이 가장 쉽게 무너지는 것이 가족간, 부부간입니다. 고맙다는 말을 욕설로 표현해야 했던 권사님이신 우리 할머니, 사랑한다고 한마디 하면 세상이 무너지는 줄 아는 우리 하은교회 남자 성도님들……. 우리 모두가 잊고 사는 것이 있습니다. 사람의 정이란 사소한 대화로 쌓아 가는 돌탑이라는 겁니다.

　시시한 대화가 중요합니다. 그저 고맙다는 작은 말들입니다. 집 밖에서 수행해야 하는 감정노동의 십일조 정도만이라도 집에서 해봅시다. 관계란 하룻밤에 마법으로 만들어지는 동화 속의 궁전이 아닙니다. 왜 우리는 평생을 함께 보낼 사람에게 무례할까요? 가족은 누구보다도 나를 이해해 주니까? 이 안도가 오히려 관계를 악화시킬 수 있습니다. 가장 친밀하다고 해서 내 마음대로 감정을 드러내도 좋다는 의미는 아닙니다. 가족을 존중해야 합니다. 오랜 시간을 함께할수록 배려해야 합니다.

봄, 예수를 봄

하나님께서는 말씀성경을 통해서도 말씀하시지만 환경을 통해서도 말씀하십니다. 사계절을 주신 것도 바로 이런 이유에서인 것 같습니다. 사계절을 통해 나의 영적인 상태를 보라는 것이지요. 내 영혼이 꽁꽁 얼어붙어 버린 겨울의 상태가 있을 수 있습니다. 따뜻함이 필요합니다. 온유함이 필요하고 긍휼함이 필요합니다.

봄, 봄, 봄, 봄, 봄이 왔습니다. 봄은 예수님을 보는 계절입니다. 시간이 흘러 주님 앞에 서는 날 흠이 없는 모습이 되도록 주님을 보며 살아야 합니다. 신앙의 성숙은 여러 분기점이 있는 것 같습니다. 제1분기점은 고난이 왔을 때입니다. 좋을 때 신앙생활 하는 것은 어렵지 않습니다. 그런데 내 삶에 어려움이 왔을 때 하나님의 말씀을 붙드느냐 그렇지 않느냐가 1차 분기점이 됩니다. 제2분기점은 내 안에 있는 자랑입니다. 내가 가지고 있는 자랑이 내가 한 것인가, 주님이 해주신 것인가? 우리에게 수많은 자랑거리가 있습니다. 어쩌면 우리는 자랑거리를 만들기 위해 살아가는 것이 아닌가 싶습니다. 자랑거리가 막힐 때 우리는 얼마나 실망하고 좌절합니까? 그런데 그 자랑거리가 나를 위한 것인가, 아니면 주님을 위한 것인가 깊이 생각하십시오. 자녀들을 잘 키워야 합니다. 사명입니다. 그러나 내 자랑거리가 되지 않도록 조심해야 합니다. 그리고 제3분기 점은 어디를 보느냐에 달려 있는 것 같습니다. 문제를 바라보면 문제 아닌 것이 없습니다. 주님을 바라보면 문제가 기회임을 알 수 있습니다.

확실히 봄은 보는 계절입니다. 우리 교회 화단에 꽃들이 활짝 피었습니다. 그렇게 우리 교회 성도들의 삶이 활짝 피시기를 축복합니다. 꽃들도 하늘을 봅니다. 우리도 하늘을 봐야 합니다. 하나님께서는 늘 우리를 보고 계십니다. 답을 보면 문제가 어렵지 않습니다. 답은 하늘에 있습니다. 급할 때만 하나님을 찾는 염치 없는 자가 되지 말고, 꾸준히 새벽에 하나님을 찾는 복된 성도들이 되시기를 축원합니다. 봄에 예수님을 봅니다. 말씀을 봅니다. 그리고 이웃을 봅니다.

Focus

    오전에 교회로 출근하던 길이었습니다. 사거리 신호등 맨 앞에 서게 되었고, 진행 신호를 기다리고 있었습니다. 반대편에서 차 한 대가 왼쪽 방향으로 가려고 좌회전 차도에 서 있었습니다. 그런데 급한 것도 아니고, 아마 무언가 생각하다가 신호등도 제대로 보지 못하고 자기 신호가 아님에도 차를 움직여 사고를 내었습니다. 다행히 속도도 없었고 큰 사고는 아니었습니다. 크게 놀란 것 같았습니다.

    우리가 볼 수 있는 것은 참 축복인데, 문제는 제대로 보지 못하다가 사고를 당한다는 겁니다. Focus, 집중해야 하는데 집중하지 않습니다. 3학년인 제 아이에게 자주 혼내는 말입니다. 집중해라. 책을 읽을 때도, 공부를 할 때에도 오래 하는 것보다 짧은 시간에 집중하는 것이 좋다고 가르칩니다. 속지 않으려면 집중해야 합니다. 볼 수 있기 때문에 보는 걸로 우리는 잘 속습니다.

    저는 마치 부흥회가 연례행사처럼 되어 매년 때워야 하는 것이 되는

게 싫었습니다. 쌍팔년 목회에서 벗어나고 싶었습니다. 그리고 사실 부흥회란 단어도 버리고 싶었습니다. 그래서 주제를 잡아 Focus란 이름으로 우리의 잠자고 있는 영적인 부분을 깨우고 싶었습니다. 물론 부흥회란 단어를 쓰지 않으니 소통도 되지 않고, 이게 무언가 하시는 분들도 많으십니다. 아무튼 우리 교회가 세 번째 부흥회를 갖습니다. 처음에는 LA에서 박광철 목사님을 모시고 은혜로운 시간을 가진 뒤 저희는 성전을 얻었습니다. 두 번째는 호성기 목사님을 모시고 선교의 도전을 받아 지금 이곳이 저희의 선교지임을 깨달았습니다. 이제 그 세 번째 시간으로 신기형 목사님을 모시게 되었습니다.

저는 기대하며 기다리는 시간이 참 좋습니다. 여러분, 기대가 크면 실망이 크다는 말을 버리세요. 우리가 기대하고 준비하고 열린 만큼 그 안에 하나님은 당신의 모든 것을 쏟아 부어 주실 것입니다. 그런 기대감이 있습니다. 참 좋을 것 같고, 뜨거울 것 같고, 무언가 변화가 일어날 것 같습니다.

부흥회는 그런 것입니다. 특별히 집중하자는 것입니다. 말씀에 집중하고, 하나님께 집중하자는 것입니다. 짧은 시간입니다. 금요일과 토요일에 잠깐씩 헌신을 각오하시면 됩니다. 주일은 우리가 늘 하던 대로 주일 예배입니다. 짧은 시간에 우리가 얼마만큼 집중하는가가 얻는 것을 결정합니다. 열린 마음, 비어 있는 마음 다 가지고 오십시오. 우리 하나님께서 가득 채워 주실 것입니다. 그리고 이웃의 마음도 데리고 오십시오. 그 마음도 채워 주실 것입니다.

어느 시인이 꽃 향기는 백 리를 가고, 술 향기는 천 리를 가고, 사람의 향기는 만 리를 간다고 했습니다. 오늘 나의 향기는 어디만큼 가고 있습니까? 이번 Focus를 통해 다시 향기를 발하는 시간이 되었으면 합니다. 지난 수요일, 같은 마음으로 모여 주셔서 감사합니다. 기도 외에는 다른 방법이 없음을 확인하는 시간이었습니다.

Focus 부흥회

천진과 청도로

부흥성회를 마치고 저는 오늘 저녁에 중국으로 떠납니다. 이번 7월에 우리 교회 청년 9명이 중국 천진에서 영어 캠프를 하게 됩니다. 초청한 교회가 바로 천진에 있는 두루빛교회인데 공안에 허가를 받은 교회로 PGM 소속 교회입니다.

이번 일정은 21일 주일 저녁 볼링 대회 후에 대한항공으로 한국에 23일 도착하여 이틀을 머문 후 26일 아침에 인천공항에서 천진으로 갑니다. 천진 두루빛교회에서 금요일부터 주일까지 집회를 하게 됩니다. 천진 집회를 마치고 비행기로 청도로 가서 그곳 신학교에서 월요일 저녁부터 금요일 오전까지 구약 선지서 강의를 요청 받아 하게 됩니다.

이번 일정에는 선교팀장이신 박승순 집사님 부부와 동행합니다. 천진에서는 우리 선교팀이 사역할 곳과 숙박할 곳을 점검하시고, 청도 신학교에서는 저와 함께 신학생들에게 강의도 해주실 것입니다.

제가 교회를 비우는 동안 늘 새벽기도에 힘써 주시고, 이번 일정을 잘 소화하고 방문한 교회와 신학교에 큰 은혜를 전달하고 돌아올 수 있도록 기도 부탁드립니다. 교회를 떠나면 목사는 성도의 기도의 힘으로 살게 됩니다. 이번 여정도 여전히 변함없는 여러분의 기도의 후원을 믿고 떠납니다.

또한 5월 8-29일까지는 3명이 중국 티벳 자치구, 사천성에 위치한 불교학원도시 오명불학원, 야칭스^{비구니승려 집단촌}, 불경 출판도시인 더거 인경원를 방문하여 라마 승려들한테 성경을 보급할 계획이며, 길림성으로 이동하여 2명이 북한 나진·선봉, X지역을 방문하여 지난 5년 동안 계속되었던 유치원, 탁아소, 양로원에 식량과 겨울 연료를 지원하게 됩니다. 금년부턴 추가 사역으로 매일 300명분 국수를 일반 주민에게도 지원하게 되었습니다. 또한 국경지역에 흩어져 있는 열악한 상황에 처한 가정들에게 주님의 사랑을 전하는 계획도 가지고 있습니다.

지금은 선교의 시대입니다. 우리 교회가 매년 선교의 지경이 확장됨을 감사합니다. 올해에도 어느 곳을 밟게 되는지, 그 땅에서 어떤 일들이 일어날는지, 우리 교회를 어떻게 사용하실는지 기도하며 기대합니다. 건강한 모습으로, 은혜 충만한 모습으로 돌아와 뵙겠습니다. 예배에 충실하세요. 꼭 부탁드립니다. 제가 청도에서 머물 주소입니다. 청도시 청량구 석복진 성세가원 2기 14동 2단원 702호.

질서, 나를 크게 하는 힘

중국은 지하에서 숨을 죽이며 빛도 새어 나가지 않게 촛불을 켜고 예배드리며, 찬송할 때는 작은 소리로, 기도는 눈물만, 설교도 조심스럽게 해야 하는 줄 알았습니다. 와서 보니 공간은 우리 교회보다 훨씬 넓고, 장비는 최첨단 장비에 그랜드 피아노까지……. 찬송, 기도 소리는 건물과 주변 땅까지 흔들고도 남음이 있었습니다. 중국에서는 두 시간 설교하면 설교 못하는 목사랍니다. 한 세 시간 정도 해주어야 좀 하는 목사라고 합니다. 40분 하다가 제가 힘들어서 그만했습니다. 미안했는데 지금까지 제일 짧은 설교를 들었다고 좋아하더군요. 어딜 가나…….

비행기 아래로 내려다보이는 대륙, 과연 대국임이 느껴졌습니다. 크고 넓은 땅, 많은 사람들, 듣던 대로 정말 대단했습니다. 그러나 한 가지가 보였습니다. 이 나라가 이것 때문에 가진 장점을 누리지 못할 것 같은 생각이 들었습니다. 그것은 무질서입니다.

중국에는 없는 것이 없습니다. 그런데 딱 하나, 질서가 없습니다. 물론 무질서 속에 중국인들은 불편한 것이 없습니다. 오랜 세월 동안 몸에 박혀 버린 무질서가 이 사람들에게는 오히려 질서입니다. 그러나 이미 세상은 혼자만의 세상이 아니고 공유하는 세상입니다. 미국이 크다고 마음대로 할 수 있는 것이 아니고 함께하는 세상입니다. 모든 민족이 각기 다른 문화와 언어 속에 함께하려면 반드시 질서가 있어야 합니다. 선진국은 핵 보유 여부나 나라의 크기, 국민의 숫자로 결정짓지 않고 질서로 결정짓습니다.

하나님께서는 흑암과 혼돈 속에 빛을 창조하셨습니다. 하나님께서 창조하신 것은 무질서 속에 질서를 창조하신 것이고, 그 질서대로 천지를 만들어내셨습니다. 기독교는 질서입니다. 성경도 아무렇게나 창세기부터 요한계시록까지 쓰인 것이 아닙니다. 성경은, 성부 하나님부터 성자 예수님, 성령님, 그리고 다시 오실 예수님의 묵시까지 분명하고도 정확한 질서 속에 우리에게 메시지를 주고 계십니다.

작은 것부터 내가 무시하고 있는 질서가 무엇인지 점검해 봐야 합니다. 나라가 정한 질서를 지켜야 하고 내가 다니는, 그리고 경영하는 사업체의 질서를 지켜야 하고, 가정과 교회의 질서를 지켜야 합니다. 질서를 어기는 일은 말씀을 어기는 일이 됩니다. 질서를 지키지 않고서는 결코 크다 말할 수 없습니다. 돈을 많이 가지고 있는 사람을 부자라고 합니다. 그리고 졸부라고도 합니다. 질서 속에 부를 가진 사람은 부자이지만 그 질서를 어기고 부를 가진 사람은 졸부라고 합니다. 졸부가 되어서는 안 됩니다. 그러면 낙타가 바늘귀를 통과하는 것보다 더 힘들다고 했습니다.

우리 하은교회가, 그리고 하은교회를 함께 세우고 있는 우리 모두가 진정한 부자가 되시기를 축복합니다. 하나님께서 우리에게 주신 질서를 잘 지키고 그 질서를 후세들에게도 잘 가르쳐야 혹 광야에 가더라도 그 질서 가운데 있으면 굶지 않을 것이고, 불기둥으로 인도함을 받으리라 믿습니다.

이 글을 함께 읽는 날, 다시 만나겠네요. 밖에 나오면 우리 성도님들이 정말 보고 싶고 교회 생각만 납니다. 한 분 한 분 건강하시고 평안하시기를 기도합니다. 조금 힘들 정도로 강행군이지만 보내주신 기도의 힘으로 잘하고 있습니다. 한 주간의 삶의 현장에서 주님의 질서를 회복하는 복된 신앙인이 되시기를 축복합니다.

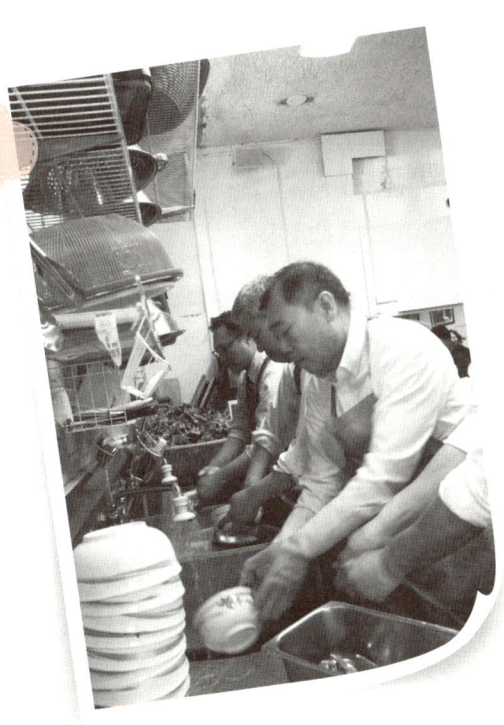

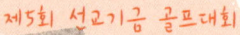

내 교회는……

교회 행사가 많은 계절입니다. 그렇지 않아도 집안일과 하시는 일들로 여러 가지 분주한 일들이 많음을 압니다. 교회 일이 다른 또 하나의 일이라 생각지 마시고 집안일의 하나로 여겨 주시고 힘껏 참여해 주시기를 부탁드립니다.

첫째, 다음 수요일(29일)에 있을 골프 대회입니다.

올해에는 중국 천진에 있는 두리빛교회에서 영어 캠프를 합니다. 우리 교회 청년들과 필라 안디옥교회 청년들이 연합하여 한 달 동안 진행됩니다. 우리 교회가 첫 2주를 담당하기 위해 7월 12일 출국하게 됩니다. 2주간 영어를 가르치고 주말에는 중국문화탐방을 하게 될 것입니다. 그리고 사역을 마치면 고국을 방문하고 각자 돌아오게 됩니다.

골프 대회는 선교를 떠나는 우리 자녀들을 후원합니다. 저는 어릴 적에 부모님 아시는 어른들께서 집에 오시는 것이 좋았습니다. 가실 때 꼭 학용품 사라고 천 원씩 주고 가셨습니다. 골프 대회가 그런 겁니다. 우리 어른들이 자녀들이 중국에 간다니 여비에 쓰도록 조금 보태주는 겁니다. 기쁘게, 기꺼이, 흔쾌히 참여해 주십시오. 준비하는 분들도 행복하고, 참여하는 분들도 좋고, 후원을 받아 선교하는 우리 자녀들도 자랑스럽게 해주십시오. 우리 교회 어른들이 자녀들을 이토록 사랑하고 있다는 것이 보여지도록 해주십시오. 주위에 함께 골프를 치는 분들에게 교회 행사를 알리시어 함께 참여하실 수 있도록 독려해 주십시오.

둘째, 야외예배입니다. 6월 2일에 작년에 갔던 Valley Stream State Park로 갑니다.

부득이하게 가실 수 없는 분들은 이른비 예배가 있습니다. 그러나 함께 갈 수 있도록 노력해 주십시오. 야외예배를 소풍 가는 것으로 생각하지 마십시오. 안 가도 되는 날이 아닙니다. 1년에 한 번 넓은 교회를 빌려 온 가족이 함께 예배하고 교제를 나누는 시간입니다.

내 교회는 내가 다니는 교회가 아니라 나의 땀이 있고, 눈물이 있고, 나의 추억이 있는 교회입니다. 내 교회 행사입니다. 자동차가 없으시면 교회에서 도와드리겠습니다. 이번만 신세 지시고 다음에 다른 것으로 갚으면 됩니다. 함께 예배하고, 함께 먹고, 함께 웃고, 그리고 돌아오는 겁니다. 이민 생활에 이런 시간을 갖지 못하면 신앙생활도 건강하게 할 수 없습니다. 거룩이 다른 것 아닙니다. 성도들 간의 아름다운 교제와 기쁨의 헌신이 거룩의 모습입니다. 교회 행사에는 늘 가려진 채로 수고하시는 분들이 있습니다. 그분들께 감사 인사도 잊지 마시고 쏴 주십시오. 그렇게 예쁜 말 쏘시는 당신이야말로 우리 교회 부흥의 역군이십니다.

예루살렘을 사랑하면

저는 교회를 참 좋아했습니다. 취미도 교회였고 특기도 교회였습니다. 누군가 저에게 듣기 좋으라고 이런 덕담을 해주셨습니다. "목사님은 참 복이 많은 사람입니다." 사실입니다. 저도 동의합니다. 하나님께서는 저에게 많은 복을 주셨습니다. 그 비밀은 여기에 있습니다. 시편 122편 6절의 "예루살렘을 사랑하는 자는 형통하리로다"라는 말씀과 같습니다. 제가 복을 받은 사람이라고 자랑하는 것은 바로 말씀이 사실이기 때문입니다. 제가 복을 누릴 수 있는 근거는 아무리 털어봐도 교회를 사랑한 것 말고는 없기 때문입니다. 그래서 드리는 말씀인데요, 우리의 예루살렘은 하은교회입니다. 우리가 하은교회를 사랑하면 하나님께서 복을 주십니다.

저도 아이들을 사랑하는데 제 아이들은 엄마를 더 좋아합니다. 엄마에게 혼나도 엄마를 좋아합니다. '비결이 뭘까?' 답을 얻는 데 오래 걸리지 않았습니다. 해산의 수고가 여자에게는 있고 남자에게는 없습니다.

위에서 언급한 시편의 말씀에서 '예루살렘을 사랑하는'의 사랑은 그냥 마음으로만 느끼는 감정이 아닙니다. 바로 해산하는 사랑입니다. 엄마에게 해산이라는 넘을 수 없는 사랑이 있기에 자녀들은 엄마를 더 좋아합니다. 아이를 키우느라 잠을 자지 못하고 힘들어도 아이들만 보면 행복한 것은, 품에 안았고 해산하는 고통이 있었기 때문입니다. 그래서 사도 바울은 갈라디아 교회를 해산하는 고통으로 낳았다고 했습니다. 사도 바울은 교회를 다닌 사람이 아닙니다. 교회를 낳은 사람입니다. 그래서 항상 기뻐할 수 있고 범사에 감사할 수 있는 것입니다.

교회 가면 '떡이 나오냐 금이 나오냐'고 묻습니다. 떡 먹으려고 교회 오는 것 아닙니다. 사랑하는 겁니다. 그래서 새벽부터 교회 가는 것이고, 하루 종일 일하고 식사도 거른 채 수요일 저녁 교회로 가는 겁니다.

사랑은 늘 대가가 있습니다. 특히 교회 사랑은 대가가 큽니다. 해산하는 아픔입니다. 그런데 그것이 사랑입니다. 한국에 계신 부모님께 제발 제 걱정 하지 마시고 두 분이나 생각하시라고 합니다. 어떤 부모가 자식을 생각하지 않습니까? 그렇게 말한 제가 미련한 것이고 나쁜 것이지요. 사랑입니다. 사랑하니까 멀리 있어도, 가까이 있어도 생각하는 겁니다.

제가 밖에 나갈 때면 종종 교회 일 잊고 잘 다녀오라고 말씀해 주십니다. 그런데 저는 그럴 수 없습니다. 하은교회는 제 일터가 아닙니다. 사랑하는 교회입니다. 바울처럼 해산하는 아픔으로 낳은 교회라고 말할 자신은 없지만 그러한 사랑으로 키우고 있습니다. 그래서 더 좋은 것도 포기합니다. 교회는 이익으로 계산하는 곳은 아니니까요.

내가 다닌 교회 중 하나가 되지 않았으면 좋겠습니다. 해산하는 아픔으로 사랑하는 교회가 되었으면 좋겠습니다. 내가 다니고 있는 교회가 하은교회가 아니라, 내가 사랑하는 교회가 하은교회가 되었으면 좋겠습니다. 그렇게 우리의 예루살렘을 사랑합시다. 교회도 사랑하고 하늘 복도 받고, 이게 도랑 치고 가재 잡는 것 아닙니까? 여러분에게 하늘 복이 가득 임하시기를 축복합니다. 오늘, 그렇게 좋아하는 골프도 안 가시고, 등산도 안 가시고, 연휴 여행도 안 가시고 교회에 앉아 이 칼럼을 읽는 사랑하는 여러분은 정말 예루살렘을 사랑하는 분들입니다. 저는 우리 교회가 너무 좋습니다.

야외예배

The Singer Not the Song

제목을 직역하면 '그것은 가수다 노래가 아니다'가 됩니다. 사실은 영화제목입니다. 아주 오래된 영화인데요. 신학교 시절 목회학 수업시간에 교수님이 보여 주신 영화입니다.

서부의 시골 마을에 아주 작은 성당이 있었습니다. 주임 신부를 모시지 못할 정도로 연약한 교회입니다. 그리고 그 마을에는 오랫동안 조직폭력배들의 횡포가 심하였습니다. 그런 절망스런 마을에 어느 날 젊은 신부가 부임해 옵니다. 새로 부임한 신부는 아주 의욕적으로 교회를 회복하려고 애를 씁니다. 비록 자신을 바라보는 마을의 분위기가 싸늘함을 넘어 적대적이기까지 하지만 진실한 마음으로 섬기며 목회를 합니다.

마을 사람들은 젊은 신부의 진심을 이해하기 시작하면서 점점 마음을 열고 성당과 신부를 향해 호의를 보이게 됩니다. 이 과정을 몹시 불쾌하게 여기던 마을의 터줏대감인 조폭의 보스는 자신의 영향력이 점점 사라지는 것을 두려워하여 신부를 암살할 것을 부하에게 지령합니다. 신부를 유인하여 총을 쏘는 순간 한 조직원이 몸을 날려 신부를 구하고 죽어 가게 되는데, 신부의 품에서 죽어 가던 폭력배가 남긴 말이 바로 "The Singer Not the song" 나를 감동시킨 것은 당신이 보여 준 그 진심 어린 사랑의 관계이지, 당신이 전하려는 성경의 내용이나 미사가 아닙니다의 뜻입니다. 즉 흉악범이 목숨을 던져 신부를 구할 만큼 변화된 것은 신부의 설교나 엄숙한 미사가 아니라 신부의 관계 맺음의 방식이었다는 것입니다.

목회를 관계의 예술이라고 합니다. 설교도 아니고 교육도 아니고 깔끔하고 완벽한 행정은 더더구나 아니라 살아 있는 관계 맺음이라는 말입니다. 최근에 한 설문 조사에, 교회를 찾는 첫 번째 이유를 물으니 복음을 알기 위해서가 아니라 관계를 맺기 위해서라고 하였습니다. 물론 미국 사람들입니다. 우리라고 크게 다를까요? 도시 문화 속에서 사람들은 군중 속의 고독을 경험하고 있다는 것입니다. 특히 요즘에는 가정에서도 외로움을 겪게 됩니다.

그런데요, 제가 목회하면서 한 가지를 더할 수 있는 이론이 있는데, 관계를 맺기 위해서 찾아온 교회를 떠나는 이유도 관계에서의 실망과 상처 때문이라는 것입니다. 외로움을 극복하고 삶의 관계를 풍요롭게 하기 위해 찾아온 교회에서 더 깊은 상처를 받고 관계에서 시험에 들며, 관계의 상처와 후유증으로 힘들어하다가 마침내 교회를 떠나게 된다는 겁니다.

오늘 야외예배로 모였습니다. 우리 교회도 관계의 취약점이 있습니다. 오늘만큼은 내가 알고 있던 사람이 아니라 내가 잘 모르는 분들에게 가서서 좋은 성도의 교제를 나누실 수 있기를 바랍니다. 교제는 예술입니다. 교제를 위해 힘쓰시는 당신은 진정 예술가이십니다. 오늘도 그 아름다움이 당신을 통해 흐르기를 기도합니다.

TMP

몇 주 전부터 간간이 TMP라는 말씀을 드렸습니다. Ten Minute Pray의 앞 글자입니다. 10분만 기도하는 삶을 살자는 것입니다. 우리에게는 아주 오래되었고 못된 습관이 있는데 그것은 돈이 없어 실패했고, 사람을 잘못 만나 어렵다는 것들입니다. 문제의 원인을 남에게, 환경에 돌립니다. 하지만 그렇지 않습니다. 모든 원인은 내가 10분을 기도하지 못해서입니다. 틀림없습니다. 모든 문제의 돌파구는 기도에서 시작됩니다. 기도는 문제를 해결하는 답이기도 하지만 미리 어려움을 예방하는 예방주사이기도 합니다. 이제는 이 사실을 이론으로만 알고 있는 교회가 아니라 삶의 경험으로 아는 교회와 교인이 되기를 원합니다.

이 운동을 전 교회에 선포합니다. 사랑방에서만이 아닙니다. 선교회만 하는 것이 아닙니다. 유치부부터 하은교회 모든 지체가 이 운동에 참여하는 겁니다. 교역자에서부터 교회 리더십과 모든 가정들이 해야 하는 운동입니다. 확신합니다. TMP운동이 새마을운동보다 훨씬 큰일을 할 겁니다. 금모으기 운동으로 대한민국 IMF를 이겨내었다면 TMP 운동은 미국의 불경기를 극복하게 만들 겁니다. 이 운동은 말로 하는 것이 아닙니다. 삶으로 보여 주는 겁니다.

구체적인 실천 강령을 말씀드립니다. TMP운동도 모으는 운동입니다. 시간을 모아야 합니다. 10분입니다. 하루에 10분이 아닙니다. 하루에 10분 기도해서는 내 가정이 아니라 나도 바꾸지 못합니다. 모든 일에 10분을 쓰는 겁니다. 학교에 가는 학생이면 10분 일찍 가야 합니다. 직장에도 평소보다 10분 일찍 가야 합니다. '나는 출근하면서 기차 안에서, 차 안에서 기도합니다.' 그건 그거고, TMP는 아닙니다. TMP는 어디에든 10분 일찍 가야 합니다. 교회도 그렇습니다. 찬양대 연습실에 10분 일찍, 예배시간 10분 일찍, 기도시간 10분 일찍, 청소시간 10분 일찍, 저녁 약속 있으세요? 10분 일찍 나가세요. 데이트도 10분 일찍 나가는 겁니다. 우리는 10분을 하나님 나라를 기다리는 겁니다. 10분을 기도하는 겁니다. 그러면 공부가, 사업이, 관계가, 그리고 예배가 달라질 겁니다. 다툼이 예방되고 축복이 보장됩니다. 10분만 기도에 쓰면 얻어지는 것들은 상상할 수 없을 정도로 풍요로울 것입니다. 이번에 교회 이름도 확 TMP교회로 바꾸어 버릴까요? 사랑방 중에 TMP사랑방, TMP선교회 하실 분 없으세요? 합시다. 꼭 해봅시다. TMP가 나를 살릴 것입니다.

TMP! 무슨 일을 하시든 10분만 일찍 가서, 10분만 먼저 기도하는 겁니다. 10분 기도, 우리 교회가 이 시대에 해야 할 사명입니다. 함께 합시다. 선교지에 가기 전에 부름 받아 나선 이 몸은 꼭 10분 기도하는 일입니다. 10분만 먼저 가서 그곳에서 기도합시다.

기다림

TMP운동을 하면서 얻어지는 열매 중 하나는 기다림입니다. 기다림의 장소에 있을 때에 관계되는 문제는 시간입니다. 그래서 시계를 연신 들여다봅니다. 왜 안 오나? 시간이 잘못됐나? 장소가 여기가 아닌가? 오다가 사고라도 났나?

혹시 이런 생각 해보셨어요? 하나님은 결코 서두르지 않으신다는 것입니다. 또 하나님의 시간은 우리의 시간과 많이 다르다는 것입니다. 지난주 TMP를 하면서 문득 베드로후서 3장 8절의 말씀이 떠올랐습니다.

"사랑하는 자들아 주께는 하루가 천 년 같고 천 년이 하루 같다는 이 한 가지를 잊지 말라"(벧후 3:8).

우리는 기도하면서 하나님께서 우리를 돕기 위해 우리의 상황에 들어오시는 데 천 년의 시간이 걸릴지도 모른다고 생각했는데, 그래서 때로 원망하기도 하고 조급하며 손톱을 물어뜯어가며 초조해 하는데 하나님께서는 단 하루밖에 걸리지 않는다고 말씀하십니다.

사랑하는 하은교회 예배자 여러분, 가장 좋은 것을 주시고자 하시며, 흔들어 넘치도록 주시고자 하시는 아버지 되신 하나님께서 오늘 나의 일을 돌보시는 데 천 년이 아니라 하루가 되시기를 축복합니다.

하나님의 타이밍을 기대하지 않고 기다리지 않으면 하나님께서 우리를 위해 준비해 놓으신 가장 좋은 것들을 놓치게 됩니다. 하나님보다 앞서 가려고 서두르거나 하나님 뒤에 처져 머뭇거리면 하나님의 귀하고도 큰 축복을 누리지 못하게 됩니다.

그러므로 우리는 늘 자신에게 질문하며 나를 돌아볼 줄 알아야 합니다. 디도서 2장의 말씀으로 돌아보는 한 주간이었는지요? '나의 믿음은 어떤 면에서 부족한가?' '지금 나의 영적 상태는 어디에 와 있는가?'

하나님은 하나님의 때에 일하십니다. 내가 기대하는, 내가 원하는 때가 아닙니다. 우리는 기도하는 겁니다. 딱 10분만, 무슨 일을 하든지 10분만 기도합시다. 그 결과를 보게 될 것입니다. 10분 기도하고 얻은 유익을 나눕시다. 간증이 풍요로운 교회가 부흥하는 교회입니다. 자꾸 옛날에 40일 금식한 이야기, 공산당이 쳐들어와 나만 살려두었다는 이야기가 아니라 10분 먼저 기도하였더니 분노가 조절되고, 문제가 해결되고, 말씀이 생각나고, 전도가 이루어졌다는 간증을 나눕시다.

다시 선포합니다. 꼭 10분 일찍 가셔서 10분 기도합시다. 놀라운 은혜를 누리실 것입니다.

주기도를 나누면서

제가 은혜를 받은 만큼 전달하지 못한 것 같아 이것이 늘 제게 있는 아쉬움과 후회입니다. 주기도를 다시 묵상하면서 제 안에 외침이 있었습니다. '이거다! 이것이 우리를 다시 살 수 있게 한다. 조금도 양보할 수 없고, 미룰 수 없는, 정말 오늘 이 자리에서 붙들어야 하는 것이 바로 주기도다'. 그리고 지난주부터 주기도를 시작하였습니다.

교회 모임이 끝날 때 목사님이 계시지 않으면 축도 대신 주기도문을 외우고 마치는 개념이 아닙니다. 세례 받기 전에 외워야 할 기도문이 아닙니다. 주기도는 하나님의 질문에 응답하는 인격적인 기도입니다.

주기도는 하나님 나라 백성이 드릴 수 있는 놀라운 기도입니다. 함께 기도하시고 기대하시면서 말씀을 나눕시다. 주기도를 곱씹고 곱씹어서 내 영혼에 새기는 기도가 되어야 합니다. 이 기도는 드리면 드릴수록 우리를 하나님 나라 백성에 걸맞은 모습으로 가꾸어 줄 것입니다. 어쩌면 우리가 이토록 힘든 것은 주기도를 잃어버렸기 때문인지도 모릅니다. 그런 생각이 무섭게 들었습니다. 그래서 다시 주기도를 붙잡아야겠다 생각했습니다.

  자기 안으로 들어가는 것은 표현이 되게끔 되어 있습니다. 나도 의식하지 못한 사이에 들어온 것들은 닫힌 세계에 있다가 최초의 원인자가 아닌, 훗날 그 비슷한 것의 그림자를 보여 준 사람들에게 불현듯 튀쳐나오게 됩니다. 그러기 때문에 문제가 되는 것입니다. 그래서 내 마음에 무엇이 들어가 자리 잡고 있는지 잘 살펴야 합니다.

  주기도가 내 안에 채워지기를 축원합니다. 무더운 여름에 주기도로 내 영을 보양합시다. 주기도로 시원한 여름을 보내봅시다. 우리 교회를 더 부흥하게 할 것입니다. 주기도의 영감은 TMP에서 얻은 것입니다. TMP, 분명 축복의 씨앗입니다. 지금 뿌리세요. 10분 후에 내 삶이 달라집니다.

성찬 포도주 만들기

중국 천진에서

"정말 대단합니다", "참 좋은 친구들입니다." 이 말들은 사역하고 있는 우리 청년들에게 쏟아지는 현지인들의 찬사입니다. 시차도 적응 안 된 상태에서 오자마자 낯선 아이들을 상대하며 성실히, 그리고 열심히 하는 우리 아이들이 얼마나 자랑스러운지 모릅니다. 얼마나 잘하는지 가정교육을 잘 받았다며, 그리고 교회 칭찬까지 해주셨습니다. 모두가 뉴욕에서 보내주신 기도의 힘이라 믿습니다.

이곳에서도 우리 자녀들은 TMP를 하고 있습니다. 사역을 시작하기 전에 숙소에 모여서 기도하고 출발하고, 아이들이 도착하기 전에 각 방에서 기도로 하루하루 사역을 준비하고 있습니다. 이런 열정과 아름다움이 뉴욕에서도 잘 이어지기를 기도해 주십시오.

토요일에는 이곳 교인들이 배려해 베이징을 가게 됩니다. 이곳 천진에서 약 3시간 정도 걸리는데, 버스를 타고 이동하여 만리장성과 천안문 등을 보고 옵니다. 주일에는 두 팀으로 나누어 삼자교회와 중국 가정교회를 가게 됩니다. 각각 방문하는 교회에 우리 팀들이 은혜의 통로가 될 수 있도록 기도하고 있습니다. 한두 명이 몸의 상태가 좋지 않은 것 같습니다. 건강하게 사역을 감당할 수 있도록 기도해 주십시오. 현지에서 얼마나 음식에도 신경을 써 주시는지 미안할 정도입니다. 그러니 아이들 걱정은 하지 마시고 기대하며 기도해 주십시오. 우리 팀들은 한 주 사역을 더 하고 고국을 방문한 뒤 8월에 각각 뉴욕으로 돌아갑니다. 고국에서도 하나님이 준비하신 구원의 카드로 사용되기에 부족함 없도록, 그리고 끝까지 사역을 잘 감당하고 아름다운 마무리를 할 수 있도록 기도 부탁합니다.

정말 중요한 사역은 우리가 함께 물 주는 사역입니다. 우리 아이들이 씨앗을 뿌렸으니 우리가 물을 주어야 하지 않겠습니까? 그래야 하나님께서 자라게 하십니다. 이렇게 되어야 완벽한 팀 사역이라 할 수 있습니다.

저는 이번 금요일에 돌아갑니다. 돌아가서 뵙겠습니다. 오늘 복된 주일 되시기를 축복합니다.

돌아갈 곳

지난 14일에 뉴욕을 떠나 금요일에 뉴욕으로 돌아왔습니다. 꽉 찬 일정으로 떠나니 아내가 걱정을 하고, 아빠가 오랫동안 집에 없다고 하니 아이들이 아쉬워하고, 교회를 한 주 비운다니 성도들께서 슬퍼(?)하셨습니다. 그러나 아들이 온다고 하니 두 노인네는 기뻐 펄쩍 뛰었습니다. 중국으로 가기 전 비행기 환승하면서 뉴욕과 한국에 각각 연락을 했더니 사역 잘 마치고 돌아오라는 말은 같았지만 뉴욕 가족은 걱정이, 한국 가족은 곧 만날 거라는 기대와 흥분이 느껴졌습니다.

고국으로 돌아왔습니다. 가야 할 곳은 경기도 수원입니다. 태어난 곳도 아니고 자라 온 곳도 아닌데 지금 부모님이 사시는 곳이라 그곳으로 갔습니다. 집회를 하고, 지인을 이곳저곳에서 만나도 지하철을 타고, 택시를 타고, 또 누군가가 차로 태워 줘도 늘 가야 할 곳은 수원입니다. 저에게는 참 낯선 곳입니다.

이제 한국을 떠나 뉴욕으로 왔습니다. 떠나기 하루 전부터 어머니는 한숨입니다. 무슨 시간이 이렇게 빨리 가느냐고 하십니다. 이번 일정에는 두 분과 시간을 거의 보내지 못했습니다. 인천공항에서 전화를 드렸습니다. "저예요. 이제 비행기 타요." "그래, 네 빈자리가 크구나. 교회 잘 섬기고, 아이들 잘 키워라. 네 집으로 잘 가라. 너로 인해 함께 비행기를 탄 사람에게 복이 임하기를 기도한다."

집을 떠나 집으로, 가정을 떠나 가정으로 돌아갑니다. 마음이 허전합니다. 집으로 돌아오는데 한편은 집을 떠나는 것입니다. 지금 돌아온 곳도 집은 아니겠지요. 우리 모두의 집은 천국이니까요. 우리가 돌아갈 곳은 천국이지요. 13일간의 여행도 순식간이고, 우리의 인생 여행도 순식간이겠지요? 중국을 떠날 때에도, 한국을 떠날 때에도 후회가 남습니다. 좀 더 잘할걸……. 천국에 갈 때에도 후회가 남겠지요? '그래도 중국과 한국을 떠나 이곳에는 다시 기회가 있는데, 이제 돌아가야 할 천국에 가면 그땐 정말 후회해도 더 이상 기회가 없는데……잘 살아야겠다.' 거듭 다짐했습니다. 그리고 천국이 낯설지 않았으면 좋겠습니다.

셀폰 충전하는 것도 잊어버리고, 비타민 한 알 먹는 것도 잊어버리고 삽니다. 하지만 거룩함과 성실함은 잊지 말고 살아야겠습니다. 사랑하는 하은교회 성도 여러분, 우리 본향으로 갈 때까지 늘 경건한 마음으로 살아야겠습니다. 우리 주님이 "평안을 너희에게 끼치노니 곧 나의 평안을 너희에게 주노라"요 14:27고 하신 말씀을 기억합시다. 여러분의 기도로 잘 다녀왔습니다. 감사합니다.

수요예배 가기 싫은 이유

하나님의 자녀들인 우리들에게 있어 예배는 아무리 강조해도 지나침이 없다고 생각됩니다. 예배에서 멀어지는 것은 하나님으로부터 멀어지는 것이며, 결코 건강한 신앙이라고 말할 수 없습니다. 물론 합당한 많은 이유가 있을 것입니다. 저녁예배 다녀오면 주차할 곳이 없고요, 늦게 퇴근해서 집에 와서 씻고, 저녁 먹고 나면 피곤해서 교회 가기 힘들고요, 수요예배에 가나 안 가나 내 삶에 크게 변화는 없는 듯싶고요, 수요예배까지 나가면 정말 예수쟁이가 될 것 같아 무섭기도 하구요, 나가서도 다른 생각으로 앉아 있거나 졸기까지 한다면 차라리 가지 않는 편이 나을 것 같기도 하구요.

이렇게 보니 수요예배에 나올 수 없는 이유가 만 가지가 넘네요. 그런데 딱 한 가지, 우리가 예배해야 할 이유가 있다면 그것으로 우리는 예배의 자리에 나가야 되지 않을까요? 지금 수요예배가 텅텅 비어 드리는 말씀이 아닙니다. 마치 이렇게 글을 쓰니 '요즘 수요예배에 적게 나오나?' 하고 생각하는 분이 있으실 것 같은데 그렇지 않습니다. 일 끝나고 바로 오셔서 예배가 다 끝마친 후 집에 가서 늦게 저녁식사 하시는 분도 있습니다. 예배시간 내내 정말 피곤하셔서 주무시는 분도 계십니다. 누워서 주무시라고 이불이라도 펴 드리고 싶은 마음이 굴뚝 같습니다.

저는 지금 수요예배 참석자가 적어서가 아니라 우리가 마땅히 예배의 자리를 지켜야 함을 말씀드리고 있는 것입니다. 교회가 교회 되는 것, 예배가 예배 되는 것, 그래서 하나님 보시기에 참 좋은 사람과 교회가 되는 것이 올해 우리의 목표 아닙니까? 그렇다면 우리가 예배의 자리에 가지 않고서 어떻게 이 일들을 이룰 수 있습니까?

어떤 중년의 남자가 주일 아침인데 늦잠을 자고 있었습니다. 어머니가 깨웁니다. "일어나, 교회 가야지?" "어머니, 저 이번주만 쉴게요. 정말 교회 가기 싫어요." "가기 싫은 이유 3가지만 들어보자." "장로님의 기도가 너무 외식적이구요, 성가대의 찬양이 화음이 맞지 않구요, 설교 때 자는 사람이 너무 보기 싫어요." "그래? 그런데 아들아, 네가 담임목사니 교회는 가야 하지 않겠니?"

교회는 우리가 가야 하는 곳이고, 예배는 우리가 함께하는 것입니다. 그리고 수요예배는 공예배입니다. 예배의 성실함이 있어야 할 것입니다. 예배의 성공 없이 다른 성공을 꿈꿔서는 안 됩니다. 내가 예배의 자리에 없으면서 자녀들이 다른 곳에 있다 말할 수 없습니다. 예배가 살 길입니다. 오늘 글은 책망으로 받으셨으면 좋겠습니다. 예배의 자리, 꼭 우리가 지켜야 할 자리입니다.

청년의 때

　사람의 성공에서 가장 중요한 기초가 되는 시기가 청년의 때가 아닐까 합니다. 청년기는 육체뿐 아니라 모든 열정이 들끓는 때입니다. 이때 신앙생활을 성실하게 하고 하나님의 말씀으로 채운 젊은이들이, 다가오는 시대에 아름다운 그릇으로 준비될 것입니다. 이것이야말로 좋은 학벌이나 좋은 성적을 얻는 것보다 더 좋은 성공이 아닐까요?

　바울이 2차 전도여행 때에 드로아에서 사역을 했습니다. 드로아에서 밤늦게까지 말씀을 전하고 있었는데 유두고라는 청년이 창문에 걸터앉아서 졸다가 3층에서 떨어져 죽었습니다. 바울은 설교가 길기로 유명합니다. 밤이 늦어 피곤한데 창문에 걸터앉아 설교를 듣다가 긴 설교에 졸았는데 그만 떨어진 것입니다. 죽었습니다. 큰 사고가 난 것입니다.

　사도행전 20장 10절에는 "바울이 내려가서 그 위에 엎드려 그 몸을 안고 말하되 떠들지 말라 생명이 그에게 있다 하고"라고 합니다. 죽었던 청년이 바울의 능력으로 다시 살아났습니다. 저는 우리 교회 청년들이 모두 살아났으면 좋겠습니다. 그리고 바라기는 우리 교회 청년들에게 유두고와 같은 친구들을 살려내는 일들이 일어나기를 기도하고 있습니다.

유두고라는 이름의 뜻은 '다행이다'입니다. 유두고라는 청년이 죽은 줄로 알았는데 살아났으니 얼마나 다행한 일입니까? 청년이 다시 살아난 것은 청년 자신이나 성도들에게 다행한 일입니다. 우리 교회가 청년들이 살아나는 기적이 청년 예배로 시작되기를 축원합니다.

바울은 분명히 죽어 있는 청년 유두고에게 생명이 있다고 하였습니다. 죽은 자에게서 생명을 보아야 살릴 수 있고 희망이 있습니다. 예수님께서는 야이로의 딸이 죽은 것을 보고 죽은 것이 아니라 잔다고 하셨습니다. 그때 사람들은 예수님의 그 말씀에 비웃었다고 했습니다. 예수님께서는 그 아이 안에 있는 생명을 보신 것입니다. 죽었지만 다시 사는 생명을 보셨습니다. 예수님과 마찬가지로 바울도 죽은 청년의 속에 있는 생명을 보았습니다.

계속해서 성경을 보니 사도행전 20장 12절에는 사람들이 살아난 청년을 보고 위로를 받았다고 했습니다. 죽었던 자가 다시 살아났다는 것보다 더 큰 위로는 없을 것입니다. 청년이 다시 살았다는 것은 교회와 성도들에게 큰 위로가 되는 일입니다. 모름지기 청년이 살아 있어야 교회에 웃음이 있고 교회에 희망이 있습니다. 시편 110편 3절은 "주의 권능의 날에 주의 백성이 거룩한 옷을 입고 즐거이 헌신하니 새벽 이슬 같은 주의 청년들이 주께 나오는도다"라고 말씀합니다. 청년들이 새벽에 내리는 이슬같이 쌓인다면 교회는 희망이 있습니다. 민족이 희망에 부풀게 됩니다. 청년들이 어디로 가고 있습니까? 무의식중에라도 그들의 발걸음이 교회로 향해야 합니다. 그래야 교회도, 청년도 복을 받습니다.

청년이 살아 있는 교회라야 희망이 있고 위로를 받습니다. 반면에 청년이 죽은 교회에는 절망뿐이고 고민이 쌓일 뿐입니다. '청년은 교회의 미래입니다.' 청년들의 기를 살리는 교회가 희망이 있는 교회입니다. 청년들의 기를 꺾는 교회는 희망이 없는 교회입니다. 가정도, 사회도, 국가도 마찬가지입니다. 청년들의 기를 살려 주어야 희망이 있습니다.

오늘부터 우리 교회 청년예배가 부활합니다. 기도해 주세요. 격려해 주세요. 관심을 가져 주세요.

미안해

저의 사춘기 시절을 돌아보면 머리 속에 남는 것이 하나 있습니다. 다른 것들은 세월의 풍화 속에 기억 너머로 사라졌지만, 이 기억만큼은 머리에 각인된 듯 선명하게 남아 있는데, 늘 자식의 필요를 먼저 채우시면서도 더 충분히 채워 주지 못해 미안해하시던 부모님의 마음입니다. 그런데 이 마음이 30년이 지난 지금도 여전히 마찬가지입니다. 고국을 방문할 때면, 언제 준비해 놓으셨는지 이것저것 주시면서도 그러고도 더 못 주셔서 안타까워하십니다. 자식에 대해서 늘 충분히 해주지 못해 미안해하시는 부모님의 모습을 보노라면 마음이 짠합니다.

이제는 제가 부모가 되었습니다. 부모로서 절대적으로 부족한 것이 있습니다. '미안해하는 마음'입니다. 우리의 부모님들에게는 너무나 많았던 그 마음이 지금 우리 가정에는 얼마나 빈약한지 모릅니다. 우리 안에 가득한 것은 '내가 못해 준 것이 무엇인가?'라는 마음입니다. "내가 너희에게 못해 준 게 뭐니? 너희들은 공부만 하면 되는데, 도대체 뭐가 문제니?" 생각해 보면, 부모들의 미안해하는 마음을 먹고 자랐던 우리가, 부모들의 당당함을 먹고 자라는 우리 자녀들보다 행복했던 것 같습니다. 적어도 스트레스는 적었던 것이 분명합니다.

저는 서로에게 '미안해하는 삶'을 복음적인 삶이라고 규정하고 싶습니다. 서로가 서로에게 충분히 자신의 의무를 다하지 못해서 미안해하는 마음이 복음적인 삶을 만들어 가기 때문입니다. 서로가 서로에게 해야 할 것을 다 했다고 주장하는 순간부터 화평은 깨지기 시작합니다. 부모가 자식에게 할 도리를 다했다고 생각하고, 자식은 부모에게 자식이 해야 할 도리를 다했다고 생각하는 순간 부모와 자식 간의 관계 속에서의 인내와 용납은 사라지고 맙니다. 부부도 마찬가지입니다. 자신의 부족함에도 나와 결혼해 준 배우자를 생각할 때 가정은 화평합니다. 지금도 여전히 기대하는 만큼의 충분한 역할을 다하지 못해서 미안해하는 마음을 가질 때 그곳에 지속적인 평화가 임하게 될 것입니다. 가정 안에서만의 문제는 아닐 것입니다. 회사 안에서 노사간의 관계도 같은 원리요, 국가와 국민간의 원리도 같다고 봅니다.

5리를 가고자 하는 자에게 10리까지 못 가 준 것에 대한 미안함, 속옷을 달라고 하는 자에게 겉옷까지 주지 못하는 미안함, 더 좋은 것으로 대접하지 못하는 미안함, 더 충성스럽게 섬겨 주지 못한 것에 대한 미안함…… 이런 미안함이 우리 교회를 따뜻하게 하고, 긴장을 풀어 화평을 이루어 내는 것은 아닐까 생각해 봅니다.

공천위원 활동

올 하반기에 우리가 긴장하며 기도의 끈을 놓지 말아야 할 한 가지는 교회 리더십을 세우는 일입니다. 교회 리더십을 세우는 일은 참 어렵습니다. 사람을 세우는 일이기 때문입니다. 종합 시험 세트입니다.

공천위원을 세운 작년 12월부터 지금까지 살얼음 위를 걷는 듯한 시간들이었습니다. 들어도 못 들은 척, 알아도 모르는 척, 당회에서 주신 안식년도 내년으로 미루고 여기까지 왔습니다. 이제 이 일을 본격적으로 시작하기 위한 계절이 왔습니다. 앞으로 이렇게 일들이 진행될 것입니다.

이제 9월 한 달 동안 수요예배 후에 공천위원들은 기도회를 할 것입니다. 기도 없이는 안 되는 일이기 때문입니다. 지금까지는 눈으로 보고 귀로 들어왔지만 기도해야만 보이는 것이 있고, 기도해야만 들을 수 있는 것이 있기 때문입니다. 10월 6일, 정기당회가 있는 날입니다. 이날 당회에서 공천위원이 공천 날을 정할 것입니다. 그리고 공동의회 날을 정할 것입니다. 공천하는 날에 공천위원들은 담임목사에게 공천자를 알려 주고, 담임목사는 서면으로 공천자들에게 수락 여부를 묻게 됩니다. 이 일을 2주 안에 해야 합니다. 공천자가 공천을 수락하면 수락하는 사람에 한해서 공동의회에서 투표를 하게 됩니다. 공동의회에서 과반수 찬성으로 피택 되시는 분들과 현 당회원들이 임직식 날을 정하여 그날까지 교회 리더로서의 소양 교육들을 진행해 나갈 것입니다.

함께 기도해 주십시오. 영성이 살아 있고, 인격과 덕이 깊고, 사람들과의 관계가 좋으며, 무엇보다 하은교회를 사랑하고, 교회를 위해 헌신적으로 일하실 분이 세워지도록 기도해 주십시오.

우리가 다시 시작하자며 하은교회로 달리기 시작한 지 벌써 6년의 세월이 지나가고 있습니다. 결코 1분 1초가 그냥 지난 것이 없습니다. 많은 분들이 오셨지만 싫다고 떠나신 분들도 있습니다. 이 교회에서 아이들이 태어나고, 세례를 베풀고, 결혼도 하고, 또 하나님 품으로도 떠나시고……. 우리 모두가 함께 달려왔습니다. 노를 저어 주셨기에 키를 잡을 수 있는 것이고, 돛을 움직이고 때론 닻을 내렸기에 항해도 하고 정박하기도 했습니다. 꼭 직분이 있어야만 하는 것도 아니라는 것입니다. 때로는 조용히 교회를 섬기시는 것이 훨씬 더 기쁨이 넘칠 때가 있습니다. 아마도 상급은 더 클 것입니다.

워낙 말들이 많아, 더 긴장하며 법 하나라도 놓치지 않으려고 규례서를 보고 또 보고, 노회에 묻고, 돌 다리도 두드려 보며 한 발 한 발 지나가고 있습니다. 그래도 실수합니다. 그래도 놓치는 것이 있습니다. 품어 주십시오. 참아 주십시오. 그리고 믿어 주십시오. 여러분께서 세워 주시는 그분, 결코 교회를 말아먹을 분이 아니고 하나님도 그렇게 놔 두시지도 않습니다. 사람을 믿지 마시고 여러분이 믿는 하나님을 믿으십시오.

직분을 받게 된 자는 두려움으로, 그리고 세워 주고 밀어 주는 자는 진심으로 밀어 주는 아름다운 전통을 계속 이어가기를 소망합니다.

예배가 죽으면 우리의 영도 죽습니다

웃사는 하나님의 궤를 운반하던 중에 황소들이 놀라서 뛰니까 그 궤를 붙들었다가 죽었습니다. 우리는 이 구절을 읽을 때 당황스럽습니다. 그러면 하나님의 궤가 땅에 떨어지도록 놔둬야 합니까? 왜 웃사가 죽었는지 이해하기 어렵습니다.

그런데 웃사가 죽은 데는 이유가 있습니다. 웃사가 하나님의 궤를 운반하는 그 시작부터 잘못됐기 때문입니다. 하나님께서 명하신 방법대로 하지 않고 자기가 편안한 방법을 선택했기 때문입니다. 자기 경험과 생각이 하나님의 뜻보다 앞선 것입니다. 유진 피터슨은 웃사에 대해서 이렇게 이야기했습니다. "그는 그날 죽은 것이 아니라 이미 서서히 죽어 가고 있었다."

웃사는 이미 하나님을 경외하는 것을 잃어버리고 있었습니다. 궤를 붙잡는 순간에 죽은 것이 아니라 그 마음에 하나님을 향한 경외를 잃어버린 순간부터 이미 죽어 가고 있었던 것입니다.

우리 주변에도 이처럼 서서히 죽어 가는 사람들이 있습니다. 예배를 제대로 드리지 못하는 사람입니다. 하나님 앞에 집중하지 못하고 마음을 온전히 드리지 못하는 사람입니다. 자기 중심적으로 신앙생활 하는 사람입니다. 형식만, 몸만 나와 있을 뿐입니다. 우리는 정신차려야 합니다. 우리의 영혼이 웃사처럼 죽을 지경에 이르고 있는지 모릅니다.

교회는 하나님의 말씀이 선포되고 전파되어서 그 말씀에 반응하고 변화되는 사람들의 공동체입니다. 그런데 변화하지 못하고 반응하지 못하고 있다는 것은 죽어 가고 있는 반증입니다. 숨은 쉬고 있을지 모르나 영혼은 이미 죽은 것입니다.

그러므로 자기중심적인 이유로 예배하지 마십시오. 마음이 우울한데 기뻐지기 위해서 예배에 나와서는 안 됩니다. 오직 하나님의 뜻과 마음을 알기 위해서, 하나님께서 원하시는 것을 알기 위해서 나와야 합니다. 이런 근본적인 변화가 우리 안에 있어야 합니다. 그러면 교회는 자연스레 하나님이 베푸시는 기적으로 세상에 영향을 끼치게 될 것입니다. 우리가 그렇게 살 수 있습니다.

그렇게 살기 위해서는 하나님 중심의 예배를 드려야 합니다. 사람을 기쁘게 하는 교회가 좋은 교회 아닙니다. 온전한 말씀이 전파되고 살아 있는 성령 하나님을 날마다 만나는 교회가 좋은 교회입니다. 온 성도가 하나님 앞에 눈물 흘리며 회개하고, 세상에서 하나님의 뜻대로 온전하게 살려고 노력하는 사람들의 공동체가 진짜 좋은 교회입니다.

어떤 축복보다 온전한 예배자가 되는 것이 가장 큰 축복입니다. 온전하게 예배드리지 못하면 하나님이 부어 주시는 은혜를 잘 담을 수 있는 온전한 그릇이 될 수 없습니다.

PGM 선교대회

나그네와 손님을 잘 대접하는 교회

우리는 복덩어리 아브라함의 이야기를 잘 들어 알고 있습니다. 그분은 복을 받을 수밖에 없는 유전자를 가지고 있었는데, 나그네를 잘 대접하는 성품입니다. 그분은 섬김의 피가 있었습니다. 그렇다면 아브라함은 우리의 믿음의 조상이기에 우리에게도 Service DNA가 분명히 우리 안에 있을 것입니다. 섬김은 어려운 것이지만 할 만한 가치가 충분히 있습니다. 그러므로 섬김의 기회가 왔을 때 최선을 다해 섬기는 것이 좋습니다. 바로 그 기회가 왔습니다.

10월 14일_월부터 16일 수요예배까지 PGM 선교대회와 선교사 파송식이 우리 교회에서 있습니다. 우리 교회가 너무 작고 누추하여 몇 번 고사하였는데, 호성기 목사님_{필라안디옥교회}과 양춘길 목사님_{필그림교회}의 권유에 순종하여 이번 대회를 치르게 되었습니다.

손님들은 월요일에 도착하십니다. 한국, 일본, 중국, 과테말라와 미국 내에서 JFK 공항으로 도착하시게 됩니다. 오후 5시부터 우리 교회에서 개회예배를 시작으로 각국 선교보고와 정책이사회, 그리고 수요예배는 8명의 평신도 선교사가 각각 파송식을 갖고 파송됩니다. 우리 교회가 이 일을 감당하기에 부족하다 생각해서 고민했는데 하나님은 충분하다고 생각하시나 봅니다. 늘 우리가 생각하는 것보다, 그리고 우리가 보는 것보다 더 깊고 넓게 보신 아버지 하나님이 우리에게 맡기신 일이니 우리 모두가 잘 감당했으면 합니다.

도와주실 일은 이렇습니다. ① 영접 : 호텔에 8개의 방을 준비해 두었습니다. 오시는 분들이 방에 들어가면서 피로가 풀리도록 Welcome Basket을 준비하려고 합니다. 또한 사역보고와 정책회의, 아시아와 중남미의 선교동향 세미나가 진행되는 동안 Refreshment가 필요하여 현재 영접팀장이신 신윤원 집사님께서 팀을 꾸리고 있습니다. ② 식사 : 전체 8번의 식사를 하게 됩니다. 약 20명 내외인데요. 각각 아침, 점심, 저녁 시간에 시간이 되실 때 도와주셔도 좋고, 혹 집에서나 식당에서 대접해 주신다면 봉사자들에게 큰 도움이 될 것 같습니다. 윤란희 권사님께서 맡고 계십니다. ③ 수요예배 : 정말 은혜와 감동이 넘치는 예배가 될 것입니다. 그리고 우리의 삶에 큰 도전이 될 것입니다. 우리가 강사비를 드리고 초청해도 어려울 시간이 우리에게 넝쿨째 들어왔습니다. 놓치지 마시고 꼭 참여하십시오. 그 외에 음향으로도, 또 여러 가지 섬겨야 할 부분들이 많을 것입니다.

우리 속에 있는 섬김 유전자를 잘 활용하여 이 시간들을 통해 교회에 부어 주실 하나님의 놀라운 복을 기대하며, 우리 교회에 찾아오시는 나그네와 손님들을 극진히 대접하는 교회가 됩시다. 이 일을 치르고 나면 또 어떤 일들을 맡기실지 하나님의 하실 일들을 기대해 봅니다.

생명의 삶 성경공부 등록하세요

하나님과 친해지는 것 외에는 인생의 문제를 해결할 길이 없습니다. 하나님과 친하다? 하나님과 나는 어떤 관계일까요? 관계에는 단계가 있지요. 서로 이름만 아는 관계가 있고, 같이 식사를 하는 관계가 있습니다. 하나님과의 친밀감, 천지를 지으시고 만물을 다스리는 분과 친하는 것이 삶에 얼마나 큰 기쁨과 충만을 주는지 모릅니다.

제가 미약하나마 다리를 놓고자 합니다. 여기 하나님을 조금 아는 길이 있습니다. 생명의 삶 성경공부를 통해 하나님을 알아갈 수 있습니다. 하나님을 알면 관계가 생기고, 관계가 열리게 되면 친밀해지는 것은 시간문제입니다.

생명의 삶은 기초반 성경공부로서, 구원의 확신을 얻기 위한 목적이 있습니다. 아울러 성경을 읽고 스스로 이해하는 능력을 배양하며, 신앙적인 의문에 답을 얻을 수 있습니다. 누가 참여해야 할까요? 첫째는, 물론 하나님과 친해지기를 갈망하는 사람들입니다. 둘째는, 내 안에 말씀의 기초가 있는가 하는 의문이 드는 사람들입니다. 그리고 셋째는, 다시 기초로 돌아가고자 하는 신앙의 갈망이 있는 사람들입니다. 아직 세례를 받지 않으신 분은 이 공부를 마치게 되면 따로 공부하지 않으셔도 됩니다. 혹 요즘 내가 자주 시험에 든다고 생각되십니까? 예배에 감격이 없습니까? 누구 만나는 것도 부담스럽고, 봉사사역도 왠지 시큰둥하고, 남들이 열심히 하는 것도 그리 좋아 보이지 않으십니까? 이런 증세가 있는 분들은 꼭 이번에 생명의 삶에 들어오셔야 합니다. 구약과 신약을 먹지 않으면 결코 나아질 수 없는 병에 걸리신 겁니다.

언제 시작하나요? 10월 22일 화요일부터 시작합니다. 매주 화요일 저녁 8시에 엔학고레 북카페에서 공부를 하구요, 1시간 동안 진행될 것입니다. 총 13주간인데 11월 5일, 12월 24일, 31일은 휴강을 하기에 2월 4일에 종강할 예정입니다. 4주를 결석하면 졸업을 인정해 드릴 수가 없습니다. 반드시 다음에 이 과목이 열릴 때 재수강하셔야 됩니다.

누가 강사입니까? 고 목사입니다. 아~ 실망하셨구나. 이 분야에 최고이신 최영기 목사님을 모셔야 하는데 은퇴하시고 한국 가셔서 모시기가 쉽지 않습니다. 그것도 13주간이나! 그러나 2000년도에 휴스턴교회에서 최 목사님께 목회자 세미나를 통해 직접 사사를 받았습니다. 그분처럼 할 순 없겠지만 그만큼은 노력하겠습니다. 대신에 수강료가 없지 않습니까?

성경만 달랑 들고 공부하는 것이 아닙니다. 교재가 무려 32페이지입니다. 그만큼 시간도 걸립니다. 미리 신청해 주셔야 헌금이 낭비되지 않습니다. 기도해 보시고 신청하지 마세요. 일단 신청하시고 공부하시면서 기도하셔도 됩니다. 13주간 매일 화요일 저녁 교회에 찾아오는 일이 쉽지 않겠지만 이 시간은 남은 인생의 십일조가 될 것입니다. 아시죠? 순간의 선택이 평생을 좌우합니다. 아, 한 가지만 더, 마지막 날에는 시험을 봅니다. 그러나 답을 미리 알려드립니다.

김희석 교수 찬양집회

시편 읽기

1월에 계획하신 성경읽기, 얼마나 이루어지고 계시는지요? 남은 두 달, 시편을 추천하여 드립니다. 시편을 묵상하시면서 남은 2013년을 잘 마무리하시면 어떨까요?

시편은 우리의 영을 Reset해 주는 말씀입니다. 예수님이 구약에 대해 가르치실 때, 구약은 율법과 선지의 글, 그리고 시편이라고 요약하실 정도로 참 중요한 책입니다. 그리고 시편을 읽다 보면 누구나 공감하는 것이 바로 나의 이야기가 정확하게 기록되어 있다는 것입니다. 시편을 읽다 보면 세 가지에 크게 놀라게 되는데 첫째, 시편을 통해서 2500~3000년 전 그때 사람들의 정신세계를 엿볼 수 있으며 그들이 가졌던 신앙, 감정들을 느낄 수 있습니다. 그런데 정말 놀라운 것은 우리가 느끼는 감정이나 감성과 너무 흡사하다는 것입니다. 괴로울 때 반응하는 것, 즐거울 때 반응하는 것, 그리고 삶의 위험을 느낄 때의 반응이 지금 나의 삶과 너무나 똑같다는 것에 놀라움을 감출 길이 없습니다.

둘째, 시편에는 하나님의 마음이 담겨 있습니다. '하나님은 이런 분이시구나. 이렇게 공의로우시고, 이렇게 사랑하시고, 또 이렇게 진노하시는구나' 하는 것을 알 수 있습니다. 하나님의 온갖 감성들이 시편에 잘 나타나 있습니다.

셋째, 시편은 예배 설명서입니다. 인생의 참된 복은 예배에서 흘러나옵니다. 그러므로 참된 예배자가 인생의 성공자라고 말씀드릴 수 있습니다. 우리는 잘못하면 예배의 자리에서도 예배하지 않고 그냥 갈 때가 있습니다. 그리고 시편을 읽다 보면 우리의 모든 삶의 공간이 예배의 공간임을 알 수 있습니다. 예배 매뉴얼, 그것은 바로 시편입니다.

시편에는 하나님의 마음이 있습니다. 그래서 시편의 시작은 회개의 눈물이요, 끝은 기쁨과 감사의 눈물입니다. 어차피 시편은 눈물 없이 읽을 수 없는 말씀입니다. 깨달음의 회개와 돌이킴의 눈물, 그리고 하나님을 거스른 자신에 대한 미움과 새로운 결단들이 시편을 읽으면서 부흥될 것입니다.

시편의 깊은 세계로 들어가 보십시오. 깊은 목마름으로 읽어 보십시오. 2013년을 어떻게 마무리하고 어떤 새해를 준비해야 하는지 그 길이 보일 것입니다. 우리가 함께 읽어야 한마음을 가질 수 있습니다. 이제 우리가 하나 되는 것은 한 말씀을 함께 읽는 것입니다. 선포합니다. 오늘부터 2013년의 마지막 날까지 시편 150편을 우리 함께 묵상합시다. 하루도, 단 하루도 시편 없는 날을 보내지 맙시다. 1장부터 시작하십시오. 복 있는 사람 되시기를 축복합니다.

걸레에서 얻는 교훈

한번은 어디를 스쳐 지나가는데 냄새가 꼭 한국의 걸레 냄새였습니다. 지금은 한국에서도 페이퍼 타월을 쓰면서 이미 없어졌지만 제게는 '걸레'도 추억입니다. 꼭 걸레는 못쓰는 수건 아니면 찢어진 아버지 흰 러닝셔츠로 만들었지요. 매일 빠는데도 제일 더럽고 냄새 나는 것이 걸레입니다.

그런데요 이 걸레를 자세히 연구하다 보면 참 복음적입니다. 걸레의 역할이 무엇입니까? 자신이 더러워짐으로 환경을 깨끗하게 해주는 것입니다. 걸레 자신에게는 손해지만 그럼으로 남에게 유익을 줍니다. 또 걸레는 순종을 요구합니다. 꼭 무릎을 꿇어야 하지 않습니까? 무릎을 꿇지 않고서는 닦을 수가 없습니다. 꿇고 지나간 자리는 깨끗함이 있습니다. 힘들지만 다 닦고 나면 시원함이 있습니다. 그리고 썼던 걸레는 꼭 다시 빨아놔야 합니다.

신앙생활이 무엇입니까? 더러워진 부분을 닦는 것입니다. 닦는 과정이 쉽지만은 않습니다. 몸에 배어 있는 습관들, 젖어 있는 문화를 하루아침에 바꾸기가 쉽지 않습니다. 그러나 이런 것들을 조금씩 닦아내는 것이 신앙생활입니다. 그리고 가끔씩 돌아보면 달라져 있는 자신의 모습을 발견하고 스스로 대견해 하면서 시원함을 느낍니다. 그리고 그 신앙을 유지하기 위해서 늘 나를 쳐야 하는 것, 나를 깨끗이 하는 것이 바로 걸레와 같은 삶입니다.

이런 걸레의 관점에서 예수 그리스도를 바라봅시다. 우리 주님은 어떤 분이십니까? 이 세상 그 누구도 닦아 줄 수 없는, 그 어떤 걸레로도 닦을 수 없는 우리의 추악하고 더러운 죄를 손수 닦아 주는 걸레 되시려고 오신 분입니다. 우리의 죄를 말끔하게 닦아 주시기 위해 당신 자신이 걸레처럼 더러워지는 것을 전혀 개의치 아니하신 분입니다. 주님께서 닦아 주시지 않았던들 어찌 우리가 이처럼 구원받은 자로 살아갈 수 있겠습니까?

그렇다면 우리가 우리 주님을 말로만 따르는 크리스천이 되지 말고 정말로 그런 삶을 흉내라도 내어 보자는 것입니다. 그러므로 나를 가치 있게 만드는 길, 내 삶이 존귀하게 되는 길은 아이러니하게도 천하게 쓰이는 것 같은 걸레에 그 비결이 있습니다. 그리스도 안에서 걸레 되고자 하는 자의 삶이 찢어지려야 찢어질 수 없음은 주님께서 그 삶을 영원토록 책임져 주시는 까닭입니다. 청결한 집이라고 해서 걸레가 필요 없는 것은 아닙니다. 더 많이 필요합니다. 청결하다는 것은 더 많은 걸레질의 결과입니다. 사랑하는 성도 여러분, 청결한 교회가 되길 원하십니까? 높은 곳에 달린 장식물이 되려 하지 말고 예수 그리스도를 본받아 낮아져서 걸레가 되어 봅시다. 이 걸레에서는 냄새가 아니라 향기가 납니다.

아름다운 매듭

　고린도후서 3장 3절에 우리는 그리스도께서 보내신 편지라고 하였습니다. 우리의 삶 자체가 그리스도의 생명과 사랑, 그리고 진리를 세상에 보여 주는 그리스도의 친서가 되어야 합니다. 오늘은 11월 마지막 주일입니다. 한 해 동안 진정 그리스도의 편지, 그리스도의 향기라 불리기에 합당한 삶을 살았는가를 질문하고자 합니다. 매 주일에, 수요일에, 새벽에 들려지는 말씀을 들음과 행함으로 연결시켰는가, 아니면 귀로는 들었는데 삶으로는 듣지 못했는가를 스스로에게 묻는 시간이 되었으면 합니다.

　대나무의 강함은 높이에 있는 것이 아니라 매듭에서 비롯되는 것이라고 합니다. 굵기는 나무보다 가늘지만 폭풍에도 꺾이지 않는 힘은 바로 매듭에서 나오는 것이랍니다. 믿음의 삶도 마찬가지입니다. 건강한 크리스천은 진리의 매듭을 지닌 자입니다. 그러나 진리의 매듭을 지닌 자에게 세월의 흐름은 겉사람은 낡아지나 속사람은 날로 강건해지는 하나님의 은총입니다. 아무리 신앙생활을 열심히 하여도 진리의 매듭을 맺지 못하면 덩치만 컸지 속 빈 나무와 같아서 비바람이 조금만 불어도 넘어지고 맙니다.

우리말 사전에 인생이란 '사람이 세상을 살아가는 일, 또는 사람의 살아 있는 동안'이라고 되어 있습니다. 다시 말해 우리가 사는 삶도 인생이고, 살면서 하는 일도 인생이라는 것입니다.

이렇게 말씀하시는 것을 들었습니다. "세월은 가는데 나는 왜 불변할까?" 사실은 그것이 아닙니다. 변하는 것은 나이고, 불변하는 것이 세월입니다. 하나님이 주신 시간은 1분 1초 변함없이 가는 것인데, 그 시간 판 위에 있는 우리가 늙어 가고 있는 것입니다. 인생에서 중요하지 않은 시기가 없습니다. 그래도 중요한 시기를 말하려면 매듭의 시기입니다. 왜냐하면 그 인생의 수준과 질을 결정하기 때문입니다.

우리의 인생, 긴 것 같은데 턱없이 짧습니다. 우리의 가진 욕망을 채우기에는 너무나 짧은 시간들입니다. 그러나 진리 안에서 바른 삶을 살기에는 충분히 긴 시간들입니다. 우리는 똑같이 10년을 살아도 남들의 30년을 살아낼 수 있습니다. 예수님의 공생애는 3년뿐이었지만 어느 누구의 30년, 아니 300년의 사역을 이루시고 제자들을 세우셨습니다. 오병이어 하면 물질적으로만 생각합니다. 하나님께서는 우리에게 시간의 오병이어를 주셨습니다. 우리는 이제 남은 1개월을 살고 11개월의 삶을 남길 수 있습니다. 내 야망만을 위한 삶이 아니라 진리를 위한 삶 말입니다.

똑같은 시간에 다른 사람은 잠을 자고, 우리는 일찍 일어나 기도로 하루를 시작합니다. 다른 사람은 커피로 하루를 열지만 우리는 '주여'로

하루를 엽니다. 똑같은 시간에 다른 사람은 배용준을 만나지만 우리는 예수님을 만납니다. 이런데 하나님이 시간의 오병이어 기적을 주시지 않으시겠습니까? 두고 보십시오. 우리는 1년에 10년의 사역을 할 수 있습니다.

감사의 매듭을 지읍시다. 우리의 입 속에서 나오는 대로 우리의 인생이 결정됩니다. 부흥 주심을 감사하고, 성전 주심을 감사하고, 건강 주심을 감사하고 기뻐합시다. 매듭을 잘 지어 영성을 기르는 교회가 되어야 합니다. 귀로만 말씀을 듣지 말고 삶으로 들어 매듭을 잘 짓는 인생이 됩시다.

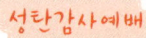

복이여, 머무르라

누구나 복 있는 사람이 되고 싶어 합니다. 복 있는 사람이란 복이 머무르는 사람입니다. 받은 복을 빼앗기지 않는 사람입니다. 스쳐 지나가는 복을 복이라고 하지 않습니다. 멋진 남자가 많이 스쳐 지나간 여자를 복 있는 여자라고 하지 않고 상처 많은 여자라고 부릅니다. 많은 돈을 벌었다가 망한 사람을 복 있는 사람이라고 하지 않습니다. 돈이 머물러 있어서 좋은 데 사용할 수 있을 때 복이라고 말합니다.

우리가 흔히 말하는 '은혜 받았다'는 말이 무엇을 뜻하는지 아십니까? '우리에게는 원인이 없다'는 것입니다. 모든 원인은 오직 하나님께 있다는 것입니다.

각 나라마다 개국 신화가 있습니다. 한국에는 단군신화가 있고, 로마에는 늑대 젖을 먹고 자란 로물루스 신화가 있습니다. 그런데 이스라엘에는 신화가 없습니다. 민족의 시작을 하나님의 약속과 말씀에서 찾습니다. 무슨 말입니까? 모든 원인이 하나님께로부터 시작되었음을 알리는 것입니다.

사람들은 '내 손으로 이루었다'는 말을 좋아합니다. 그래서 성공의 이유를 내가 잘해서, 내가 공부해서, 내가 열심히 해서, 내가 선택을 잘해서라고 우깁니다. 그러나 성경은, 원인은 하나님께 있다고 선언하고, 그것을 은혜라고 부릅니다. 은혜는 1차 복입니다. 하나님을 만나고, 좋은 교회를 만나고, 좋은 이성을 만나는 것이 은혜입니다.

문제는 이 1차 복을 머무르게 하는 것입니다. 머무름에는 '실력'이 필요합니다. '영적 실력', '정서적 실력'이 있어야 합니다. 정서적 실력은 '감격과 놀람'입니다. 재미없어도 웃어 주고, 맛이 없는 것에도 "아, 맛있어요. 이런 것 처음 먹어봐요, 혀가 놀랐어요"라고 감격하고, 좋은 경치를 보면 "아 놀라워요. 바다 봐요, 물감을 풀어 놓은 듯해요"라고 말하는 것입니다. 머무름의 영적 실력은 '감사와 찬송'입니다. 감사와 찬송이 떠나지 않는 인생을 삽시다. 그러면 항상 좋은 것이 머무르고, 축복이 떠나지 않는 인생이 될 것입니다. 어려운 때 감사함으로 위기를 극복하고, 가정마다 하나님의 풍성한 축복이 머무르시기를 기원합니다.

하나만 더, 복을 머무르게 하려면 깨뜨려야 합니다. 복을? 아니 나를 깨뜨려야 합니다.

유명한 조각가 미켈란젤로가 한번은 훌륭한 조각 예술품을 만들기 위해 커다란 대리석 덩어리를 망치와 정으로 쪼고 있었습니다. 그때 어떤 사람이 물어보았다고 합니다. "그 좋은 대리석을 이처럼 많이 깨어버리면 낭비가 아닙니까?" 그러자 미켈란젤로는 "이 대리석이 깨어져 나갈 때에야 비로소 조각은 살아나게 됩니다"라고 대답했답니다.

이처럼 우리의 심령이 깨어질 때 비로소 그리스도의 형상이 나타나게 됩니다. 우리의 자아가 깨어져 나갈 때 비로소 그리스도의 모습이 보이게 됩니다. 그러나 육이 깨어져 나가는 고통이 너무 커서 많은 사람들은 그러기를 원하지 않습니다. 그러나 대가 없이 그리스도인은 성장하지 않는 것이기에 내 심령, 내 자아를 말씀의 망치로 단련하십시오. 하나님께서 거하실 처소가 되기 위하여 예수 안에서 함께 지어져 가게 될 것입니다. 이것이 우리의 복입니다.

성탄감사예배

하나님 보시기에 참 좋은 나로의 변화

어려운 일이 생겼다.

"주님, 왜 또 이러세요. 왜 하필이면……. 해도 해도 너무하시네요. 나보다 못한 누구는 잘만 되는구만……. 환경을 바꿔 주세요, 피할 길을 주세요." 항상 그랬다.

어려운 일이 생겼다.

"주님의 마음을 알게 해주세요. 주님의 마음을 기쁘게 해드리고 싶어요. 이 고난이 주님의 허락하심이면 잘 감당하게 해주세요. 순종할 힘을 제게 주세요. 이번엔 주님께 짜증내지 않게 해주세요. 저도 다 컸으니까요." 이렇게 바뀌었다.

하나님은 우리를 참 좋아하십니다.

하나님은 요나를 참 좋아하셨습니다. 니느웨를 변화시키고 싶으신 것이 아니라 요나를 변화시키고 싶어 하셨습니다. 니느웨는 하나님이 사랑하시는 모든 것 중 하나에 불과합니다. 하나님께서 택하신 자가 하나님 앞에 온전하지 않은데 어떻게 그를 통해 하나님께서 일하실 수 있겠습니까?

그런데 요나는 착각하고 있었습니다. 하나님은 자신이 아니라 니느웨에 관심이 있다고 생각한 것입니다. 그래서 반항했습니다. 그러나 하나님은 요나에게 관심이 있으셨고, 요나를 변화시키기 원하셨습니다. 그래서 요나를 바다에 던져 넣으신 것입니다. 그가 불순종해서 괘씸죄에 걸린 것이 아닙니다.

하나님은 요나가 어떤 사람인지 아십니다. 다른 말로 하면 요나를 사랑하십니다. 하나님에게 사람이 없겠습니까? 니느웨로 가서 하나님의 말씀을 선포할 사람이 없겠습니까? 하나님의 말씀을 거역한 요나를 붙들고 씨름하시는 것은 요나를 사랑하시기 때문입니다.

하나님께서는 나를 아시면서도 나를 사랑하십니다. 사랑하시니까 변화시키고 싶어 하시고, 사랑하시니까 매를 드시는 것입니다. 우리는 옆집에 사는 아이가 공부 안 한다고 매를 들지는 않습니다. 내 자식이니까 매를 듭니다. 부족한 것이 보이니까 잔소리도 하고 벌도 세웁니다. 하나님께서 요나에게도, 우리에게도 같은 말씀을 하십니다. 나는 네가 참 좋다.

'언어는 존재의 집'이라고 말한 철학자가 있습니다. 언어는 말씀이 되는 창조적 역할을 합니다. 동시에 무섭게 파괴적인 힘을 갖기도 합니다. 우리가 잘못 사용하는 파괴적인 언어로 사랑하는 사람들의 인생이 문자 그대로 무너지기도 합니다. 언어에는 독이 있습니다.

언어로 이웃을 살리기도 하고, 죽이기도 합니다. 늘 살리는 창조의 도구로 언어를 사용하십시오. 우리가 가족들이나 이웃들에게 사용하는 언어로 우리가 사랑하는 사람들이 새로운 삶의 비전과 용기를 얻습니다. 의인의 입은 생명의 샘입니다. "빛이 있으라"는 말씀으로 만물이 생겨났습니다. "나사로야, 나오너라"는 말씀으로 새 생명이 일어났습니다.

하나님 보시기에 참 좋은 나는 말부터 변화됩니다. 요나도 말이 변하였습니다. "하나님, 제가 가겠습니다. 제가 하겠습니다."

여러분……, 사랑합니다.

성탄 감사예배

새해 맞을 준비

성공하는 사람들의 습관은 철저한 준비라는 것쯤은 알고 계시죠? 이제 2014년의 문으로 들어갈 날수가 얼마 남지 않았습니다. 잘 준비하여 잘 사는 한 해가 되었으면 좋겠습니다.

먼저 믿음을 준비합니다. 위를 바라보는 믿음입니다. 구덩이에 빠질 때를 준비해서 언제든지, 어디에서든지 위를 바라보는 훈련을 하는 겁니다. 사람 보지 않고, 세상 보지 않고 오직 주만 바라보는 믿음을 준비하게 되시기를 축복합니다.

둘째, 전도를 준비하십시오. 잠언 12장에는 진리를 말하는 자가 잃어버렸던 복을 다시 찾는다고 기록되어 있습니다. 새해에는 우리 입에서 진리만 말하기를 준비해야 합니다. 새해가 되었다고 자동으로 할 수 있는 것이 아닙니다. 특히 말이라는 것은 습관처럼 나오는 것이라 지금부터 연습하고 또 연습해야 합니다. 새해에는 오직 진리만 말하리라 결단하고 준비에 돌입하십시오. 그리하여 적어도 나를 통해 한 명은 구원 얻은 영혼이 있도록 준비합시다.

셋째, 섬김입니다. 섬기는 일은 준비 없이 하면 시험이 뒤따릅니다. 내 방식으로 하기 때문입니다. 섬김은 하나님의 방법대로 하는 것입니다. 내가 너희를 사랑하는 것같이 너희도 사랑하라 하셨습니다. 나의 방식이 아니라 하나님의 방식을 말하는 것입니다. 훈련되고 준비되지 않으면 섬김도 제대로 할 수 없음을 기억하십시오. 나그네를 대접하고, 교회 일을 하며, 이웃을 섬기는 일을 작정하고 준비한다면 하나님은 그 사역지 Field를 주실 것입니다. 쉿! 그리고 있잖아요. 정말 아름다운 섬김이 있는데, 아무도 모르게 하는 겁니다. 그리고 바라지도 않는 것입니다. 그런 섬김, 해보고 싶지 않으세요?

이제 마지막입니다. 드림을 준비하십시오. 먼저 하나님께 드림입니다. 십일조는 시험해 보십시오. 그렇다고 많이 떼어 보라는 것이 아닙니다. 오일조부터 해보십시오. 수입의 5%부터 시작해서 말씀을 확인해 보십시오. 주일헌금은 작정해서 드리는 것입니다. 그날 호주머니에 손 넣어서 처음 잡히는 돈으로 헌금함에 넣는 것이 아닙니다. 주일헌금은 하나님께 드리는 나의 진심이어야 합니다. 신령과 진정으로 드릴 예배를 기대하며 하나님께 드릴 예물을 준비하는 것은 예배자로서 마땅한 일입니다. 그리고 곧 선교작정을 할 것입니다. 주일친교와 토요만나도 한 번씩 헌신을 준비하십시오. 나의 오병이어로 우리 교인 전체가 함께 먹고 남음이 있는 기적을 맛보고 싶지 않으십니까? 친교실 게시판에 붙어 있습니다. 누가 먼저 기록해 두었다고 해서 다른 날에 쓰는 것이 아닙니다. 그날을 기념하여서 성도들을 대접하는 것이니 한 주일에 10명이 넘는 이름이 있어도 관계없고, 이름이 없는 주일이 있어도 관계없습니다. 저는 주보를 보며 기도를 해드리고, 우리 사랑방에서 섬김과 봉사가 이루어집니다. 헌신하는 분은 300달러의 친교헌금을 그 주에 드리면 됩니다. 그러나 토요만나는 누가 대신 해주는 것이 아닙니다. 내가 일찍 나와 직접 요리하여 대접하는 것입니다. 이렇게 드릴 때 하나님께서도 우리에게 복을 나누어 주실 것입니다.

송구영신예배

기적이 왔다. 문을 열라

내일부터 2주간 송구영신 특별새벽기도회를 합니다. 우리 교회는 1년에 두 번의 정기적인 특별새벽기도회, 그리고 한 번의 특별한 특별새벽기도회가 있습니다. 정기적인 것은 사순절 42일간, 그리고 한 해의 마지막 한 주와 새해 첫 주를 기도로 여는 송구영신 특별새벽기도회가 있습니다. 특별한 것은 자녀들이 학기를 시작하는 9월에, 또는 기도를 해야 하는 특별한 도전이 있을 때 일주일씩 특별새벽기도를 선포하고 기도했습니다.

기도의 날이 왔습니다. 송구영신 특별새벽기도회는 이런 마음으로 참여해야 합니다. ① Return. 지난해를 돌아보는 것입니다. 하나님의 방법대로 살지 못한 부분은 회개하고, 결심과 결단을 순종하지 못한 것에는 다시 결단하는 겁니다. 그리고 본질을 회복하는 것입니다. 다시 신앙의 초보로 돌아가서 새해에 무엇을 먼저 해야 하는지를 기도하는 것입니다. ② Refresh. 새롭게 하는 것입니다. 2014년이 되었다고 모든 것이 새로워질 수 없습니다. 기도로 우리의 영을 새롭게 하지 않으면 묵은해의 죄성이 지워지지 않습니다. 우리는 새로워질 수 있습니다. 그리스도 안에서 "이전 것은 지나갔으니 보라 새것이 되었도다"라는 말씀을 붙들고 기도하는 겁니다. 이렇게 기도할 때 하나님께서 주시는 복은 Revival, 부흥입니다. 부흥은 되살린다는 뜻입니다. 어디로 돌아가고, 어떻게 새롭게 할까를 알면 무엇을 되살려야 하는지를 알게 됩니다.

기도는 이렇게 해야 합니다. ① 예수님과 함께 With Jesus. 예수 없는 기도는 있을 수 없습니다. 특별새벽기도회는 내 힘으로 할 수 없습니다. 예수님의 도우심을 구하십시오. ② 거룩함으로 With Holiness. 거룩은 구별입니다. 2주간 새벽시간을 따로 떼어 놓으십시오. 세상과 다른 삶, 다른 언어, 다른 생각으로 2주간 새벽을 드리겠다고 선포하고 결심하십시오. ③ 절제와 함께 Sith Self-Control. 기도 후 절제하십시오. 음식의 절제금식, 시간의 절제, 물질의 절제. ④ 가족과 함께 With Family. 되도록 가족과 함께 나오셔서 예배 끝난 후 기도 받고 가십시오. ⑤ 이웃과 함께 With Neighbor. 우리가 잊지 말아야 할 것은 구원받지 못한 사람을 천국 백성 만드는 일입니다. 그리고 나그네를 대접하는 일입니다.

이렇게 기도할 때 우리의 삶에 기적이 일어날 것입니다. 사실 오늘까지 우리가 살아 있는 것이 기적의 연속입니다. 또 다른 기적을 이제 기도로 맛봅시다. 내일부터 2주간 기적이 우리의 입에서 선포될 것입니다. 기적의 새해가 되기를 소망하며……

4부

2014

5G [Grace/Growth/Group/Gift/Giving]
(히 4:16)

선교에 순복하는 새해

　새해란 다시 시작하라고 주신 하나님의 축복이라고 믿습니다. 우리는 삶을 사는 동안에 때로는 좌절할 수도 있고, 때로는 실패할 수도 있습니다. 그러나 그런 자리에서 다시 시작할 수 있다는 것은 큰 축복입니다. "때를 따라 돕는 은혜를 얻기 위하여 은혜의 보좌 앞에 담대히 나아갈 것이니라"히 4:16는 말씀을 붙들고 Grace, Growth, Group, Gift, 그리고 Giving의 성을 한 바퀴씩 침묵으로 돌려 합니다. 이것이 새해 우리의 목표 5G입니다.

　새해 첫 주일에 우리가 먼저 해야 할 우선순위가 있습니다. 선교작정 헌금입니다. 우리는 이 시대의 아담이며, 믿음의 장자입니다. 말씀을 맡은 자의 책임을 이루어야 합니다. 모든 일에는 근본根本과 지엽枝葉이 있습니다. 즉 먼저 할 일과 나중 할 일입니다. 사람이 이 일을 잘 분별하는 것이 지혜라고 했습니다.

　새해, 우리가 아무리 급해도 하나님께 드릴 것을 정하지 않고 시작할 수 없습니다. 하나님의 자녀여, 주께 드림이 기쁨이 되는 복이 있기를 축원합니다. 우리가 말씀을 맡은 자로 그 말씀을 나누는 데 힘써야 할 것입니다.

선교작정은 이렇게 합니다. 먼저 물질의 드림입니다. 매주 또는 매월 작정하여 드리는 것입니다. 이것은 십일조도 헌금도 아닌 선교작정입니다. 우리가 생각하는 것보다 훨씬 더 세계의 상황은 힘들어지고 어려워지고 있습니다. 곳곳에서 굶주림과 질병으로 말씀을 들을 기회조차 갖지 못하고 죽어 가는 영혼이 많이 있습니다. 우리가 나누는 빵 한 조각이 그곳에서는 수십 수백 명을 살리는 오병이어가 될 것입니다.

또 다른 드림은 시간의 드림입니다. 올해도 단기선교가 준비되고 있습니다. 우리가 살고 있는 뉴욕과 미국 내, 그리고 해외로 여러 가지를 준비 중에 있습니다. 시간의 드림이란 여기에 동참하거나 이 일을 준비하는 일에 나의 시간을 드리는 것을 말합니다.

하나가 더 있습니다. 작년에 각국의 많은 선교사님들이 우리 교회를 방문하셨는데, 마음만큼 생각만큼 대접하지 못했습니다. 나그네와 선교사를 대접하는 일이 교회가 하는 일입니다. 올해에도 작년보다 더 많은 선교사님들이 방문하실 터인데 직접 대접하기를 원하시는 분 또한 주보와 함께 나누어 드린 작정서에 기록하시면 되겠습니다.

올해에는 선교위원회가 조직되었습니다. 큰 교회를 능가하는 조직이 구성되었습니다. 선교위원회가 새로운 다짐을 하고 주께서 맡기신 사명을 이루고자 나섰습니다. 격려해 주시고 기도해 주십시오. 그리고 나누어 드린 작정서에 오늘 작정해 주십시오. 이 또한 시간을 넘기면 잊어버립니다. 사명을 잊어버려 나약하고 게으른 성도가 되지 맙시다. 오늘 바로 이 시간 작정서에 표기하셔서 헌금함에 넣어 주시면 되겠습니다.

억지로라도 해보십시오. 참으로 귀한 일입니다. 그리고 꼭 해야 하는 일입니다. 그리고 우리를 통해서 하나님이 어떤 일들을 이루시는가 봅시다. 우리를 통해 하나님께서 일하신다는 것이 너무너무 행복합니다. 2014년 새해 하늘 복 많이 받으세요.

구정행사

유익한 사람

빌레몬서는 한 장으로 된 짧은 책으로, 바울이 빌레몬과 그가 속한 교회에 보낸 편지입니다. 빌레몬서를 쓸 당시 바울은 감옥살이 하고 있었는데 그곳에서 오네시모라는 빌레몬의 종을 만나게 됩니다.

빌레몬서를 읽다가 점점 빨려 들어가는 듯한 곳이 있었는데 11~12절입니다. "그가 전에는 네게 무익하였으나 이제는 나와 네게 유익하므로 네게 그를 돌려보내노니 그는 내 심복이라"고 하였습니다. 오네시모가 예전에는 무익했지만 이제는 유익한 존재로 변화되었다는 것입니다. 자세히 보셔야 할 것은, '무능한 자'에서 '유능한 자'로의 변화가 아니라 '무익한 자'에서 '유익한 자'로의 변화입니다. 성경은 사람을 가리켜 표현할 때 '무능' 혹은 '유능'이라는 단어를 사용하지 않습니다. 하나님께서는 우리의 능력 유무로 평가하시는 것이 아니라 우리가 가진 것으로 무익하게 살고 있는가, 아니면 유익하게 살고 있는가를 보십니다. 예전에는 무익했지만 이제는 하나님과 사람 앞에 유익한 사람이 되는 것, 이것이 우리 모두의 소원이 되었으면 좋겠습니다.

오네시모, 그가 변화의 주인공입니다. 어떻게 이런 변화가 가능했을까요? 과거에는 무익한 자였는데 어떻게 해서 지금은 유익한 자가 될 수 있었을까요? 그 비밀은 두 사람과의 만남에 있었습니다. 하나는 오네시모와 빌레몬의 만남이고, 다른 하나는 오네시모와 바울의 만남입니다.

오네시모와 빌레몬 사이의 만남을 먼저 생각해 봅니다. 추정하건대 이 둘은 십수 년 동안 만나 왔을 것입니다. 하지만 아무런 변화가 일어나지 않았습니다. 빌레몬은 바울로부터 오래전에 복음을 접하게 되었고 신앙인으로 살았습니다. 하지만 빌레몬은 오네시모를 종으로만 여겼습니다. 십수 년에 걸친 만남에도 불구하고 이런 관계하에서 오네시모에게는 아무런 변화가 일어나지 않았던 것입니다.

우리 역시 매일 누군가를 만나며 살아가고 있습니다. 직장에서, 학교에서, 교회에서, 그리고 집에서 누군가를 만나고 살아가지만 빌레몬이 오네시모를 대하듯 만난다면 그 만남 속에는 아무런 의미 있는 일이 일어나지 않을 것입니다.

다른 만남이 있습니다. 오네시모와 바울의 만남입니다. 따라서 우리의 가장 중요한 기도 제목은 바로 이것이 되어야 합니다. 곧 복음의 스승, 즉 영적 스승을 잘 만나는 것입니다. 그리고 나도 누군가에게 영적 스승이 되어 주어야 합니다. 우리가 정말 예수님을 사랑하고 복음을 귀하게 생각하면서 이 귀한 예수님을 소개하지 않는다면 우리는 참 좋은 그리스도인이 아닐 것입니다.

복음이 전제되지 않은 우리의 세상적 성취와 업적들은 하나님의 관심의 대상이 아닙니다. 반면 눈물을 흘리며 복음의 씨앗을 뿌리는 그 사람을 하나님께서는 유익한 자로 세상을 살다왔다고 평가해 주십니다.

우리는 지금껏 오네시모처럼 평생을 무익한 자로 살아왔는지 모릅니다. 하지만 오늘부터는 아닙니다. 결단하십시오. 복음이 전제되지 않은 삶은 하나님 앞에 무익할 뿐입니다.

알래스카 단기선교

힘든 세상 그러나 기쁜 세상

우리는 하나님을 믿고 사는 사람들입니다. 그렇다면 우리는 세상이 힘들어도 낙심하지 말아야 합니다. 예수님이 굳이 이 땅에 오신 이유는 믿는 우리들이 하나님 때문에 얼굴 펴고 사는 모습을 보기 원하셨기 때문일 것입니다. 힘든 세상이지만 주와 함께 기쁘게 삽시다. 앞으로 누구보다 행복하고 기쁜 삶을 사실 수 있는 여러분이 되시기를 축원하여 드립니다.

힘든 세상을 기쁘게 살려면 첫째, 잃어버린 것만 바라보지 말고 아직도 나에게 주어져 있는 것들을 바라볼 줄 알아야 합니다. 그리고 그것을 누리고 즐길 줄 알아야 합니다. 그러면 힘든 세상도 기쁘게 살 수 있습니다.

찬송 '받은 복을 세어 보아라'를 불러 보세요. 우리는 모든 것을 잃어버린 사람이 아닙니다. 아직도 잃어버린 것과는 비교도 할 수 없는 소중하고 아름다운 것들이 많이 있습니다. 예수님은 우리에게 주시려고 오신 분입니다. 우리에게 허락된 아름다운 사람과 아름다운 것들을 바라보면서 기뻐하며 행복하게 사는 멋있는 삶을 사실 수 있기를 바랍니다. 그 마음의 여유만 있다면 힘든 세상도 기쁘게 살 수 있습니다.

두 번째, 힘든 세상에서 기쁘게 살 수 있는 핵심은 잃어버린 것에 대한 과감한 포기가 있어야 합니다. 아이가 집 마당에서 아이스크림을 먹고 있었습니다. 그런데 그만 아이스크림을 땅에 떨어뜨리고 말았습니다. 아이는 그것이 너무 속상해서 울려고 합니다. 터지기 일보 직전입니다. 그때 엄마가 아이를 달래는 방법이 너무나 지혜롭습니다. 엄마가 얼른 아이에게 떨어진 아이스크림을 발로 밟으라고 했습니다. 아이는 맨발로 울먹울먹하면서 아이스크림을 밟았습니다. 그랬더니 아이스크림이 발가락 사이로 삐죽삐죽 올라오지 않겠습니까? 아이는 그것이 재미있어서 속상한 것도 잊고 계속 장난질하는 것입니다. 그 사이 새 아이스크림을 손에 쥐어 주니까 너무 좋아서 행복해하면서 먹고 밟고 하는 것을 본 적이 있습니다.

여러분, 지금 무엇을 떨어뜨리셨습니까? 이왕 떨어진 것이라면 그것을 붙들고 사정하지 마시고 밟아 버릴 수 있기를 바랍니다. 그것은 아이스크림에 불과한 것입니다. 그냥 밟아 버리고 한 번 활짝 웃으실 수 있기를 바랍니다. 밟아 버려! 말만 들어도 시원하지 않으십니까?

세상은 요동하여도 하나님은 요동치 아니하시며, 세상은 변하여도 하나님은 영원히 변치 아니하시고 우리와 함께 계십니다. 하나님을 바라볼 수 있기를 바랍니다. 그의 음성에 귀기울일 수 있기를 바랍니다. 하나님을 바라고 그의 음성에 귀기울일 때 하나님의 빛이 우리의 삶에 비추게 될 것입니다. 그때 하나님께서 주시는 참 기쁨이 무엇인가 깨달을 수 있을 것입니다. 하나님의 빛으로 힘든 세상을 기쁘게 살아가는 하은 교회가 되었으면 좋겠습니다.

족구대회

탁구대회

기도의 전쟁터를 회피하는 영적 비겁자가 되지 말라

　나폴레옹이 어느 날 밤 혼자 부대를 시찰하였습니다. 나폴레옹을 알아보는 보초마다 그에게 크게 경례를 하였습니다. 전략적으로 가장 중요한 지점에 갔습니다. 그곳에는 보초가 없었습니다. 옥수수 단 아래에 군화가 풀러 있었고, 그 옆에는 장총이 놓여 있었습니다. 보초가 잠을 자고 있었던 것입니다. 나폴레옹은 말없이 그 총을 집어 들고 잠을 자는 보초가 깰 때까지 보초를 섰습니다. 보초가 깨어나 총을 찾느라 더듬거리다 나폴레옹을 보게 되었는데 얼마나 놀랐겠습니까? 그리고 다음 일이 얼마나 두려웠겠습니까?

　사도 요한은 우리가 주님 오실 때 주님 앞에서 부끄러울 것이 없는 존재가 되어야 한다고 가르쳤습니다. 영광의 주님이 다시 오실 때 우리의 근무지에서 잠을 자는 병사가 되어서는 안 된다는 경고이겠지요.

　여러분, 느껴지지 않으십니까? 시간이 지나면서 전쟁의 양상은 달라졌지만 전쟁의 치열함은 사그라지지 않고 더더욱 심해지는 것 같습니다. 영적인 전쟁 말입니다. 적들은 수천 년 동안 영적 싸움으로 단련되어 극렬해 가는데, 우리는 시간이 가면서 더욱 약해져만 가고 있다는 무서운 생각이 듭니다. 안타깝게도 영적 승전보는 계속 줄어들고 있습니다. 전에 알지 못했던 여러 가지 도전들에 끊임없이 직면하고 있습니다. 힘써 기도해야 하겠습니다. 기도하지 않으면 영적 비겁자입니다. 기도하지 않는 영적 비겁자들에게 다가올 심판은 김연아 선수의 심판관들보다 더 냉혹할 것입니다. 이대로 가다가는 우리는 아무런 상급을 받지 못할 것입니다.

저는 알래스카에서 이라크에 파병되는 군인들을 보았습니다. 상상할 수 없는 추위 속에서 훈련하고 또 훈련하였습니다. 이 땅을 떠나 적진으로 가서 어떤 상황이 찾아올지 모르기에 그 위험성에 대비하여 체력을 키우고 팀워크를 쌓으며 전쟁터로 나가기 위해 육체의 정을 십자가에 못 박는 듯하였습니다.

선교사들을 위해서라도 하룻밤 안락함을 포기하고 교회에 나와 새벽에 기도하지 않으시겠습니까? 몸부림치며 기도해 보지 않으시겠습니까? 기도는 몸을 피곤하게 합니다. 그러나 기도는 밤을 잠그는 빗장이요, 낮을 여는 열쇠이어야 하지 않겠습니까? 기도는 능력이고 부이며, 영혼의 건강입니다.

이 세상의 전쟁터에 나가서 부상당하고 죽어 가는 영혼들을 위해 일어나 기도해야 합니다. "하나님을 알지 못하는 자가 있기로 내가 너희를 부끄럽게 하기 위하여 말하노라"(고전 15:34)는 바울의 말이 혹시 나를 가리켜 하는 말은 아닙니까?

특새를 선포합니다

내일부터 42일간의 '특새'를 선포합니다. 왜 출애굽기인가? 모르겠습니다. 하나님께서 제게 주신 마음입니다. 그러나 출애굽기를 준비하면서 뚜렷한 기대가 생겼습니다. 특별새벽기도회에 이런 기대가 있습니다.

첫째, 하나님과의 회복입니다.

사실 우리가 모르는 사이에 하나님과 우리 사이에 많은 간격이 생겼습니다. 낯선 하나님, 잊혀진 하나님, 놓쳤던 하나님, 무덤덤한 하나님……. 이런 하나님과의 회복이 일어났으면 좋겠습니다.

둘째, 하나님과 동행하는 삶입니다.

이스라엘은 광야에서 하나님과 아침, 점심, 저녁을 함께했음을 알 수 있습니다. 우리도 날마다 하나님과 동행할 수 있다면 얼마나 행복할까요? '하나님과 동행하는 삶이 있게 하옵소서'라는 것이 이번 특별새벽기도회에 기도할 제목입니다.

셋째, 변하게 하옵소서.

출애굽기를 읽다 보면 내 안에 아직도 남아 있는 애굽 노예의 습관들이 있는 것을 알게 됩니다. 고정관념, 가치관, 잘못된 신앙이 달라지게 하옵소서. 우리가 기도하면서 깨뜨려야 할 나의 고집이 있습니다. 이번 특별새벽기도회 기간 동안 이기적으로 기도합시다. 나를 위해, 나와 하나님의 관계, 나의 영성을 들여다보고 교정하는 날이 되었으면 좋겠습니다.

1919년 3월 1일 독립 만세 운동이 벌어졌습니다. 물리적으로 볼 때 많은 숫자가 아니었습니다. 실제로 일제의 통치를 무력화시킬 수 있는 결과를 가져오지도 못했습니다. 많은 애국지사가 감옥에 가게 되었습니다. 그러나 그 만세 운동이 씨앗이 되어서 지속적인 독립운동이 벌어졌고, 나중에는 3·1정신이 대한민국 건국의 기초가 되었습니다. 작은 일이지만 미래에 될 일을 보여 주는 예언적 활동이 된 것입니다. 작은 것을 무시해서는 안 됩니다. "작은 일의 날이라고 멸시하는 자가 누구냐"속 4:10의 말씀이 선지자에 의해 선포된 적이 있습니다. 미래를 바꾸는 작은 일, 바로 기도입니다.

돌이켜봅니다. 우리 하은교회는 짧은 시간에 큰 부흥을 가져왔습니다. 이 부흥은 기도의 부흥이 있을 때 시작되었습니다. 새벽기도의 부흥이 있었습니다. 10명이 50명이 되고, 500명이 되었습니다. 그러는 동안에 성전이 주어졌고 주일학교가 학생, 청년들이 성장하였습니다. 기도가 커져야 합니다. 분주하게 뛰기만 하면서 열매 없는 허망한 인생에서 떠나십시오. 기도가 커지면 인생이 커집니다. 기도가 바뀌면 미래가 바뀝니다. 기도하는 교회가 내 교회입니다. 함께 기도함으로 뿌리 내릴 수 있습니다. 자! 내일부터 새 마음으로 기도합시다.

교회풍경

살기 위해 기도하고 기도하기 위해 삽니다

특별새벽기도회 한 주간을 보냈습니다. 작정하시고 오셔서 두 눈 부릅뜨고 말씀 들으시고, 두 눈 꼭 감고 기도하시는 여러분을 볼 때마다 행복하고 감사합니다. 우리에게 있어서 기도는 살아 있는 동안 영원히 끊이지 않을 흐름입니다. 새벽기도는 누구에게나 어렵습니다. 그러나 중단할 수 없는 일입니다. 우리는 살기 위해 기도해야 하며, 기도하기 위해 살아야 합니다. 기도를 통해 하나님의 계획이 어떤 것인지에 대해서 완전히 확신하지 못하지만 하나님의 능력에 대해서는 확신할 수 있도록 하는 것이 기도의 능력입니다.

그러므로 사탄이 우리로 하여금 기도하지 못하도록 사력을 다하는 것은 당연한 일입니다. 특히 사순절 기간에 그들의 방해는 극에 달할 것입니다. 온갖 방법들을 동원할 것입니다. 믿음을 자라게 하십시오. 하나님께서는 믿음을 요구하십니다. 왜냐하면 믿음이 없이는 하나님을 기쁘시게 할 수 없기 때문입니다. 믿음이 없는 사람들은 그리스도의 마음을 아프게 하며, 주님의 일을 무너뜨립니다. 기도하기를 중단하는 믿음은 생명을 잃은 것입니다. 다시 말씀드립니다. 우리는 살기 위해 기도하고 기도하기 위해 살아야 합니다.

영적 침체, 기도 막힘에 대해 책임을 전가하려 하지 마십시오. 사탄이 우리의 기도를 막았다구요? 예수님께서는 원수를 이길 권세를 우리에게 주셨습니다. 사도 바울은 "이 모든 일에 우리를 사랑하시는 이로 말미암아 우리가 넉넉히 이기느니라"롬 8:37고 말했습니다. 우리의 원수들을 탓할 수 없습니다. 잘못은 바로 나에게 있는 것입니다. 영적 원수들이 득세할 때에 무릎으로 제압하십시오.

40일을 기도하며 기다리십시오. 한나가 원하는 때에 기도 응답이 주어졌다면, 이스라엘 민족은 사무엘이라는 능력 있는 하나님의 사람을 알지 못했을 것입니다. 진정한 기도는 기도 후에 선한 싸움을 싸우는 것입니다. 기도 응답이 이루어질 때까지 결코 물러서지 않는 것입니다. 하나님께서는 우리에게 기도 응답을 주실 때 당신의 뜻을 함께 이루십니다. 그러므로 우리에게는 하나님의 뜻에 맞는 기도를 드리는 것과 기다림이 필요합니다.

남은 사순절 기도시간, 우리 함께 끝까지 달려갑시다. 하나님의 지팡이를 손에 들고 하루하루 그렇게 가봅시다. 멈추지 마십시오. 기도로 가득한 40일이 되기를 축복합니다. 특별히 이번 특새를 위해 수고해 주시는 모든 봉사자들께 깊은 감사를 드립니다.

제6회 선교기금 마련을 위한 하은골프대회

2014년의 십일조는 여기에 드립시다

    십일조는 물질로도 드리지만 시간으로도 드려야 합니다. 그것이 바른 십일조 신앙입니다. 365일을 받았으면 적어도 30일은 온전히 하나님께 헌신으로 드리는 것이 옳습니다. 그래서 가장 좋은 방법으로 십일조를 드릴 수 있는 방법을 알려드리려고 합니다. 제가 '애정남'_{애매모호한 것을 정해 주는 남자} 아닙니까! 올해 십일조 시간을 정해드리겠습니다.

첫째, 뉴멕시코(6월 30일~7월 5일)

    이곳에서 하는 사역은 나바호 인디언 아이들을 대상으로 공부를 가르치는 것입니다. 공부뿐 아니라 악기나 태권도를 가르쳐 주는 것도 참 좋은 사역이지요. 그러니 우리 학생부가 가장 적합합니다. 그러나 사역을 돕는 사역도 필요합니다. 우리 학생들이 완벽하게 사역할 수 있도록 식사를 도와주는 사역이 필요합니다. 이번 기회에 부모님이 함께 가셔서 엄마는 자녀를 위해 식사를, 자녀는 인디언 아이들을 가르치고, 아버지는 인디언들을 위한 집을 보수해 주거나 새로 짓는 일을 도와주시면 온 가족이 함께 멋진 팀이 될 것 같습니다.

둘째, 티벳(6월 1~13일)

청·장년이 2명에서 3명이 가장 적당하구요. 사천성에 위치한 2곳 오지지역 신롱, 리탕에 위치한 티벳 마을에 들어가 장족어 성경전달, 예수영화상영, 마을사람과 친교를 나누는 사역을 하게 됩니다. 새로운 문화경험과 선교경험이 될 것입니다.

셋째, 아이티(8월 11~17일)

시티 솔레이라는 빈민촌에서 고아들을 돕고, 현지 교회를 방문하여 성경학교를 열어 줄 것입니다. 신토라는 시골마을에서 시범농장사역을 돕고, 지붕 및 건축사역, 마을 주민과 친교 스포츠, 영화 상영을 계획하고 있습니다.

넷째, 볼리비아(6월중)

먼저 코차밤바에 있는 현지 사역 교회에서 그곳 사람들과 예배드리고 친교 나누고, 또로 또로 지역의 오지로 가서 선교사님이 개척한 선교센터를 개보수하고, 그곳에 큰 밭이 있는데 감자 농작물 재배에 필요한 노동력을 제공하며, 오지 어린이들에게 여름성경학교를 열어 주려고 합니다. 여기에 귀한 십일조를 드려 보세요. 갑절의 축복을 얻으실 것입니다. 이런 것은 일단 믿음으로 결정하고 나중에 기도하는 것 아시죠?

방향이 맞다면 가라. 하나님이 여신다

특별새벽기도회를 통해 출애굽기를 만나고 있습니다. 하나님께서 이스라엘 백성에게 찾아오시고 그들을 광야로 이끌어내시면서, 하나님께서 어떻게 그들을 인도하시고, 어떻게 그들과 동행하셨는가를 보여 주는 이야기를 듣고 있습니다. 그런데 더 기막힌 것은 출애굽기 이야기가 놀랍게도 무대만 바꾸어 놓으면 우리들의 이야기라는 것입니다. 하나님과 동행하는 삶은 신앙으로 살아가는 우리들에게는 참 중요한 이야기입니다.

하나님은 모든 닫힌 환경을 여시는 분이지만 또 열려 있다고 해서 꼭 하나님께서 여셨다고 착각해서는 안 됩니다. 하나님께서는 요나에게 니느웨로 가기를 명하셨습니다. 그러나 요나는 다시스로 가려고 마음 먹었는데, 성경은 마침 그때에 다시스로 가는 배가 있었다고 기록하고 있습니다. 타이밍이 기가 막힙니다. 그러나 그것은 하나님께서 여신 것이 아닙니다. 잘못 가면 그 열린 문 뒤에 낭떠러지가 있을 수 있습니다. 우리 하나님께서는 때로 막다른 길로 우리를 몰아넣으시고 거기에서 하나님의 말씀을 펼치실 때도 있습니다. 홍해 앞에 있는 이스라엘 백성들처럼 말입니다.

우리도 종종 사방이 막혀 있음을 경험할 때가 있습니다. 그때 제일 먼저 생각해야 하는 것은 방향 Direction입니다. 앞은 바다, 옆은 광야, 뒤는 바로의 군대가 있습니다. 이럴 때 사람들이 먼저 하는 생각은 '어디가 쉬운 길이냐?' 이걸 조심해야 합니다. 쉬운 길을 찾는 것은 사탄이 원하는 두 번째 결과입니다. 처음 것은 그 자리에 앉아서 절망하는 것, 그냥 주저앉아서 낙망하다가 겨우 일어나 방향을 틀어 다른 곳으로 가는 것을 원합니다.

지금 이스라엘이 가야 할 방향은 가나안입니다. 그렇다면 홍해 쪽이 맞는 방향입니다. 그러나 홍해를 건너는 것은 제일 어려운 방법이며, 이성적으로 불가능합니다. 그러나 방향이 맞다면 가십시오. 하나님께서 열어 주실 것입니다.

그러나 기억해야 할 것이 있습니다. 하나님께서는 절대로 먼저 열어 놓고 가라 하지 않으십니다. 우리의 믿음이 먼저 보여지기를 원하십니다. 하나님의 주권을 인정하는 것이 신앙이기 때문입니다. 또 그래야만 우리의 믿음이 업그레이드되기 때문입니다.

하나님께서는 방향을 주시고 우리는 순종을 드리는 것입니다. 바다를 향해 손을 내미십시오. 기도하라는 말입니다. 이것이 우리가 바른 방향 앞에서, 그리고 사방이 꽉 막힌 곳에서 할 수 있는 순종입니다. 그때 막힌 문제가 풀리고 닫힌 문이 열리게 될 것입니다.

홍해가 열리는 기적의 이야기를 나누며 찬송하고 기도하는 이 시대의 순례자들이 되시기를 축복합니다. 새벽의 홍해를 가르세요. 열릴 줄 믿습니다. 그곳이 맞는 방향입니다.

성 금요일 예배

부활주일 예배

고백의 능력을 활용하라

말에는 분명히 능력이 있습니다. 그래서 말은 반드시 바른 믿음에 바탕을 두고 있어야 합니다. 로마서 10장 10절에 "사람이 마음으로 믿어 의에 이르고 입으로 시인하여 구원에 이르느니라"고 했습니다. 순서를 잘 보십시오. 먼저 마음으로 참되다고 믿는 것, 그리고 뒤에 고백하는 것입니다. 고백이 총이라면 마음속에 존재하는 말은 총알인 것입니다. 그리고 총알을 밀어내는 화약은 믿음입니다. 우리가 고백할 때, 이미 실제가 된 것입니다. 그래서 우리가 입을 열어 말하기 전에 모든 것에 올바른 질서를 부여하는 것이 중요한 이유가 여기에 있습니다.

자, 실습해 봅시다. 말씀을 묵상하십시오. "그가 채찍에 맞음으로 우리가 나음을 받았도다"를 암송하시고 말하고 깊이 생각하십시오. 병 고침을 받은 형상이 우리 마음 가운데 그려질 때까지 하십시오. 그때 마음의 영역에서 육체의 영역으로 치유가 될 것입니다.

하나님은 마음과 입이 하나가 되도록 지으셨습니다. "네가 만일 네

입으로 예수를 주로 시인하며 또 하나님께서 그를 죽은 자 가운데서 살리신 것을 네 마음에 믿으면 구원을 받으리라" 롬 10:9고 하셨습니다. 우리의 마음과 입이 한 팀이 되어 역사하도록 창조하셨습니다.

인생이 고난을 당하면 제일 범하기 쉬운 죄가 원망의 범죄, 입술의 범죄입니다. 사람은 참으로 묘합니다. 어려우면 어려울수록 기도가 나오는 것이 아니라 원망, 탄식, 저주가 나옵니다. 이스라엘 백성이 광야에서 다 망했던 이유가 무엇입니까? 원망하다가 망했습니다. 성경을 보면 하나님께서 가장 미워하시는 죄가 두 가지 있는데 하나는 교만의 죄고, 다른 하나는 원망의 죄입니다. 민수기 14장 27절에 "나를 원망하는 이 악한 회중에게 내가 어느 때까지 참으랴"고 하신 말씀 가운데 하나님의 심정이 느껴지지 않습니까?

하나님께서는 우리가 역경 중에 찬송하는 모습을 보기 원하십니다. 찬송이 사라지면 승리도 사라집니다. 그러나 여전히 찬송할 수 있다면 여전히 승리할 수 있습니다. 하나님께서 우리를 창조하신 목적은 여러 가지가 있지만 그중의 하나는 하나님을 찬송케 하기 위함입니다. 찬송이 있으면 준비가 됩니다. 찬송이 있으면 싸움에서 이길 수 있습니다.

이제 특별새벽기도회가 2주밖에 남지 않았습니다. 남은 기간 고백을 활용하며 내 속에 있는 애굽의 쇠사슬을 끊고 약속의 땅을 유업으로 얻는 하늘 백성 되시기를 축복합니다.

정말 감사합니다

　이 감격을 잃어버릴까봐, 이 느낌이 사라져 버릴까봐 저는 지금 부랴부랴 감사의 글을 남깁니다. 교회가 바로 이런 모습이었습니다. 하나 됨, 바로 이것이었습니다. 정말 많은 분들이 임직식을 위해 마치 한 사람이 움직이듯 일을 해주셨습니다. 막 세례 받은 청년이 빨간색 등을 들고 길을 안내하고 있고, 파킹장에 들어서자마자 밝은 모습으로 주차할 곳을 안내해 주셨습니다. 임직예식 1시간 전부터 이미 우리 교인들로 가득했고, 곳곳에서 어느 것 하나 놓치는 것 없이 완벽하게 준비해 주셨습니다. 오히려 제가 순서를 진행하며 놓친 것이 있었는데 잘 넘어갈 수 있도록 도와주시고 모두가 하나 됨에 얼마나 칭찬을 하시는지 너무나 교회가 자랑스럽고 또 감사하던지요.

　주차부터 마지막 뒷정리까지 끝까지 책임져 주시고 수고해 주신 우리 하은 가족들께 머리 숙여 감사의 말씀을 전합니다. 정말 피곤하시고 힘든 주일 오후였는데, 그리고 전날부터 몸이 아프셔서 힘드신 것도 아는

데 끝까지 살인미소 잃지 않으시고 손님들 맞아 주시는 우리 하은교회, 정말 프로였습니다. 오신 모든 분들이 칭찬해 주시는데 몸 둘 바를 모르겠고, 또 제가 받아야 할 칭찬이 아니었기에 부끄러웠지만 속으로는 뿌듯뿌듯 했습니다.

　여기까지 오는 데 어려움이 있었지만 함께 도와주신 여러 가족들로 인해 저는 치유 받았습니다. 아무쪼록 이런 수고와 헌신을 받은 우리 27분의 임직자들께서 더욱더 겸손히 교회를 위해 피와 땀과 눈물을 흘리는 귀한 종들이 되시기를 축복합니다.

　성지순례 중입니다. 24분과 함께 그리스와 터키를 돌며 초대교회 행적지를 중심으로 순례를 하게 됩니다. 초대교회의 모습과 영성을 잘 느끼고 오겠습니다. 순례에 참여하는 분들의 건강과 안전을 위해 기도해 주십시오. 5월 3일에 돌아옵니다. 다녀와서 뵙겠습니다. 4월의 마지막 주간을 은혜 가운데 보내시기를 기도하며……

하나님이 쓰신 사람들

　성지순례를 가보면 바울이 정말 대단한 사람인 것을 알 수 있습니다. 차를 타고 다니기에도 험한 그 길을 바울이 다녔습니다. 바울은 정말 능력자인데 그 능력이 혼자의 능력인가? 그건 확실히 아닙니다. 왜냐하면 고린도전서 15장 10절에서 고백했듯이 "내가 나 된 것은 하나님의 은혜"라고 고백했거든요. 추측할 수 있습니다. 첫째는, 하나님에 대한 감사이고 둘째는, 그를 돕고 섬겨 준 사람들에 대한 감사일 것입니다. 로마서 16장에 보면 그를 뒤에서 섬겨 준 사람들의 이름이 기록되어 있습니다. 뵈뵈가 자신의 보호자였다고 하고, 브리스가와 아굴라 부부가 목숨을 걸고 바울의 사역을 도왔다고 했습니다.

　그뿐인가요? 바울에게서 바나바를 놓칠 수 없습니다. 바나바는 초대교회 지도자입니다. 그분이 바울을 알아보고 바울을 세워 준 것입니다. 바울이 훌륭하게 되기까지에는 훌륭한 바나바가 있었기에 가능했습니다. 하나님께서는 앞에서 일하는 사람도 쓰시지만 뒤에서 밀어 주는 사람도 정말 귀하게 쓰십니다. 저는 우리 교회가 이 모습을 놓치지 않았으면 좋겠습니다. 교회는 세상이 아닙니다. 견제와 시기가 아니라 권면과 위로, 그리고 격려로 일해야 한다고 생각합니다. 바나바를 권위자라 했습니다. 권면하고 위로하는 분이었다는 뜻입니다.

사람은 누구나 리더가 될 때가 있습니다. 그러나 어느 때는 섬기는 사람이어야 합니다. 바나바가 될 때 바울이 될 것이고, 그 뒤에는 브리스가와 아굴라 같은 사람이 있어야 합니다. 리더는 영향력을 끼치는 사람입니다. 리더십Leadership과 헬퍼십Helpership은 같은 배입니다. 섬김을 잃은 교회는 더 이상 교회가 될 수 없습니다. 리더도 중요하지만 리더가 리더 되게 하는 일도 중요합니다. 바울이 되기보다 바나바가 되기 위해 힘써야 합니다. 그래야 바울이 비로소 바울이 될 수 있습니다. 그것을 위해 기도하고 힘쓰는 하은교회가 되었으면 좋겠습니다.

터키 성지순례

식객(食客) 대회

다음 주일은 6/8 하은교회 모든 가족이 하나님이 만드신 아름다운 자연 속에서 하나님을 찬양하며 예배를 드립니다. 장소는 지난해에 갔던 Valley Stream State Park입니다. 우리 교회 특성상 예배시간이 달라 한 가족이면서도 서로 교제가 부족했던 시간을 이번 야외예배를 통해서 더 깊은 교제의 시간이 될 수 있기를 기대합니다.

올해 야외예배는 좀 더 많은 분들과의 사귐을 위해 개별 사랑방을 뛰어넘어 6개 그룹과 1O그룹, 2O그룹, 3O그룹……6O그룹, 학생·청년 통합 1개 그룹 총 7개 그룹으로 Grouping 하여 친교와 식사를 자체적으로 준비하고 함께 식사를 나누게 됩니다. 이때 특별 이벤트로 각 사랑방 그룹별로 준비한 음식을 출품하는 '식객食客 대회'를 개최합니다.

그러면 야외예배 식객 대회에 음식을 어떻게 출품하며, 누가 심사하고, 출품한 음식은 어떻게 사용되는지 알려드리겠습니다.

먼저, 교회 준비위원회에서 각 그룹별로 2개의 접시를 오늘 주일 6/1에 나누어드립니다. 그다음, 각 그룹의 리더들께서는 사랑방원들과 의논하여 식객 대회에 출품할 메뉴와 스타일을 결정하셔야 합니다. 그리고 야외예배 당일6/8에 음식을 요리하기도 하고, 미리 준비된 음식을 출품하시면 됩니다.

그러면 이것을 누가 평가를 할까요? 네 분의 원로장로님들과 학생·청년 그룹에서 출품한 음식에 스티커를 붙여 스티커 숫자가 많은 순서로 2개의 그룹을 선정최우수상, 우수상하여 수상할 것입니다. 그렇다면 왜 학생·청년들이 평가에 참여할까요? 자신들이 먹어야 하기 때문입니다. 다시 말하면, 각 그룹에서 두 접시씩 출품한 음식은 우리 자녀들에게 제공되는 음식이 되는 것입니다.

푸짐한 상품도 마련되어 있습니다. 우리가 한마음 되어 음식을 장만하면서, 또 음식을 요리하면서, 음식을 함께 나누면서 서로가 서로를 더 알아가고, 서로를 더 이해하는 시간이 되길 소망합니다. 이 일은 우리 교회 모든 가족이 적극적으로 참여해 주셔야 합니다. 여러분의 적극적인 참여를 통해서 2014년 야외예배가 사랑과 기쁨으로 더 풍성해질 수 있습니다.

여러분, 함께하는 기쁨을 맛보시지 않으시렵니까?

모로코를 다녀왔습니다

모로코에서 참 귀한 분을 만났습니다. 제임스라는 선교명을 가지신 분인데 현지인입니다. 나이는 46세이고 아내와 어린 두 아들이 있습니다. 모로코 수도인 라바트Rabart에서 한국인 선교사를 만나게 되었고, 그분의 후원으로 한국 Acts라는 신학교에서 신학석사 과정까지 마치고, 부천제일교회에서 목회를 배우고 지금까지 후원을 받아 사역하고 있습니다.

모로코는 이슬람 국가이기 때문에 교회를 세울 수 없습니다. 오직 지배국이었던 프랑스만이 십자가를 세우고 교회 건물을 지을 수 있습니다. 그리하여 한인교회, 미국교회, 다른 이민자들은 프랑스 교회에 시간당 약 1,000달러 정도를 렌트비로 내며 주일만 5~6개 교회가 예배를 드리고 있습니다. 그러나 이것도 현지인 그리스도인들은 사용할 수 없습니다. 오직 집에서 가정교회로 모이고 있습니다. 중국처럼 종교경찰이 있어 이들을 감시하고 처벌하고 있지만 그렇게 심한 것은 아닙니다. 그냥 눈감고 넘어가지만 외국인이 현지인을 접촉하여 복음을 나누면 엄히 처벌을 받고 추방까지 당하게 된다고 합니다. 지난 2010년에 한국인 선교사 50여 명이 추방되었다고 합니다.

제임스가 한국에서 돌아와 라바트에서 사역을 한 지 10년이 되었습니다. 가족수로 60여 명에 달하는 믿음의 가족들이 결실하게 되었습니다. 한 분 한 분이 어찌 귀하던지요. 제 눈에 들어오는 것은 아이들이었습니다. 20여 명의 어린 아이들이 있는데 얼마나 예쁘게 찬송을 하고 성경을 읽고 놀던지요. 그런데 학교 들어가면서 코란을 배우고 이슬람 기도를 하기 때문에 거의 모든 아이들이 학교에 들어가면서 자연스럽게 이슬람화되어 버린다고 합니다. 너무너무 가슴이 아팠습니다.

제가 모로코 사역을 위해 준비한 것은 현지 리더들을 위한 것이었습니다. 그러나 지금 리더로 불리는 그분들을 위한 사역은 선교의 초점이 잘못 잡히지 않았나 하는 생각이 듭니다. 물론 사역이 꼭 하나일 필요는 없습니다. 그러나 좀 더 미래지향적으로 본다면 아이들을 위해 집중할 수 있다면 좋겠다는 생각이 들었습니다.

제임스 형제가 그렇게 리더들을 세운 것은 정말 기적이요, 귀한 사역입니다. 그러나 모로코의 미래는 저 아이들에게 있음을 부인할 수 없는 사실입니다. 지금 신학교를 세워 세우는 것도 불가능하지만 온갖 위험요소를 갖고 사역을 하며 헌금이 쓰여지는 것보다, 아이들을 위한 교육선교로 접근한다면 시간은 걸리겠지만 훨씬 더 값진 결실을 얻을 수 있지 않을까 하는 생각입니다.

일단은 길을 닦아 두었습니다. 내년 8월에 전가족 수양회를 가질 예정이라 합니다. 그때 저희 교회에서 아이들만 따로 사역을 세워 맡을 수 있도록 요청을 하고 기쁨으로 동의를 얻었습니다. 이제 기도해야겠지요. 생각만으로 할 수 없는 일이기에 충분히 기도하고 선교위원회와 토론한 후에 내년 사역을 준비하도록 하겠습니다.

　기도의 강한 힘을 느낄 수 있었습니다. 여러분의 기도로 사역을 잘 마치고 건강히 돌아왔습니다. 감사합니다.

야외예배

예레미야를 묵상했습니다

　예레미야 27장에, 하나님은 아브라함의 자손에게 약속하셨던 땅을 이방 나라의 왕 느부갓네살에게 줄 것이라고 하셨고, 이것을 예레미야가 선포했습니다. 이 메시지를 들은 이스라엘 사람들이 어떤 생각을 했을까요? 거짓 선지자라는 외침이 가득했을 것입니다. 그 땅은 창세기 13장에 하나님께서 아브라함에게 주셨음을 알고 있었거든요. 그런데 왜 이스라엘은 그 땅을 지키지 못했을까요?

　여기에는 분명한 이유가 있었습니다. 하나님과 아브라함 사이에 맺었던 두 번째 계약의 불이행으로 약속의 땅을 차지하는 데 실패했습니다. 약속의 첫 부분은 "내가 너로 큰 민족을 이루고 네게 복을 주어"이고, 두 번째 부분은 "땅의 모든 족속이 너로 말미암아 복을 얻을 것이라"창 12:2~3입니다. 이스라엘은 첫 약속으로 기뻐할 줄만 알았지 약속의 두 번째, 하나님이 나를 통해 이 세상에 있는 나라를 축복하기 원하신다는 것을 잊어버렸습니다.

태초부터 하나님의 목적은 변하지 않았습니다. 하나님께서는 택하신 민족을 통해서 온 세상을 축복하기를 원하십니다. 그래서 우리는 택함 받은 백성이 된 것이며, 우리를 택하신 그분은 우리가 그 사명을 잊지 않고 감당해 주기를 원하고 계십니다. 하나님은 우리를 축복하시며 우리를 통해 세상을 축복하기를 원하십니다. 그런데 만약 우리가 언약의 첫 부분만 취한다면, 그래서 우리가 받은 축복의 십일조를 드린다면 언약의 나머지 부분, 즉 하나님의 축복을 온 세상에 가져다주는 일을 하지 않는다면 하나님은 계속적으로 우리를 축복하지 않으실 것입니다.

하나님께서는 예레미야 27장을 통해 당신을 기쁘시게 하는 사람에게 이 세상을 주겠다고 약속하셨습니다. 그분께서 이 세상을 다시 취하는 과정에 우리를 동참시키신 것입니다. 그래서 주님께서는 요한복음 20장 21절에서 "아버지께서 나를 보내신 것같이 나도 너희를 보내노라"고 말씀하셨던 것입니다. 하나님께서는 그런 마음으로 우리를 뉴욕에 보내셨습니다. 그래서 우리는 뉴욕 선교사로 보냄을 받은 것입니다.

요한계시록 11장 15절은 언젠가 이 세상 나라 모두가 주님께 속하게 될 것을 예언하고 있습니다. 그러므로 우리는 지금 이 순간에 그 목표를 향해 전진해 나가고 있는 것입니다. 마땅히 우리의 기도를 구체화해야 합니다. 하나님은 우리를 통해 이 세상을 다스리기 원하십니다. 이제부터 우리가 기도해야 할 선교지는 ① 가정 ② 교회 ③ 학교 ④ 언론^{미디어} ⑤ 정부 ⑥ 연예와 스포츠 ⑦ 과학과 기술입니다.

주님이 다시 오실 때까지 이 영역들을 잘 다스리며 지켜야 하겠습니다. 기도로 할 수 있습니다. 우리는 예수님을 위해 온 세상을 취하게 될 것입니다. 이것이 우리의 사명입니다.

Why Me

주님을 바라보며 살아가면서도 혼란스러울 때가 있습니다. 너무나 답답한 상황을 만나게 되고, 도무지 주님의 뜻을 알 수 없을 때가 있습니다.

"2차 전도여행 때 빌립보 지역으로 간 바울과 실라는 복음을 전하다가 감옥에 갇혔습니다. 얼마나 흠씬 두들겨 맞았던지 안 아픈 곳이 없었습니다. 발을 움직여 보니 묵직한 차꼬가 살을 찌르며 발목을 짓누르고 있었습니다. 아무런 소리도 들리지 않았고, 아무것도 보이지 않았습니다. '실라는 어떻게 되었을까? 살았을까, 죽었을까?' 바짝 마른 입술에 겨우 침을 바르고, 떨어지지 않는 목젖에 힘을 주어 조용히 불러 보았습니다. "실라, 거기 있나?" 무엇에 놀란 듯 어둠 저편에서 인기척이 들렸습니다. 그러고는 반가운 목소리가 들려왔습니다. "바울? 자넨가? 자네 살아 있었구먼. 몸은 괜찮은가?" "아파 죽을 지경이네. 몸이 말을 안 들어. 자네는?" "나도 성한 곳이 하나도 없는 것 같네." "그런데 실라, 한 가지 물어봄세. 자네 지금 기분 어떤가?" "기분?" 무언가 골똘히 생각하는 듯

한참의 침묵이 흐른 후 실라가 대답했습니다. "기분이라, 기분이 날아갈 것 같아!" 바울은 기다렸다는 듯 즉시 대답했습니다. "그렇지? 기분 되게 좋지? 주님 때문에 매도 다 맞아 보고, 이게 웬 횡재란 말인가! 내 기분이 지금 어떤 줄 아나? 춤추고 싶다네."

두 사람은 일어나 더듬으면서 서로를 찾았습니다. 몇 번을 허공을 휘젓다가 마침내 서로의 손을 잡고 감옥의 어둠 한가운데 섰습니다. "우리 주의 성령이 내게 임하여 춤을 추며 찬양합니다. 우리 주의 성령이 내게 임하여 춤을 추며 찬양합니다. 춤을 추면서 춤을 추면서 주를 찬양합니다. 춤을 추면서 춤을 추면서 주를 찬양합니다……."

아무것도 보이지 않는 칠흑 같은 감옥 깊은 곳에서 두 사람은 춤을 추며 찬송했습니다. 감옥 안을 휘감아 돌던 찬송이 천장으로 올라가더니 높은 곳에 달려 있는 창문 틈새로 빠져나갔습니다. 창문을 빠져나간 찬송은 빌립보의 밤하늘로 올라갔습니다. 계속되는 찬송은 이제 빌립보 하늘을 지나 대기권을 벗어나 저 높고 높은 별을 넘어 하나님의 보좌에까지 올라갔습니다.

그 순간 하나님께서는 보좌에 앉으셔서 얼굴에 한 가득 미소를 머금으신 채 그 찬송을 음미하셨습니다. 그리고 하나님의 발이 그 찬송에 맞추어 스텝을 밟고 있었습니다. 찬송 소리가 커질수록 하나님의 스텝 밟으시는 소리도 커졌습니다. 그 울림이 이제는 저 높고 높은 별을 지나 땅으로 내려왔습니다. 그리고 대기권을 가르고 빌립보 하늘로 내려오더니, 바울과 실라가 갇혀 있는 감옥의 창문 틈새로 들어와 감옥 문 앞에 쿵 하고 떨어졌습니다. 감옥에 큰 지진이 일어난 것입니다. 이것이 바로 찬송으로 옥문이 열린 이유입니다.

그렇습니다. '어둠 속의 찬송', 그것입니다. 모든 것이 혼란스러울 때 해답은 더 높은 곳으로 올라가서 내려다보는 것뿐입니다. 폭풍우가 밀려오고 폭우가 쏟아져도 먹구름 위는 찬란한 태양이 비추는 것과 같습니다. 이해할 수 없는 고난과 혼란스러운 상황을 만났을 때, 우리가 할 수 있는 것은 계속 주님께로 나아가는 것입니다. 한걸음 더 주님을 향하여 나아가는 것입니다. 오히려 믿음으로 찬송하며 나아가는 것입니다. 그때 주님은 참 놀랍게도 혼란스러운 상황에서 전혀 새로운 눈을 열어 주시는 것을 경험하게 됩니다. 혼란스러운 상황이 바뀌기 전에 마음에 완전한 해결을 경험하게 되는 것입니다.

삶의 감옥에 갇힌 인생이 부르는 찬송은 아무리 작은 틈이라고 해도 기어이 그 사이를 비집고 하늘로 올라가 하나님의 보좌에 닿습니다. 어둠 속에서 찬송할 생각을 했으니, 옥문이 어떻게 버텨낼 수 있겠습니까? 어둠 속에서 신명 나게 찬송하는 사람을 하나님께서 어떻게 돌아보지 않으실 수 있겠습니까? 어둠 속에서 한 번도 들어 보지 못한 찬송이 들려오는데 하나님의 귀가 어떻게 번쩍 뜨이지 않으실 수 있겠습니까? 그렇게 두들겨 맞고 감옥에까지 왔으니 원망을 쏟아낼지라도 그 순간만큼은 하나님이 들어주실 텐데, 이 두 사람은 원망이 아닌 찬송을 하니 어찌 옥문이 열리지 않을 수 있겠습니까? 혼란스러울 때 더욱 주님을 향하여 나아가야 합니다.

안식년을 갖습니다

안식년을 둘로 나누어 첫 안식년을 이번 주부터 갖게 됩니다. 7월 안식년은 쉼을 갖고 10월 안식년은 공부의 시간을 가지려고 합니다. 2일 새벽에 한국으로 가서 23일에 돌아옵니다. 저는 미국에 오기까지 우리나라 지방을 가본 곳이 거의 없습니다. 이번 기회에 제주도와 부산, 그리고 강원도에 가볼 계획입니다. 그곳에서 각각 주일을 한 번씩 보내게 됩니다. 세 번의 주일 중 첫 주일은 동기생 교회에서 설교를 해야 하지만 두 번의 주일은 지방의 교회에서 예배자로서 말씀을 들으며 그곳의 영성을 느끼고 좋은 점을 배우려 합니다.

23일에 돌아와서 마지막 주일에는 제가 설교사역을 하지 않습니다. 한 주 일찍 교회로 돌아오는 이유는 안식년은 쉼이 다가 아니라 사역을 바로 보는 것이 중요하다고 생각하기 때문입니다. 하은교회를 섬긴 8년 동안 주일학교, 학생부 성경공부가 어떻게 진행되는지 전혀 볼 수가 없었습니다. 교육을 교회의 4대 사명에 넣어놓고 들여다보지 않는다는 것이 공허한 외침인 것 같아 이른바 예배를 드리고 교육부서를 돌아보려고 합니다.

안식년 이후에 목회 2기에 집중적으로 구상하는 것이 있습니다. 모든 교회가 어려워하고 있고 우리 교회 역시 아직 대안은 없는 노인목회에 관한 것입니다. 사실 10월 안식년은 이 부분을 집중적으로 공부하려고 시간을 잡고 있습니다. 노인목회에 대안이 없으면 앞으로의 교회는 상당한 어려움이 있을 것으로 예측이 됩니다. 그리고 교육부서입니다. 교회가 부흥하면서 오히려 아이들이 구석으로 몰려 버리는 현실이 되고 말았습니다. 지금 당회는 오직 이 일만을 붙들고 고민하고 있습니다. 무조건 좀 더 큰 교회만이 대안이 아닙니다. 그러다보니 그날만을 기다리며 우리 자녀들이 피해를 입고 있었습니다. 당장 아이들을 위한 대안을 찾아내도록 노력하겠습니다.

안식년 기간 동안 새 가족을 잘 돌봐 주십시오. 사랑방을 중심으로 관심이 소홀해지지 않도록 좀 더 많은 관심과 사랑을 부탁드립니다. 그리고 아프신 분들을 더욱 돌아봐 주십시오. 권사회는 안식년 동안 오직 이 일에만 전념하여 주십시오. 모든 환우들을 정성으로 돌봐 주시고 기도해 주십시오. 모든 교우들은 새벽기도에 힘써 주십시오. 예배에 잘 출석하여 주십시오. 강단은 우리 부교역자들께서 돌아가면서 최선을 다해 준비하여 주실 것이고, 주일 강단 역시 잘 준비되었습니다. 오히려 말씀은 더 풍요로워지실 것입니다.

온 가족이 건강히 안식년을 잘 보낼 수 있도록 기도 부탁드립니다. 그리고 이 기간 동안 우리 교회가 평안하기를 위해 힘써 기도해 주십시오.

잘 돌아왔습니다

참 좋은 쉼을 얻고 돌아왔습니다. 이번 여행에서 참 좋은 교회, 참 좋은 분들을 많이 만나고 왔습니다. 좋은 소식도 듣고, 가슴 아픈 소식도 들었습니다. 기억에 남는 것은 부산에 가서 해운대 바다를 보았습니다.

하나님의 은혜에 대한 가장 적절한 비유는 바다일 것입니다. 모든 물이 바다로 흘러 내려가듯 하나님의 은혜는 모든 죄와 허물을 받아들이고 삼켜 버립니다. 인간의 어떠한 죄와 허물도 그 은혜의 바다를 마르게 할 수 없습니다. 바다가 끊임없이 자정하여 그 생명력을 유지하듯 하나님의 은혜의 바다는 세상으로 인하여 그 생명력이 사라지지 않습니다.

우리 안에 믿음이 시작되는 것은 하나님의 은혜를 발견할 때이고, 믿음이 성숙에 이르는 것은 예수 그리스도 안에 있는 하나님의 풍성한 은혜를 찬양할 때입니다. 신앙이 타락하는 것은 하나님의 은혜를 정확히 알지 못하기 때문이며, 교회가 타락하는 것은 은혜를 왜곡하고 망각하기 때문일 것입니다. 그러나 교회가 부흥될 때는 언제나 은혜에 대한 각

성에서 시작됨을 우리는 잊지 말아야 합니다.

목회 2기에 들어섭니다. 은혜와 변화를 붙들 것입니다. 우리가 살아가고, 또 복된 죽음을 가지려면 은혜를 회복하는 길밖에 없습니다. 은혜에 가로막히지 마시고 은혜가 흐르게 되기를 축복합니다. 여기에 건강한 인생과 건강한 교회의 답이 있습니다.

전적인 은혜는 오직 성경에 나타난 예수 그리스도와 하나님이 주시는 은혜밖에 없습니다. 은혜는 기적이 아닙니다. 은혜를 기적으로 오해하는 순간 기독교는 샤머니즘이 되고, 크리스천은 종교생활자가 되고 맙니다. 베드로전서 5장 10절은 "모든 은혜의 하나님 곧 그리스도 안에서 너희를 부르사 자기의 영원한 영광에 들어가게 하신 이가 잠깐 고난을 당한 너희를 친히 온전하게 하시며……"라고 했습니다.

우리 하은교회는 하나님의 은혜만을 붙들며 은혜의 바다에 잠기는 교회가 될 것입니다. 우리가 하나님의 은혜의 통로로 살아갈 때 주님의 인격이 우리 삶에서 드러나게 될 것입니다. 그리고 마지막 날에 그 아들의 형상대로 온전히 변화될 것입니다. 하나님께서는 예수 믿고 변화되지 않는 사람을 제일 싫어하십니다. 날마다 조금씩 그리스도를 닮아 갑시다. 이것이 우리에게 예비된 은혜요, 우리가 구해야 할 은혜요, 체험해야 할 은혜입니다.

오늘까지 설교사역을 쉽니다. 금요일 새벽부터 말씀을 듣고 서겠습니다. 교회를 지키고 기도의 자리를 지키고 성도들을 돌아보며 부족한 사람의 안식년을 위해 기도해 주심 감사드립니다.

지혜롭게 하는 헌금

프랑스에 La Petite Syrah Cafe에서 종업원들에 대한 배려로 커피값을 이렇게 정하였다고 합니다. 고객이 커피를 주문하면서 "커피 한 잔" 하면 7유로, "커피 한 잔 주세요" 하면 4.2유로, "안녕하세요, 커피 한 잔 주세요" 하면 1.40유로로 받는다고 합니다. 단순히 이익만을 내려고 하는 것이 아니라 일할 수 있는 환경을 만들려고 하는 사업가의 선한 뜻이 보입니다.

세상이 이런 노력을 하면서 변화를 추구하고 있습니다. 하물며 교회는 얼마나 노력을 하고 있을까요? 신앙이라는 이름 아래 우리는 너무나도 변화에 게으른 것 같습니다.

오늘은 헌금에 관해 드릴 말씀이 있습니다.

예배의 자리에 나아올 때 그냥 오지 않고 예물을 들고 나아오는 것이 예배자의 바른 자세임은 두말할 필요가 없는 것입니다. 헌금은 드림입니다. 기쁘게, 정직하게 드림은 신앙생활에 있어서 참으로 중요한 것입니다. 그만큼 중요한 드림이 하나 더 있습니다.

절약도 드림입니다. 공간을 사용하고 떠날 때 딱 한 분만 전기를 끄고 나가신다면, 화장실 휴지를 내 집처럼만 쓰신다면, 친교실 컵과 일회용 용기들을 잘 사용하신다면 이것이 바른 헌금이 아닐까 생각합니다. 복사기 주변에 쓸 수 있는데 구겨진 너무 아까운 종이들, 찬양대 악보, 냅킨 한 장 한 장이 하늘에서 창조되어 주어진 것이 아니라 우리가 드려진 헌금으로 구입한 것을 안다면 올바른 사용이 헌금을 드리는 만큼 중요하다는 사실도 우리는 가슴에 새겨야 할 것입니다. 오늘 이 일에 정성을 쏟아 봅시다. 예배에 정성을 쏟는 만큼 성물을 사용함에 정성을 쏟는다면 세상이 변화되지 않을까요?

그런데 여러분, 헌금은 나와 하나님만이 아는 비밀입니다. '내가 화장실을 들어가보니 휴지는 막 풀어져 있고, 불은 훤히 켜져 있고, 수도꼭지에 물은 쏟아져 내리더라. 그래서 내가 잠갔다'고 알릴 필요는 없습니다. 그냥 내가 휴지를 정리하고, 불을 끄고, 물을 잠그면 그 헌금은 내가 한 것입니다. 내 입에서 나오는 순간 그 헌금은 나로부터 드림이 아닙니다. 자, 오늘부터 지혜로운 헌금을 드려 보지 않으시겠습니까?

다윗의 장막

저는 한국에 가면 수원으로 갑니다. 수원은 고향도 아니고 제가 자란 곳도 아니지만 현재 부모님께서 사시는 곳이기 때문입니다. 제게 수원은 뉴욕보다 더 낯선 곳입니다. 이번 안식년에 아이들을 데리고 어릴 적 추억이 있는 곳으로 갔습니다. 서울 등촌동에는 홈 교회가 있고, 살았던 아파트가 있고, 다니던 학교, 그리고 자주 가던 문방구와 분식집이 있습니다. 물론 사라져 버린 빵집도, 만화가게, 오락실들도 있습니다. 저는 신이 나서 "어, 아직도 그대로 있네. 어, 옛날에는 이것이었는데……" 하고 침을 튀어가며 이야기하는 내내 제 가족들은 너무 지루해했습니다. 저의 추억이지 아이들의 추억이 아니기 때문입니다. 아내의 어릴 적 추억이 있는 안양에 갔습니다. 역시 변화된 이야기를 흥분하며 털어놓지만 저와 아이들은 공감할 수 없었습니다. 오히려 마침 파리바게트를 찾아 시원한 음료수를 마실 수 있는 것에 아이들은 더 신이 났습니다. 그제야 깨달아진 말씀이 있습니다.

사도행전 15장 16절의 "이후에 내가 돌아와서 다윗의 무너진 장막을 다시 지으며 또 그 허물어진 것을 다시 지어 일으키리니"라는 말씀입니다. '왜 하나님께서 다윗의 장막을 다시 짓고 싶으실까?' 이건 집이 아니었습니다. 다윗의 장막은 건물이 아니라 사건이었습니다. 제게는 수원이 의미 없고 서울 등촌동이 의미가 있으며, 아내에게는 안양이고, 제 아이들에게는 뉴욕이듯이 우리 하나님께서는 다윗의 가슴에 있던 예배의 열정을 우리에게 추억으로 말씀하시는 것이었습니다.

다윗의 장막은 사람을 감동하게 한 교회가 아니라 하나님을 감동하게 한 교회였습니다. 다윗의 장막은 언약궤와 성물을 보호하기 위해 그저 기둥 좀 세우고 그 위에 천 하나 덮은 것뿐이었습니다. 그러나 하나님은 다윗의 장막을 다시 세우고 싶다고 하십니다. 여러분, 하나님께서 세우시면 그 어떤 것도 무너뜨릴 수 없습니다. 오늘날 교회가 무너지는 것은 교회를 건물로 지었기 때문입니다. 우리 교회가 웅장하지는 않더라도, 오히려 한여름에 에어컨이 고장날지라도 하나님을 감동하게 하는 예배가 있는 교회, 이 시대의 다윗의 장막이 되었으면 좋겠습니다. 하나님께서는 이런 열정을 원하십니다. 예배를 평가하는 예배자가 되지 마십시오. 예배의 열정을 갖는 예배자가 되십시오. 하나님께서는 당신의 임재를 사모하는 다윗의 마음에 깊이 감동하셨습니다.

저는 찌는 듯이 더운 여름날, 서울에서 다시 수원으로 가는 지하철을 기다리며 영감을 얻었습니다.

"내가 이새의 아들 다윗을 만나니 내 마음에 맞는 사람이라 내 뜻을 다 이루리라"(행 13:22).

다윗은 끊임없이 하나님의 마음을 따르는 사람이었습니다. 하나님께서 이 마음을 보시고 언약궤를 예루살렘으로 옮기셨습니다. 하나님과 친밀한 영적 동행이 있기를 축복합니다. 우리 하은교회가 건물이 아니고 위치가 아닌, 이런 예배의 열정으로 기억되는 다윗의 장막이 되었으면 좋겠습니다.

Love Story

여름이 없이 훌쩍 가을로 넘어간 느낌입니다. 새벽에 부는 바람이 살갗에 스칠 때는 그 차가움에 제법 날카로움을 느낍니다. 환절기 건강 조심하세요. 특별히 주위에 아프신 분들이 많아 더욱더 건강에 관심을 갖지 않을 수 없습니다. 그래서 준비한 영적 비타민, 가을에 나누는 영적인 양식을 준비하였습니다. 가을이 지나가는 동안 하나님께서 우리에게 들려주시는 사랑 이야기를 나누려고 합니다.

> "의인은 없나니 하나도 없으며 깨닫는 자도 없고 하나님을 찾는 자도 없고 다 치우쳐 함께 무익하게 되고 선을 행하는 자는 없나니 하나도 없도다"(롬 3:10-12).

우리는 이렇게 제대로 살 수 없는 존재입니다. 내가 살지 못하는 인생을 그분께서 대신 살아 주셨고, 내가 그렇게 못 살기에 죽지 않으면 안 되는 죽음을 그분께서 대신 죽어 주셨기에 나는 그분 안에서 의인으로 인정받았다는 것입니다. 이 얼마나 아름다운 이야기입니까? 이 얼마나 위대한 현실입니까?

이 사실을 전하여 준 말씀이 로마서입니다. 로마서를 읽고 많은 사람들이 변화되었습니다. 진실한 사랑 앞에 변화되지 않을 수 없습니다. 허랑방탕한 생활을 하던 어거스틴이 이 말씀 앞에 엎드려 참회하고 성자가 되었으며, 마르틴 루터가 이 사랑 이야기를 듣고 종교개혁을 이루었고, 또 많은 사람들이 이 사랑 이야기 앞에 바른 구원을 맛보았습니다. 이제는 우리가 그 사랑 이야기를 들을 차례입니다.

사랑 이야기를 들으면 애통하게 됩니다. 그리고 기쁨의 소유자가 됩니다. 우리 함께 애통하며 사랑 이야기를 들읍시다. 구원의 즐거움을 회복합시다. 그리고 우리 안에 있는 상처의 쓴뿌리를 해결하고, 하나님의 휘파람 소리를 들읍시다.

가을 내내 사랑 이야기를 나누렵니다. 그리고 이 사랑 이야기를 나눕시다. 참 나눌 이야기 없는 이 시대에 만나면 사랑 이야기 나눕시다. 하나님이 나를 사랑하셨다는 그 이야기……, Love Story를…….

참, 이제 곧 Back to School이죠? 이대로 준비물만 챙겨서 학교로 보내실 거예요? 기도하는 어머니의 자식은 망하지 않는다고 했습니다. 어거스틴의 어머니 모니카처럼 기도해야 합니다. 우리 아이들이 다니는 학교가 어떤 곳입니까? 기도 없이 갈 수 없는 광야입니다. 새벽에 기도하십시오. 백투스쿨, 꼭 챙겨야 할 것은 엄마의 기도입니다. 방학 끝, 기도 시작!

하나님, 우리 애들 학교로 돌아갑니다

하나님, 지난 여름 동안 우리 아이들을 건강히 지켜 주심을 감사합니다. 이제 방학을 끝내고 학교로 돌아가는 우리 아이들을 위해 기도합니다. 먼저, 방학 기간 동안 느슨해진 몸과 마음, 그리고 영을 붙들어 주세요. 의미 없이, 목표 없이 새 학기를 시작하지 않게 해주시고 소망을 품고 새 학기를 시작하게 해주세요.

하나님, 먼저 학교와 교육기관을 축복합니다. 바른 교육 정책을 통해서 우리 아이들이 지식과 지혜를 얻게 하시고, 학교의 모든 선생님들을 축복하셔서 선생님들이 일이 아니라 사명으로 감당하게 하시옵소서. 화나 벌로 다스리지 않게 하시고, 인내와 진실로 우리 아이들을 가르칠 수 있도록 도와주세요. 사랑 많고 인자한 선생님 만나는 복을 우리 아이들에게 허락해 주세요. 하나님, 우리 자녀들이 다니는 학교에 총기사고를 비롯한 무서운 일들이 일어나지 않도록 지켜 주세요.

하나님, 그리고 같은 반 친구들을 축복합니다. 먼저 우리 아이가 좋은 성품의 친구가 되게 해주세요. 먼저 우리 아이가 좋은 언어로 말하고, 장난하지 않으며, 거짓말하지 않는 친구가 되게 해주세요. 그리고 같은 성품의 친구들을 만나게 해주세요. 바른 언어를 사용하며, 남의 것에 손대지 않고, 성품이 바른 친구들을 만나게 해주세요. 친구들과 싸우는 일 없게 하시고, 친구를 따돌리지 않게 하시며, 따돌림 당하는 친구를 품게 하시고, 친구가 잘못된 것을 요구할 때 거절할 용기와 지혜를 우리 자녀들에게 은사로 주옵소서.

하나님, 건강과 좋은 환경을 주옵소서. 몸이 약하여 학교에 빠지는 일 없게 하시고, 감기나 전염병 등을 잘 이기게 하시고, 위험한 날씨나 환경으로 우리 아이들의 학업이 어렵지 않도록 해주시옵소서. 그리고 하나님, 공부가 전부는 아니지만 그것을 공부하기 싫은 변명으로 사용하지 않게 하옵소서. 성공한 것만 보지 말게 하시고 그 노력과 과정을 배우게 하시며, 오천 명분을 먹는 부자가 성공이라 생각하지 않게 해주시고 오천 명을 먹이는 것이 성공임을 알게 해주세요. 돈을 벌기 위해 공부하는 것이 아니라 돈을 바로 쓰는 것이 지혜임을 알게 하시옵소서. 우리 아이들이 크게 성공하여 부를 축적하는 데 그치지 않고 나누어 주는 부자가 되게 해주세요.

하나님, 세상의 악함이 우리 아이들을 물들이지 못하게 하시고, 천군과 천사로 보호하여 주시고, 학교에 갈 때 축복기도로 보내게 하시고, 아이들이 돌아올 때 감사기도를 잊지 않게 해주세요. 대학에 흩어져 있는 자녀들 믿음을 잃지 않게 하시고, 언제 어디서나 하나님을 붙들 수 있게 해주세요. 군대, 그리고 직장으로 여러 곳에 흩어져 있는 우리의 자녀들 하나님의 눈동자 안에 머물러 있게 해주세요. 우리를 사랑하셔서 십자가의 피 흘리심을 기꺼이 감당하셨던 예수 그리스도의 이름으로 기도드립니다. 아멘.

유치부 예배

청년부 수련회

장학기금 마련 음악회

다음 세대를 위한 작은 음악회

한 사랑방에서부터 시작되었습니다. 사랑방에서 선교지를 선택하여 후원하는데, 사랑방장 한 분이 우리 사랑방은 선교지가 아닌 장학금을 모아 우리 교회의 미래인 자녀들을 후원하고 싶으시다고 하셨습니다.

그렇게 시작된 것이 두세 사랑방에서 동참하게 되었고, 매달 조금씩 모은 헌금으로 성탄절에 대학생들에게 조금이나마 장학금을 주게 되었습니다. 그리고 장학위원회가 설립되었고, 점차 그 대상을 확대하여 올해 성탄절에는 교인뿐 아니라 뉴욕에 사는 한인 교포 자녀들에게 장학금을 주게 되었습니다.

연주자의 아름다운 기부가 이 사역을 가능하게 했습니다. 너무나도 훌륭한 연주자들께서 흔쾌히 이 사역에 동의해 주시고 자신의 재능을 기쁨으로 기부해 주셨습니다. 또한 연주자를 꿈꾸며 열심히 공부하며 훈련하고 있는 꿈나무 연주자들이 함께 참여합니다. 이번 음악회 연주를 통하여 큰 비전을 품고 열심히 노력하여 이민사회가 낳은 시대적 연주자가 되기를 기도하고 있습니다.

이제부터는 우리가 참여할 시간입니다. 9월 28일 저녁 5시입니다. 연주회 장소는 교회에서 약 30분 정도 Oyster Bay Cove 떨어져 있는 참 아름다운 집입니다. 열매들이 점점 익어 가는 가을날, 예쁜 집에서 은은하게 울려퍼지는 음악을 들으시며 정말 선하고 좋은 일에 참여하여 주시기를 호소합니다. 그리고 간단한 저녁도 준비하여 드리도록 하겠습니다. 영혼도 맑아지고 맛있는 음식도 있는 참 좋은 9월의 마지막 주일 밤이 될 것입니다. 티켓은 50달러입니다. 혹 부득이하게 일정이 겹쳐 참여하지 못하시더라도 티켓은 구입하여 주시면 안 될까요?

음악회로 모아진 장학금으로 몇 명을 줄 것인가를 결정하여 신문에 광고를 할 것입니다. 음악회가 끝나면 서둘러 신문에 광고를 내고, 11월 30일까지 들어온 신청서를 심사하여 12월 24일 성탄감사예배에 초청하여 장학금을 지급하게 됩니다.

참다운 지도자를 세계가 목말라 하고 있습니다. 우리 하은교회가 계획하는 다음 세대를 위한 작은 음악회의 나비효과로 얼마 지나지 않아 우리의 손으로 키웠던 자녀가 이 땅에 훌륭한 지도자로 잘 성장하게 될 줄로 믿습니다. 이 일은 사역입니다. 기도 없이 성령의 도우심 없이 할 수 없는 일입니다. 꼭 기도로 도와주십시오. 이 사역을 위해 수고하신 장학위원회에 깊은 감사를 전합니다.

Happy 7th Anniversary

　제가 결혼하는 커플들에게 결혼 전 공부할 때 꼭 들려주는 이야기가 있습니다. 'Opposite attract, and then attack'다름 때문에 좋아하고, 다름 때문에 싫어한다는 말입니다. 처음에는 반대적 성향이 매력으로 다가오지만 같이 살다 보면 그것 때문에 오히려 불편해지고, 그것을 공격하게 된다는 말입니다.

　좋은 교회는 '다름'을 매력으로 받아들이는 곳입니다. 반면에 '아쉬운 교회'는 '다름'을 공격의 대상으로 여깁니다. 다름이 매력으로 드러나는 것은 주도권을 누가 행사하느냐에 따라서 달라집니다. 친밀한 관계는 여성적 요소가 강한 사람이 주도할 때 쉽게 이루어질 수 있습니다. 여성은 스트레스를 줄이는 법을 일찍부터 배워 왔습니다. 왜냐하면 스트레스를 받으면 모유가 나오지 않기 때문입니다. 그래서 여성들은 말을 많이 하든지, 울든지 아니면 어떤 방식으로든 스트레스를 푸는 일에 탁월합니다. 여자는 약하고 아픕니다. 항상 힘들다고 외치고 다녀도 남자보다 오래 삽니다. 장수의 비밀은 바로 여기에 있는 것입니다.

반면에 남성은 사냥과 전쟁을 해야 했기 때문에 고도의 긴장을 유지하는 법을 배워 왔습니다. 왜 그럴까요? 긴장을 풀면 곧장 위험에 처하기 때문입니다. 그래서 여성에 비해서 오래 긴장해도 견딜 수 있게 되었던 것입니다. 그러므로 관계를 풀어 주는 역할은 여성이 주도권을 잡는 것이 좋습니다. 진정한 여성미를 가진 사람이 나타나면 곧 따뜻한 분위기가 형성됩니다. 여자의 인성이 이런 분위기를 만드는 것입니다. 이것은 누구도 할 수 없는 여성만의 탁월성입니다.

남자에게는 자존심만큼 중요한 것은 없습니다. 남자는 자존심 그 자체라고 합니다. 사실 실리에는 별로 밝지 않고, 자존심을 세워 주는 쪽으로 의사결정을 내리곤 하는 것이 남자입니다. 남자는 존중 받는다는 느낌과 위로해 주는 쪽으로 몸과 마음이 가게 되어 있습니다. 존중과 좋은 위로가 있으면 사람이 몰려듭니다. 그래서 정중한 언어 생활이 중요한 것입니다.

젊은 커플은 이렇게 말합니다. '자기야, 밥 먹어.' 그러다가 나이가 들면, '자기야'가 빠지고 '밥 먹어'만 남습니다. 말투조차 퉁명스러워집니다. 남자는 상처를 입습니다. 믿음 좋은 여자가 남편의 잘못을 보고, '사탄아, 내 뒤로 물러가라'고 외칩니다. 남편이 졸지에 사탄이 됐습니다. 조심하십시오. 함부로 이런 말을 쓰면 진짜 남편 성질이 '사탄 됩니다.'

아내는 남편에게 '못 박아 줘'라고 말하지 말고, '당신의 손이 필요해요'라고 말해 보십시오. 만약 안 해주고, 딴청부리더라도, '그래, 네가 언제 이런 것 해줬냐, 내가 하고 말지'라고 말하지 말고, '아야!' 하고 다친 척하십시오. 그러면 웃으면서 도와줄 것입니다.

사라는 아브라함을 '주'라 칭하며 순종했다고 했습니다 벧전 3:6. 이것은 굴종이 아니라 지혜입니다. 식상한 이야기이지만, 왕으로 대접해 주면, 여자는 왕비가 되는 것입니다. 투쟁하며 살지 말고 아름답게 삽시다. "지는 것이 이기는 것이다." 이것은 만고의 진리입니다.

우리가 결혼해서 산 지 7년이 되었습니다. 가정생활을 비유해서 글을 써 봤습니다. 우리의 신앙생활, 우리의 결혼생활 앞으로 더 행복하고 아름답게 삽시다. 서로 존중하며 서로 이해하고 서로 사랑하며……. Happy Anniversary. 하은교회 교우가 되어 주신 것 감사드립니다.

공동의회

제직 세미나

그리스도인이라면 누구나 할 수 있는 영적 전쟁

딘 셔먼의 영적 전쟁 강의를 처음 들었던 것은 알래스카에서 DTS^{제자훈련}를 받았을 때입니다. 신학교에서도 설교로도 들을 수 없었던 그 강의를 굳이 글로 표현하자면 '경이로움'이었습니다. 그분을 다시 만나게 된 것과 특별히 우리 교회에 초청할 수 있게 되어 얼마나 감격스럽고 흥분이 되는지 모르겠습니다. 분명 하나님께서는 우리 교회를 향한 큰 기대를 갖고 계십니다.

영적 전쟁은 모든 그리스도인이 알아야 할 영적인 원리 원칙입니다. 영적 전쟁은 모든 영역, 가정과 사업체, 교회, 나아가 사회와 국가에 영향을 끼치게 됩니다. 하나님께서는 우리를 통하여 이 세상에 하나님의 나라가 임하기를 원하십니다. 그래서 하나님께서는 우리에게 능력과 권세를 주셔서 어두움의 세력을 파하여 하나님 나라를 이루게 하십니다. 여호수아를 세워 약속의 땅 가나안을 정복하듯이 말입니다.

예수님께서는 "내가 너희에게 뱀과 전갈을 밟으며 원수의 모든 능력을 제어할 권능을 주었으니 너희를 해할 자가 결코 없으리라"눅 10:19고 말씀하셨습니다. 우리는 영적 전쟁에서 항상 승리합니다. 승리하는 싸움이라고 방심해서는 안 됩니다. 우리의 힘으로 이기는 싸움이 아니라 하나님의 능력으로 이길 수 있기 때문입니다.

딘 셔먼의 책 서문에 "영적 전쟁은 그리스도인에게 주어진 특별한 은사나 소명이 아니다. 우리가 그리스도인이 되기로 결정할 때, 우리는 전쟁에 돌입한 것이다. 이것은 선택사항이 아니다. 영적 전쟁은 이미 우리가 전쟁 한가운데 있음을 깨닫는 것으로 시작된다"라고 전합니다. 바라기는 우리가 이번 집회를 통해서 영적 전쟁에 능한 자로 항상 승리하는 그리스도인이 되었으면 좋겠습니다. 우리는 성공한 그리스도인으로 살아가는 사람이 아니라 승리하는 그리스도인으로 살아가야 합니다.

내일부터 3일입니다. 이 시간마저 드릴 수 없다면 우리 하나님 참 안타까우실 것 같습니다. 이기라고, 승리하라고 그 비밀을 여시는 시간입니다. 3일 밤의 시간을 드리십시오. 결코 손해 보지 않는 시간입니다. 오늘 밤은 음악회로, 내일부터는 영적 전쟁 집회로 우리 교회가 날마다 성장하고 성숙하고 있습니다. 사역에 함께하여 주시고 힘써 주심을 감사드립니다. 우리 하은교회는 날마다 더 좋아지는 교회입니다.

영성세미나

순종, 기적을 불러오는 열쇠

록펠러는 세 가지 기적의 주인공입니다. 첫 번째 기적은 역사상 가장 가난했던 사람이 가장 부유하게 된 것입니다. 두 번째 기적은 역사상 가장 많은 돈을 다른 사람들에게 나누어 주었다는 것이고, 세 번째 기적은 장수했다는 것입니다. 그는 98세까지 살았습니다. 물론 100세를 넘게 사신 분들도 많이 있습니다. 그런데 이분은 53세 되던 해에 1년 이상 살 수 없다는 사형선고를 받은 분이었기에 기적인 것입니다.

이 청천벽력 같은 소리에 정신이 번쩍 든 그는 어머니로부터 물려받은 성경을 다시 꺼내 읽고 또 읽었답니다. 그러던 중 다음 구절이 눈에 들어왔는데, "주라 그리하면 너희에게 줄 것이니 곧 후히 되어 누르고 흔들어 넘치도록 하여 너희에게 안겨 주리라 너희가 헤아리는 그 헤아림으로 너희도 헤아림을 도로 받을 것이니라" 눅 6:38는 말씀입니다.

록펠러는 그때까지 '모으는 것'에 열중하고 그것이 전부라고 믿으며 그 재미로 살았습니다. 그런데 위기 속에 열었던 하나님의 말씀이 "주라"는 것입니다. 어차피 죽을 턴데……그래 주자! 마음먹고 그때부터 모으는 사람이 주는 사람이 되었습니다. 그렇게 베풀면서 1년을 지냈습니다. 살아남았습니다. 그다음 해에도 주면서 1년을 또 보냈습니다. 다음 해에도, 그다음 해에도……주면서 10년, 20년, 30년을 보냈습니다. 그렇게 살다 보니 98세까지 살았고, 그때까지 치아가 상한 것이 없었다고 합니다.

성경 말씀을 목숨 걸고 지켰더니 하나님께서 생명을 연장하여 주신 것입니다. 말씀에 순종함으로 하나님의 의로우심을 드러낸 사람들을 하나님께서 이렇게 기뻐하십니다. 성도는 세 가지 나침반을 가지고 세상의 길을 걷습니다. 부활, 하나님 나라, 그리고 영생입니다. 이 세 가지의 관점을 가지고 하나님 말씀을 품고서 세상 길을 걷는다면 결단코 길을 잃지 않을 것입니다. 날마다 이 세 나침반으로 주의 뜻에 순종하며 분별하며 살아가는 하은교회 예배자가 되시기를 축복합니다.

하나님을 제한하지 말라

시편 78편 41절을 묵상하다가 놀라운 사실을 깨닫게 되었습니다.

"그들이 돌이켜 하나님을 거듭거듭 시험하며 이스라엘의 거룩하신 이를 노엽게 하였도다"(시 78:41).

왜 이스라엘이 하나님을 시험하여 노엽게 하였을까요? 킹 제임스 성경은 이렇게 기록하였습니다. "Yea, they turned back and tempted God, and limited the Holy One of Israel." 하나님의 능력을 '제한했다' Limited 는 것입니다. 믿지 않았다는 말입니다. 다시 말씀 드리면, 우리가 살면서 하나님을 찾지도 않고 구하지도 않았다는 것입니다.

기도가 중요합니다. 모든 인생과 교회의 실패 뿌리는 기도의 부재입니다. 그러면 누가 기도합니까? 싸움을 앞둔 승리를 원하는 사람입니다. 야고보서 4장 2절에 "……너희가 얻지 못함은 구하지 아니하기 때문이요 You have not, because you ask not"라고 말씀하고 있습니다. 우리에게 필요한 것들이 있습니다. 그런데 가지고 있는 것이 없습니다. 무능, 무력, 가난……기도가 없기 때문이라는 것입니다 Ask not.

그럼 꼭 가지기 위해서 기도해야 합니까? 그렇지 않습니다. 기도는 영적 싸움이기 때문에 꼭 해야 하는 것입니다. 우리의 싸움은 혈과 육이 아닙니다. 영적인 것입니다. 예수님께서 십자가를 예고하시자 베드로가 말립니다. "주와 함께 옥에도 가도 죽는 데도 가겠다"고 호언합니다. 한마디로 '장렬히 죽겠다'는 말입니다. 결국 닭 울기 전에 세 번 부인하고 말았습니다. 말로 되는 것이 아닙니다. 기도로만 되는 것입니다. 말을 믿지 말고 기도를 믿으십시오.

교회는 '미친 듯이 심플 Insanely Simple'해져야 합니다. 오직 '기도와 말씀'에 집중해야 합니다. 주의 일을 한다면서 막상 기도는 안 합니다. 골프가 안 되는 이유가 수백 가지라는데 기도가 안 되는 이유는 수천 가지도 넘는 것 같습니다.

기도는 여러 선택 중의 하나가 아닙니다. 요즈음 너무 기도가 시들해진 것 같습니다. 새벽기도가 너무 줄었습니다. 이렇게 하면 안 되겠습니다. 다시 마음을 잡고 기도 줄을 잡아야 하겠습니다. 오직 하나님께 집중하는 것입니다. 기도로 교회, 가정, 사람을 건집시다. 하나님을 제한하지 마십시오. 하나님의 진노를 무엇보다 두렵게 여기십시오.

사후대책

고령화시대, 인간 평균 수명 100세 시대, 그러므로 노후대책이 시급하다는 이야기가 여기저기에서 터져나옵니다. 보험이다, 연금이다 하면서 노인들을 유혹하고 있습니다. 사실 우리 이민자들에게는 그렇게 와 닿지 않는 말들입니다. 우리에게는 자녀교육이 아직도 우선이기 때문입니다. 하지만 은퇴가 얼마 남지 않았고, 경기도 이렇게 풀리지 않으니 무엇인가 준비는 해야 되지 않을까 괜한 걱정만 늡니다. 그런데 노후대책보다 더 시급하고 우선되어야 할 대책이 있어서 오늘 이렇게 서론을 길게 늘어놓았습니다.

노후대책보다 더 시급한 것은 바로 사후대책입니다. 여러분, 사후대책이 있습니까? 죽음 이후를 준비하고 계십니까? 아무리 오래 살아도 고작 100세이고, 70세에 은퇴해서 30년 자식이나 남에게 신세지지 않고 깨끗하게 살자고 노후준비는 하는데, 영원이라는 시간을 살아야 할 사후를 위해서는 아무런 대책도, 준비도 없이 맞이하려고 하고 있습니다.

사후대책 프로그램을 몇 가지 소개합니다. 첫째, 은혜의 면류관 Crown of Grace입니다. 성경은 아름다움이라는 단어가 없습니다. 아름다움보다 더 아름다운 것, 이것보다 더 아름다울 수 없기에 도저히 아름다움이라는 단어가 어울릴 수 없기에 함께 쓸 수 없는 그 말은 바로 은혜입니다. 은혜로운 인격, 하나님 보시기에 참 좋은 사람입니다. 은혜는 예배시간에 부어집니다. 그런 의미에서 사후대책은 바로 예배하는 삶인 것입니다. 지금 나에게 있는 시간을 예배에 부으십시오. 그러면 사후대책을 잘하고 있는 겁니다.

둘째, 영광의 면류관 Crown of Glory입니다. 영광이란 존경을 받는다는 말입니다. 존경은 남을 흠집내거나 깎아내려서 내가 얻을 수 있는 것이 아닙니다. 솔로몬 왕을 King of glory 영광의 왕, 존경받기에 합당한 왕이라고 합니다. 솔로몬은 지혜가 있었습니다. 말씀이 있었다는 말입니다. 솔로몬은 늘 말씀 읽기에 힘썼습니다. 말씀으로 자기를 채우니 사람들에게도 존경을 받게 되었습니다. 그가 세상을 떠난 지가 얼마나 오래되었습니까? 그런데 지금까지도 지혜의 왕이라 존경하고 있습니다. 우리의 사후에도 존경이 끊이지 않는 비결, 즉 우리의 사후대책은 말씀에 힘쓰는 것입니다.

그리고 마지막 사후대책은 기도입니다. 영혼을 위해 기도해야 합니다. 야고보 사도도 기도하였습니다. 바울도 기도하였습니다. 예수님도 아버지 손에 맡기시겠다고 기도하셨습니다. 우리도 기도해야 합니다. 노후대책보다 먼저 사후대책을 위해 기도해야 하는 것은 사실 우리가 내일 일을 모르기 때문입니다. 그래서 시급합니다. 노후대책 잘못하면 후회합니다. 그러나 사후대책은 실패와 실수, 그리고 후회가 없습니다.

거북이 교인

미국교회에서 쓰는 Turtle Christian^{거북이 교인}이라는 말이 있습니다. 우리가 쓰는 '나이롱 신자', '무늬만 그리스도인' 뭐 이런 정도의 뜻으로 통하는 말입니다. 좀 더 세밀하게 말씀드리자면, 하나님의 말씀인 영의 양식을 먹지 않고 신앙생활을 하는 사람을 말합니다.

거북이는 500일을 먹지 않아도 살 수 있다고 합니다. 새들은 10일을 굶으면 날지 못하고, 개는 20일을 먹지 못하면 죽는다고 합니다. 사람은 40일을 금식하기도 하지만 그리 오래 견디지는 못합니다. 그런데 거북이는 500여 일을 먹지 않고도 견딜 수 있다는 것입니다. 그래서 하나님의 말씀을 먹지 않고 교회만 다니는 교인을 거북이 교인이라고 부르는 것입니다.

동물에게 없고 오직 사람에게만 있는 것이 있습니다. 그것은 '영' Spirit입니다. 하나님께서 사람을 지으시고 그 속에 하나님의 영, 생령을 불어넣으셨습니다. 그러자 비로소 사람이 되었습니다.

그러므로 동물들은 육체를 위한 양식만 있으면 살 수 있지만 사람은 영의 양식을 먹어야 살 수 있습니다. 영의 양식을 공급받아야 건강한 그리스도인의 삶을 살 수 있는 것입니다. 그래서 주님은 "사람이 떡으로만 살 것이 아니요 하나님의 입으로부터 나오는 모든 말씀으로 살 것이라" 마 4:4고 말씀하셨던 것입니다.

뉴욕에 기근이 있습니다. 우리의 기근은 곡식이 없어서가 아니고 말씀의 기갈입니다. 사탄이 뉴욕을 정신없이 바쁘게 살도록 만들어 버렸습니다. 말씀 한 장 먹지 않고 하루를 살아 버리게 만듭니다. 더 심각한 것은 그렇게 먹지 않아도 살아가는 것이 문제입니다. 작심삼일이라 했으니 3일에 한 번씩 계획을 세웁시다. '하루에 말씀 한 장은 먹어야지!' 그렇게 작전을 세우고 우리의 필드로 나간다면 우리는 승리하는 그리스도인이 될 것입니다.

영어성경에서 'Fear'두려움라는 단어를 우리말로 잘 표현한 것이 바로 '경건'입니다. 경건은 하나님 존전에 서는 두려움입니다. 거룩하신 하나님 앞에 죄인으로 서는 것이 두렵고 부끄러운 일이지만, 나를 구원하시고 품어 주신 것에 감격하고 기뻐하는 것이 기독교 신앙 아닐까요?

'삼시세끼', 이건 영의 양식을 말할 때 쓰는 말인 것 같습니다. 사실 사람 몸은 두 끼가 적당할 것 같습니다. 두 끼는 내가 먹고 한 끼는 굶주린 이웃을 위해 주는 것은 어떨까요? 그리고 그 한 끼 먹는 시간에 말씀의 양식을 먹는다면 시간을 잘 활용할 수 있을 것 같습니다. 영은 세 끼를 먹어 줘야 합니다. 그래야 이 뉴욕에서 쓰러지지 않고 신앙생활 잘할 수 있습니다. 영의 양식을 잘 먹어 건강한 교인이 되시기를 축복합니다.

세 가지 함정

대적을 이기긴 이겨야 하는데 전면전으로 승산이 없을 때 쓰는 작전은 함정을 놓는 것입니다. 함정은 적에게 들키지 않게 은밀하게 만들어야 합니다. 그리고 적의 약점을 잘 파악하여 걸려들기 쉬운 함정을 만들어야 효과적입니다.

살아 있는 교회, 살아 있는 성도는 마귀에게는 무서운 적입니다. 그런 교회와 성도들을 마귀는 결코 상대할 수 없고 이길 수 없습니다. 그래서 함정을 만드는데, 문제는 우리가 그 함정들을 알고 있는데도 빠진다는 것입니다. 오늘 우리 주변에 놓인 함정들을 다시 보아 그곳에서 벗어나길 축복합니다.

함정 1. 게으름

계시록을 묵상하는 가운데 2장에 에베소 교회는 게으르지 않았다는 말씀을 읽었습니다. 말씀의 뜻은 온갖 어려움에도 절망하지 않았다,

지치지 않았다는 것입니다. 우리는 가끔씩 이런 이야기를 합니다. "지쳤어요. 피곤해요. 조금만 쉴게요." 에베소 교회는 절망의 환경에서 지치지 않았습니다. '우리가 왜 지치는가? 내가 지금 무엇을 하고 있는가?' 헛되다는 생각이 들기 때문입니다. 주님께서 십자가에서 죽으셨습니다. '내가 왜 죽어야 돼?'라고 생각하셨다면 우리에게는 부활이 없습니다. 우리가 지금 쏟아 붓는 헌신은 결코 헛되지 않았습니다. 희생에는 대가가 있습니다. 그리고 그 대가에는 상급이 있습니다. 지치지 마십시오. 알파와 오메가 되시는 주님을 바로 아십시오.

함정 2. 형식주의

예수님께서는 바리새인의 누룩을 조심하라고 하셨습니다. 누룩은 영향력을 의미합니다. 우리는 세상을 변화시켜야 할 사람들입니다. 그런데 오히려 우리가 세상에 의해 변화되고 있습니다. 교회는 세상의 세력을 막는 싸움을 벌이는 곳이 아닙니다. 내적인 충만을 추구하는 곳입니다. 수돗물에 구정물이 들어오지 않는 이유는 내부 수압이 강하기 때문입니다. 세속의 힘을 이기는 길은 강한 내적 무장입니다. 외식은 형식주의입니다. 겉만 꾸밉니다. 속에 대한 관심이 없습니다. 본질의 중요성을 알아야 합니다. 찬송과 예배는 결코 형식일 수 없습니다.

함정 3. 물질주의

사두개인은 겉으로는 거룩을 가장했습니다. 그러나 항상 관심은 물질, 돈이었습니다. 예수 믿는 사람은 돈에 의해서 움직이지 않는다는 확신이 있어야 합니다. 그러면 돈으로부터 자유로운 길은 무엇일까요? 십일조입니다. 철저한 십일조를 하는 사람치고 물질의 노예가 되는 경우는 없습니다. 십일조는 절대로 돈의 노예가 되지 않게 합니다. 절대로 돈이 나를 지배하지 못하게 하십시오. 지배하려고 하면 구제하십시오. 그러면 돈에 매이지 않을 것입니다.

이제 우리는 같은 함정에 빠지지 않습니다. 마귀는 우리를 더더욱 무서워 떨 것입니다. 결산의 달, 우리의 신앙을 잘 점검합시다. 할렐루야!

홍해를 건너야 바뀌지 않는 것이 바뀐다

우리가 꽉 막힌 문제에 봉착하게 되는 세 가지 유형이 있습니다. 첫째, 하나님의 인도하심에 불순종할 때. 둘째, 사탄에게 미혹되어서 어려움에 빠지게 되는 경우, 너무 바빠서 기도할 수 없을 만큼의 번성은 결국 멸망입니다. 건강도 물질도 사람도 가족도 자신도 잃어버리게 됩니다. 그리고 셋째, 하나님의 모략입니다. 하나님은 회복시키기 위해서 깨뜨리십니다. 그리고 영적으로 업그레이드하기 위해서 사랑하는 자녀들을 꽉 막힌 곳으로 몰고 가십니다.

꽉 막힌 홍해 앞에 서 있습니까? '하나님께서 먼저 길을 열어 주시면 내가 그 길을 걸어가겠다' 하는 것은 하나님의 주권을 인정하는 신앙이 아닙니다. 하나님께서는 절대 바다를 갈라놓고 백성에게 가라 하지 않으셨습니다. 백성에게 가라 하시고 나중에 바다를 가르셨습니다. 이 말씀은 홍해 앞에 서 있는 모든 사람에게 하시는 말씀입니다. 다만 바다를 향해 손을 내밀라, 기도하라는 말씀입니다. 선포하라는 것입니다.

홍해가 갈라졌습니다. 과거 이야기가 아니라 현재 이야기이며, 한 번 일어나고 끝난 이야기가 아니라 오늘을 사는 우리의 이야기입니다. 지금도 홍해는 갈라지리라 믿습니다.

그러면 왜 하나님께서 쉽게 인도하시지 어렵게 하시는가? 홍해를 건너야 절대로 바뀌지 않을 것이 바뀌는데, 고기와 인간은 이렇게 뒤집어야 잘 익기 때문입니다.

홍해는 도망친 이야기가 아닙니다. 길이 없어 힘들었는데 길이 열려 겨우 살았다는 이야기가 아닙니다. 정말 중요한 것은 뒤따르던 바로의 군대가 빠져 죽었다는 사실입니다. 여러분, 우리가 홍해를 건넜다면 우리를 그렇게 따라오던 죄는 함께 따라올 수 없습니다. 홍해를 건너는 동안 바로의 군대는 다 죽었습니다.

우리에게 지겹게 따라오는 문제가 있습니다. 쓴뿌리, 열등감, 과거 스토리, 못된 성품, 조상의 망령된 성품⋯⋯이 모든 것들이 우리가 홍해를 건널 때, 십자가를 통과할 때 빠져 죽을 줄 믿습니다. 그래서 하나님께서는 홍해를 건너게 하십니다.

홍해를 건넌 이스라엘 백성은 이전과 다릅니다. 직전까지 애굽에서 나온 탈출자였지만, 홍해를 건너는 순간 가나안으로 가는 여행자 Journey입니다. 새로운 정체성Identity. 지금도 말씀하십니다. "내(네) 앞에 있는 홍해를 갈라지게 하라." 여러분이 하나님의 사람이라면 기도하십시오. 11월에 내 앞에 있는 홍해가 열릴 것입니다. 할렐루야!

감사는 기적을 일으킨다

지난 1년 동안에도 우리 인생에는 폭풍이 있었습니다. 피하고 싶은 일들이 있었습니다. 견디기 힘든 아픔도 있었고, 고통도 있었습니다. 그럼에도 다 지나가게 하시고, 이렇게 새날을 맞게 해주셔서 감사합니다. 오늘도 그리스도인으로 호흡하게 해주셔서 감사합니다. 그리고 감사 주일을 맞아 하나님께 감사의 예배를 드릴 수 있는 은총을 베풀어 주셔서 감사합니다. 무엇보다도 죽을 수밖에 없는 더러운 죄인인 나에게 하나님의 말씀을 먼저 주시고, 하나님의 영이신 성령님께서 내게 먼저 임해 주시고, 또 내 심령의 창을 밤이고 낮이고 두드려 주심에 감사드립니다. 하나님께서 친히 우리의 아버지 되어 주셨음을 감사드립니다.

이제 고넬료 일행처럼 낮고 겸손한 마음으로 하나님의 말씀을 듣고 마음에 담아, 내 심령의 창을 활짝 엽니다. 그 창을 통해 성령님께서 내 마음 속에 들어오시어, 내 인생의 주인이 되어 주옵소서. 성령님께서 말씀 안에서 나로 하여금 예수 그리스도를 닮아 가게 하옵소서. 성령님께서 말씀 안에서 나의 영성이 날로 더욱 깊어지게 하옵소서. 하나님의 뜻과 계획을 아는 이해 충만을 허락하여 주옵소서. 그리하여 나의 코 끝에 호흡이 있는 동안, 나로 인해 내 주위 사람들이 행복을 누리게 하옵소서. 언제 어느 곳, 어떤 상황 속에서도 이 어둔 세상을 밝히는 성령님의 도구로 살아가는 기쁨을 누리게 하옵소서.

세상의 것으로 인해 일희일비하는 어리석음을 탈피하여, 하박국 선지자의 고백을 자신의 고백으로 삼은 우리 모두의 삶이 하나님께 드리는 가장 아름다운 감사의 예물이 되게 하옵소서. 비록 세상에서 이름 없는 존재일 망정 우리 삶을 기쁘게 받아 주시고, 우리 삶을 통해 이 시대를 새롭게 할 하나님의 도구들로 써주십시오. 우리가 만나는 사람 가운데 우리와의 만남으로 참된 신앙의 경제인, 정치인, 교육자, 영적 지도자들이 나오게 해주십시오. 그리하여 우리 삶이 하나님께 바쳐 드릴 최고, 최대, 최선의 감사예물이 되게 하여 주옵소서.

"비록 무화과 나무가 무성하지 못하며 포도나무에 열매가 없으며 감람나무에 소출이 없으며 밭에 먹을 것이 없으며 우리에 양이 없으며 외양간에 소가 없을지라도 나는 여호와로 말미암아 즐거워하며, 나의 구원의 하나님으로 말미암아 기뻐하리로다 주 여호와는 나의 힘이시라 나의 발을 사슴과 같게 하사, 나를 나의 높은 곳으로 다니게 하시리로다"(합 3:17-19).

토요만나와 친교식사

2014년이 벌써 다 지나가고 있습니다. 역시 우리 하나님은 생각지도 못한 이른비의 은혜를 주셨고, 우리가 구했던 것보다 꼭 필요한 단비를, 그리고 풍성한 늦은비의 은혜를 부어 주셨습니다. 지키시고 보호하시는 여호와 삼마^{여호와께서 거기 계시다}의 하나님을 찬양합니다.

부어 주시는 은혜를 담는 그릇은 바로 섬김입니다. 그래서 섬기는 일은 하나님의 방법대로 해야 합니다. 내가 너희를 사랑하는 것같이 너희도 사랑하라 하셨습니다. 나의 방식이 아니라 하나님의 방식을 말하는 것입니다. 훈련되고 준비되지 않으면 섬김도 제대로 할 수 없음을 기억하십시오.

교회는 두 가지 큰 섬김의 사역지Field가 있습니다. 주일친교와 토요만나입니다. 10명 정도의 가족이 모여 중국집에서 외식을 하면 300달러는 쉽게 사용됩니다. 우리 교회가 주일 점심 먹는 교인이 500명 가량 됩니다. 이 일이 300달러로 가능하다면 믿어지십니까? 실로 오병이어의 기적을 우리는 매 주일 경험하고 있습니다.

1년에 딱 한 번입니다. 여러분의 기념일생일, 결혼기념일 등등이나 아니면 비어 있는 날에 표시해 주시고 그날에 친교헌금300달러으로 드리시면 됩니다. 그럼 사랑방에서 드려진 헌금을 위해 기도하고 정성껏 점심을 준비해 주십니다. 저는 드려진 헌금자를 기억하고 축복하며 한 주간 동안 기도해 드립니다. 그렇게 매 주일 친교식사가 기적처럼 이루어지고 있습니다. 드리는 날이 중복되어도 관계없습니다. 그 주에 많이 드려졌다고 많이 먹는 것 아닙니다. 봉사하시는 사랑방이 정확히 드려진 헌금 안에서 장을 보고 준비를 해주십니다.

토요만나는, 말 그대로 토요일 새벽에 먹는 조찬입니다. 토요일은 새벽기도 끝나고 친교실에 모여 교제를 나누고 돌아갑니다. 토요만나를 위해서는 헌금을 하시는 것이 아니고 본인이 직접 수고해 주셔야 합니다. 국밥에서부터 샌드위치까지 정말 다양한 만나가 쏟아져 나옵니다. 이 일은 결코 강요하지 않습니다. 없으면 먹지 않습니다. 토요만나는 굉장히 수고로운 일입니다. 제일 일찍 나와 미리 준비해야 하기 때문입니다. 그러나 이 수고로 새벽기도자가 아침을 든든히 먹고 하루를 시작할 수 있으니 얼마나 복된 일인지요.

친교실 게시판에 붙어 있습니다. 헌신해 주십시오. 누가 먼저 기록해 두었다고 해서 다른 날에 쓰는 것이 아닙니다. 그날을 기념하여서 성도들을 대접하는 것이니 한 주일에 10명이 넘는 이름이 있어도 관계없고, 이름이 없는 주일이 있어도 관계없습니다.

이런 아름다운 섬김과 헌신이 우리 교회의 자랑거리입니다. 물론 교회 김치 담그는 일, 청소하는 일, 보수하고 수리하는 일, 정원을 가꾸는 일 등 여러 가지 섬김의 일들이 있습니다. 올해 정말 곳곳에서 수고 많이 하셨습니다. 내년에도 토요만나와 친교식사, 그리고 여러 섬김의 자리에서 우리들의 땀방울이 쏟아지기를 기대합니다.

성탄 감사예배

2015 선교작정은 이런 마음으로

데살로니가 교회를 향해 바울은 이렇게 권면을 했습니다.

> "너희의 믿음의 역사와 사랑의 수고와 우리 주 예수 그리스도에 대한 소망의 인내를 우리 하나님 아버지 앞에서 끊임없이 기억함이니"(살전 1:3).

교회는 믿음의 역사, 사랑의 수고, 그리고 소망의 인내가 있어야 하고, 또 이것을 확인해야 한다는 말씀입니다. 믿음의 역사는 복음을 알고 복음을 전하는 일을 하고 있느냐는 질문이며, 교회는 꼭 복음의 일을 하여야 한다는 권면의 말씀입니다. 사랑의 수고는 나의 우선순위를 기꺼이 내려놓는 헌신과 훈련이 있어야 함을 말하며, 그리고 소망의 인내는 복음을 알고 전하는 훈련과 헌신이 내 삶에서 자연스럽게 되어야 비로소 내가 인격적으로 변화되는 성도가 된다는 말씀입니다. 즉 교회는 <u>우리 모두는</u> 복음을 알고, 복음을 전하는 헌신된 결단이 있고, 한 사람의 인격이 변화되기를 기다리는 것이 소망이라는 말씀입니다.

하나님께서 오늘도 나를 참으시며 사랑하시며 기다리시는 것은 나를 통해 당신의 말씀<u>복음</u>이 증거되기를 기다리고 계신다는 말씀입니다. 그 믿음의 역사를 기대하시며 성부 하나님은 무지개를 걸고 심판하시지 않겠다는 약속을 하시고 그 약속을 실현하고 계십니다.

그러므로 우리는 살고 있는 현장, 즉 가정에서부터 시작하여 일터, 그리고 복음이 미치지 못하는 곳까지 복음을 위해 애쓰는 사랑의 수고가 있는 교회가 되어야 합니다. 여러분, 우리는 함께 수고하는 교회여야 합니다. 매년 우리 교회가 수고해야 할 일들이 늘어나고 있습니다. 이제는 선교입양도 하고, 전도하고 구제하는 일들이 늘어나고 있습니다. 이것은 분명 우리의 복입니다. 우리가 사는 뉴욕과 미국, 아무리 바쁘고 힘들어도 가슴에 머물러 있는 우리의 조국, 그리고 땅 끝……그곳에 우리의 수고가 필요합니다.

이 일에 함께 수고하면 뉴욕이 변하고, 그리고 마지막에는 내가 변하는 축복을 받습니다. 사랑하는 우리 하은교회 성도 여러분, 우리 2015년에 다시 한 번 믿음의 역사를, 그리고 사랑의 수고를 해봅시다. 그렇게 될 때 정말 우리가 변하고 교회가 변할 것입니다.

선교헌금, 작정해 주십시오. 우리가 마땅히 해야 할 사랑의 수고입니다. 주보와 함께 나누어 드렸습니다. 바로 오늘 작정하셔서 예배 끝나고 나가실 때 헌금함에 넣어 주십시오. 당신의 수고에 감사드립니다.

송구영신예배

하루하루가 하나님이 주신 선물

에이브러햄 링컨이 말했습니다. "사람은 행복하게 살기로 마음먹은 만큼 행복하다." 하나님은 우리 속에 어떤 하루가 될 것인가 우리 스스로 만들어 갈 수 있도록 능력을 주셨습니다. 이제 다시는 돌아오지 않을 2014년의 남은 날들이 우리 곁을 지나가고 있습니다. 바라던 것들을 얻지 못해서, 기대보다 목표가 더디게 이루어져서 불행해하며 한 해를 낭비하지 맙시다. 오늘은 하나님께서 우리에게 주신 선물입니다.

믿음을 잃지 않고 뭔가 좋은 일이 일어나길 기대하며 하루를 시작할 때 하나님은 천사들에게 '가서 저들을 위해 일하라'고 말씀하실 것입니다. 우리에게 기회를 주시고, 선한 사람들을 만나게 하시며, 올바른 문을 열어 주실 것입니다. 이것이 바로 하나님께서 우리에게 행하신 방법입니다.

2014년, 그리고 2015년 이날들은 주께서 지으신 날들입니다. 건강검진의 결과가 어떻든, 지금의 상태가 어떻든 기뻐하고 즐거워하십시오. 그리고 선포하십시오. '낙심하지 않을 거야. 문제와 실수에 집착하지 않

을 거야. 하루하루를 하나님께서 주신 선물임을 알고 기쁘게 살 거야.'

시편 30편 5절에 보면 아침에 기쁨이 온다고 말합니다. 새벽기도를 하면 하나님께서는 기쁨을 속달로 보내십니다. 하나님께서 보내신 기쁨을 받아들이려면 믿음으로 일어나 기도합시다. 그러면 하나님께서 보내신 선물이 내 손에 들어옵니다. 내일부터 2주간 특별새벽기도회가 진행됩니다. '기도, 하늘의 능력' 우리가 놓치고 산 것입니다. 그래서 한 해가 다 가기 전에, 그리고 새해 첫 시간에 이 기도의 능력을 다시 잡아보려고 합니다. 하나님께서 우리에게 주신 선물, 기도를 놓치지 마시기 바랍니다.

기도도 안 해보고 불행하다고 말하지 마십시오. 기도는 내일부터 하는 것이 아니라 오늘부터 하는 것입니다. 왜냐하면 하나님이 주신 '선물'Present은 '오늘'Present이기 때문입니다. 오늘 기뻐하고, 오늘 기도하고, 그리고 오늘 감사합시다. 먹구름이 하늘을 뒤덮고 인생이 우울하게 느껴질 때도 먹구름 바로 위에는 태양이 빛나고 있다는 사실을 기억하십시오. 지금 내 눈에 태양이 안 보인다고 저 하늘에 태양이 없는 것이 아닙니다. 단지 먹구름에 잠시 가려졌을 뿐입니다. 구름은 잠깐 머물러 있다 지나갑니다. 다시 여러분 머리 위로 태양은 빛을 발할 것입니다. 곤경이 지나가면 하나님께서 우리를 더 높은 곳으로 이끌어 주실 것입니다.

한 해 동안 정말 고생 많으셨습니다. 잘 견디고 잘 사셨습니다. 우리 내년에도 이렇게 서로 격려하며 사랑하며 주님 오실 때까지 잘 삽시다. 사랑합니다, 아주 많이요.

고훈 칼럼
치유의 정거장 II

1판 1쇄 인쇄 _ 2016년 2월 15일
1판 1쇄 발행 _ 2016년 2월 20일

지은이 _ 고훈
펴낸이 _ 이형규
펴낸곳 _ 쿰란출판사

주소 _ 서울특별시 종로구 이화장길 6
편집부 _ 745-1007, 745-1301~2, 747-1212, 743-1300
영업부 _ 747-1004, FAX 745-8490
본사평생전화번호 _ 0502-756-1004
홈페이지 _ http://www.qumran.co.kr
E-mail _ qrbooks@gmail.com / qrbooks@daum.net
한글인터넷주소 _ 쿰란, 쿰란출판사
등록 _ 제1-670호(1988.2.27)
책임교열 _ 신영미·박은아

© 고훈 2016 ISBN 978-89-6562-835-4 03230

책값은 뒤표지에 있습니다.
이 출판물은 저작권법에 의해 보호를 받는 저작물이므로 무단 복제할 수 없습니다.
파본(破本)은 구입처에서 교환해 드립니다.